职业本科教育专业开发的研究与实践

张铮 陆忠华 李迎吉 著

华中科技大学出版社
http://press.hust.edu.cn
中国·武汉

内容提要

本书是一部理论研究和实践操作融合之作。本书第一章通过追踪中外本科教育的类型演化史，探究我国职业本科发展的缘由，在此基础上提出职业本科专业开发的七项原则。第二章根据“标准先行”原则，介绍课题组参与研制的六个标准，以建立职业本科专业开发的约束条件。第三章就职业本科专业开发中的三个核心开发环节，研究其中的核心开发逻辑、开发方法和开发的成果样式等。第四章以现行的职业本科数控技术专业为例，展示三个具体的开发成果，通过详细标注，解析开发成果与专业开发标准之间的关系，以及难点问题的解决方案。第五章以三门课程标准为例，提供了课程承接各项毕业要求的载体、成效评测和结果登记的具体方案。

图书在版编目(CIP)数据

职业本科教育专业开发的研究与实践 / 张铮，陆忠华，李迎吉著. — 武汉：华中科技大学出版社，2024.4

ISBN 978-7-5772-0629-5

Ⅰ.①职… Ⅱ.①张… ②陆… ③李… Ⅲ.①本科－职业教育－教育研究－中国 Ⅳ.①G649.21

中国国家版本馆CIP数据核字(2024)第063819号

职业本科教育专业开发的研究与实践
Zhiye Benke Jiaoyu Zhuanye Kaifa de YanJiu yu ShiJian
张铮　陆忠华　李迎吉　著

策划编辑：李家乐
责任编辑：鲁梦璇　安　欣
封面设计：廖亚萍
责任校对：李　弋
责任监印：周治超
出版发行：华中科技大学出版社(中国·武汉)　电话：(027)81321913
武汉市东湖新技术开发区华工科技园　邮编：430223
录　排：孙雅丽
印　刷：武汉市洪林印务有限公司
开　本：710mm×1000mm　1/16
印　张：16
字　数：260千字
版　次：2024年4月第1版第1次印刷
定　价：89.80元

前　言

“职业本科”是一个新生事物。2014年，《国务院关于加快发展现代职业教育的决定》（国发〔2014〕19号）提出“探索发展本科层次职业教育”后，逐渐有了“职业本科”这一概念。2019年，国务院印发了《国家职业教育改革实施方案》，提出开展本科层次职业教育试点的任务；2021年，教育部印发了《本科层次职业教育专业设置管理办法（试行）》，截至2023年6月，职业本科大学已达33所，一批职业本科教育专业应运而生。

这一时期的职业本科教育专业开发在“先开办、再摸索、后补充”的状态下高歌猛进。由于存在大量的研究空白，也没有职业本科专业开发并完成了教学实施全过程的参考案例，开发者也就无法科学地回答一系列基本问题。例如，在大规模普通本科毕业生就业形势严峻的今天，设立一批本科层次的职业本科大学的必要性是什么？培养一批职业本科毕业生的必要性是什么？开发的职业本科专业与同专业领域的普通本科专业相比，其特点何在？优势何在？一个新开发的职业本科专业，其开发须遵循的初始约束条件是什么？这些约束条件又如何在后续的专业教学实施过程中落实？最终形成的人才培养结果又该如何客观评测？

本课题组具有较好的职业本科专业开发基础。早在2012年，课题组就参加了江苏省现代职业教育体系建设试点工作，与江苏大学联合举办了首批高职与普通本科联合培养项目。在省教育厅的指导下，按照“本科标准、职业特色”的开发思路，持续开发了11个轮次的四年制本科层次应用性技术技能人才的培养方案。联合培养项目由江苏大学在本科第二批次计划中招生，学生全程在高职院校完成人才培养的全过程。2018年，在江苏大学的指导下，联合举办的机械设计制造及其自动化专业（数控技术应用方向）达到了本科工程教育认证标准。2019年，课题组参与起草了装备制造领域的5项职业本科专业国家教学标准，2020年又全程参与了装备制造领域本科层次职业教育专业目录的制定工作，相关的职业本科专业开发研究和实践正在进一步深入。

2012年以来，课题组在自身的研究和实践中，提出了契合职业本科专业类型特点的创新性开发观点，形成了较为成熟的开发流程、开发方法、成果样式、改进机制，积累了规范化的课程标准、教学载体、教学实施方案等，主要创新点有以下四个方面。

第一，阐述了职业本科专业开发的必要性论据。当下我国本科教育在就业市场供需两侧存在第一种失衡结构，此结构源于本科毕业生规模扩张和社会新增就业岗位数缩减。在没有任何一种对策可以立即有效解决第一种失衡结构的现实中，供需两侧还存在着第二种失衡结构，这种失衡源于当下学术本科和应用本科培养的人才与行业企业需要的经过适合的系统性技术技能教育和培训的本科层次人才一时难以契合。设立职业本科大学并开发职业本科专业正好缓解了第二种失衡。

第二，建立了职业本科专业类型特征的新解析。《国家职业教育改革实施方案》开宗明义，职业教育与普通教育是两种不同的教育类型，具有同等重要的地位。但职业教育不同于普通教育的类型特征是什么？却是一个至今没有达成共识的难题。课题组从史实追踪、现实调查和理性分析三个方面入手，提出“就业导向”“技术技能”“双师教师”是职业教育三个基本特征的新解析。这一解析为职业本科专业培养的人才赋予了基本的类型特征，为职业本科专业发展并形成特色塑造了三个基本的立足点，与普通本科培养的人才形成显著的区别。三个基本特征的新解析也为今后形成对职业教育类型特征更优的解析提供了阶梯。

第三，建立了职业本科专业开发的标准体系框架。课题组在11个轮次的专业开发实践中，借鉴本科工程职业教育认证标准，不断融合《本科层次职业教育专业设置管理办法（试行）》《本科层次职业学校本科教学工作合格评估指标和基本要求（试行）》等政策文件中的一系列规范化要求，参与研制了《职业本科专业通用评价规范》《专业补充评价规范》等专业开发标准文件，为职业本科专业开发提供了较为完备的约束条件。

第四，建立了职业本科专业毕业要求的量化评测方案，为了落实《职业本科专业通用评价规范》中的各项毕业要求，课题组建立了毕业要求和承接课程矩阵关系表，进而尝试研制了课程中每一项毕业要求的有效教学载体、教学实施方案、达成度评测方法和成绩登记方案等。在6个轮次的专业培养目标和毕业要求达成度评测及改进的实践过程中，专业开发方案和教学实施方案不断完善，为职业本科专业规范化开发和课程教学的有效实施探索出了一条新路。

本书作者为无锡职业技术学院的张铮、陆忠华、李迎吉。其中，张铮独立撰写了第一章、第二章和第三章；张铮、陆忠华、李迎吉共同撰写了第四章、第五章。本书撰写过程中，无锡职业技术学院的同仁戴勇、孙杰、魏子凡、刘法虎、张宁菊、赵飞、唐立平、芦敏、金华军、唐霞、苗盈、杨飞等参与了合作共研和讨论，并提供了丰富的第一手资料，在此表示衷心感谢！

本书是《本科层次职业教育人才培养模式建构和实施研究》项目（主持人：唐立平、张铮；项目编号：ZYB559；批准文号：苏教科院职〔2022〕2号）的阶段研究成果。在课题研究的开题、专题研究、成果凝炼等阶段，与《本科层次职业教育专业建设的实践路径研究》（主持人：魏子凡；项目编号：2023SJYB0965；批准文号：苏教办社政函〔2023〕28号）、《本科层次职业教育发展研究》（主持人：孙杰；项目编号：SKT2023001；批准文号：锡职院社科〔2023〕5号）两个项目组成员举行了9次联合共研活动，本书也体现了共研项目组的部分研究成果。本书付梓是为了与同行分享职业本科专业开发方法和开发经验。虽然本书提出的观点、开发流程、开发方案、成果样式、改进机制等已得到了多轮次的专业开发和教育教学实践的验证，但这种验证仍仅限于本校，还不具有较为普遍的验真效力，期待本书付梓后同行能够提供更多的实践验证意见，共同促进职业本科专业的长期健康发展！

张铮　陆忠华　李迎吉

2024年3月

目　　录

第一章　本科演变与职业本科教育缘起

职业本科教育又称本科层次职业教育，简称职业本科，曾称为高职本科。2014年，《国务院关于加快发展现代职业教育的决定》（国发〔2014〕19号）首次提出“探索发展本科层次职业教育”。职业本科是我国的新生事物，因国际上也无职业本科的教育概念，故也是国际上的新生事物。

新生职业本科教育正试图在理念、模式、实施等诸方面，寻求与普通本科的差异化，旨在开辟一条特色发展之路，以实现职业本科教育的独特价值，从而在本科层次的教育中占据一席之地。这是一条充满挑战、路途长远的艰辛之旅。职业本科教育的开拓者和实践者既要以普通本科为师，保持本科的层次特征，又要突出职业教育的类型属性，保持按职业教育规律办专业的强大定力。在当下职业本科教育的萌生期，职业本科教育开拓者需要做好两件事：一是要从普通本科教育的类型演变中深入了解普通本科的类型特征；二要在与普通本科的比较研究中，深入理解和牢牢把握职业本科的类型特征。

第一节　本科教育的类型演变

一、本科诞生和特征形成

欧洲中世纪大学的代表是意大利的萨莱诺大学、博洛尼亚大学和法国的巴黎大学。萨莱诺大学以医科著称，是欧洲最早的医科大学；博洛尼亚大学最初是一所法学院，后来又陆续设立文学院、医学院和神学院；巴黎大学设有文艺、神学、医学和教会法四个系。

（一）中世纪大学的教育层次

中世纪大学初创时没有明确的教育层次区分，随着设置专业增多后，首先在不同的专业间划分了学士、硕士和博士三个层次。以巴黎大学为例，文艺系是大学预科教育机构，神学系、医学系和教会法系才是大学的正式教育机构。学生在文艺系学习包括文法、修辞、逻辑、算术、几何、天文和音乐在内的“自由七艺”[①]，修完文法、修辞、逻辑三科，获得文学学士学位。学士是大学中最低级的文凭。学士继续修完算术、几何、天文和音乐四科，获得文学硕士学位。之后转投神学、医学、教会法三个高级系，修完一个高级系的全部课程，取得博士学位[②]。中世纪大学中没有严格的本科教育概念，对应的学士也与当今概念不同。在欧洲中世纪大学里，学士用来称呼那些能帮助教师开展教学活动，但还没有获得硕士学位的学生[③]。

（二）中世纪大学的教育类型

中世纪大学设置的专业很少，主要有法学和神学[④]，主要从事脱离社会实际的纯理论研究，具有后世学术教育的雏形特征，但中世纪大学的纯理论研究与社会发展无直接联系。由于中世纪大学与宗教有着独特的关系，故大学内神学院地位高于其他学院，教学内容基于经院哲学，为神学和教义建立依据，以宣传宗教，故当时大学的主要功能是保存和传递现有文化，而非创造文化。

但中世纪大学也有医学等极少数专业[⑤]，主要培养社会高端的职业技术技能人才，是现代职业教育的雏形，当今有人将其描述为培养“绅士”和“名流”。

二、学术本科的演变

规范的本科教育出现于18世纪后期和19世纪初期[⑥]。1810年柏林大学

---

①姜守明.中世纪欧洲大学制的兴起与发展[J]. 历史教学(上半月刊)，2022(3).

②浦东方.欧洲中世纪大学学位制度的缘起与演进——以巴黎大学为例[J]. 学园，2018 (13).

③孙益.欧洲中世纪大学的学位[J]. 清华大学教育研究，2003(6).

④毛钧瑶.欧洲中世纪大学的课程设置[J]. 黑龙江科学，2019 (11).

⑤刘河燕.欧洲中世纪大学课程内容探析[J]. 甘肃社会科学，2012(6).

⑥罗斯布莱特.现代大学及其图新[M]. 别敦荣，译.北京：北京大学出版社，2013.

创立时，科学已上升为大学的主要学科门类，柏林大学率先将学术研究与教学相结合，赋予了本科教育的学术性内涵，学术本科这一类型得到其他国家大学的认可，柏林大学成为了世界上第一所研究型大学[①]，也成为研究生教育的开端。

学术教育发轫于19世纪德国大学的改革，当时普鲁士内务部教育厅厅长洪堡认为，大学完全以知识及学术为最终的目的，培育学术人才而非实务人才。德国大学的改革成果是将科学研究引入大学，确立了大学培养研究型学者和科学家的目标，即培养学术人才的目标。

何谓学术？学术指有系统的，较专门的学问。何谓学术人才？学术人才指发现和研究事物发展的客观规律的科学研究人员，主要任务是定义抽象的符号系统，并在此基础上构建一个研究领域的概念、定律和理论体系，使一个研究领域的学问系统化。

（一）学术教育的层次建立

19世纪后半叶，美国以约翰·霍普金斯大学为先河，确立了研究型大学模式，确立了科学研究和研究生教育特别是博士生教育的中心地位，从而在大学内部划分为本科生院和研究生院两级组织，建立了学士、硕士、博士的三级学位体系[②]。至20世纪后半叶，世界范围内的大学大多属于研究型大学。

（二）高等教育发展三阶段

第二次世界大战后，美西方诸国高等教育规模成倍扩大，引发了高等教育观念、职能、管理、入学与选拔等方面的一系列质变。美国学者马丁·特罗以此阶段美西方高等教育发展过程中量变与质变问题，撰写了《从大众高等教育向普及高等教育转化的思考》（1970）、《高等教育的扩张与转变》（1972）、《从精英向大众高等教育转变中的问题》（1973）等论文，提出了以高等教育毛入学率为指标，将一国高等教育发展分为精英、大众和普及三个阶段的观点。他的划分是，当一国18—22岁适龄青年大学毛入学率＜15%，属于高等教育精英化阶段；15%≤毛入学率≤50%，属于大众化阶段；毛入学率＞50%，属于普及化阶段。

---

①李斌.研究型大学——德国科学的崛起[J].世界博览，2008(17).

②邵波.论应用型本科教育的本质属性[J].职教论坛，2014(13).

（三）学术教育与精英化

根据马丁特罗的三阶段理论，19世纪后半叶至20世纪后半叶，世界各国的高等教育均处于精英化阶段，这一时期大学主要培养研究高深学问的科学家和研究型学者。在精英化阶段，学术教育规模扩大和精英人才培养，拉动了研究领域不断扩充，引发若干研究领域脱离哲学范畴，形成独立的学科，逐渐形成了数学、物理学、化学、生物学、天文学、地球科学、逻辑学七个基础性研究领域，在我国称之为基础学科。

通过对学术教育发展的观察，我们可以得到两个观察结论：一是学术研究和学术教育的主战场是基础学科；二是学术研究和学术教育大发展挤压了文学和神学在大学中的统治地位，使其教育规模逐渐萎缩。

（四）学术教育层次跃升

在建立了学士、硕士、博士的三级学位体系后，学术研究和学术教育主要由硕士和博士两个教育层次来承担。

在精英化教育阶段，培养学术人才的研究型大学中，学生很少在本科学业结束后进入社会，大多数以升入硕士、博士阶段继续深造为求学目标。本科教育主要培养学术人才的“毛坯”，教育的目标是为学生未来从事科学研究和接受研究生教育和未来从事科学研究做准备。

在这类研究型大学中，大多数本科生将升入硕士阶段继续升造，大多数硕士生将升入博士阶段继续升造，大多数博士生将进入大学或研究机构从事学术研究工作。在精英化阶段，培养学术人才是大学的正统思想，占据着主流和统治地位。

一个普遍的观念是，大学教育就应该是学术教育，应该研究高深的理论，而绝不能沦落到去培养实务和就业技能。另一个观念是，任何偏离高深理论教育的理念和模式，都是对大学教育的背离，因而施行培养实务和就业技能的大学，不是真正意义上的大学，甚至不是大学。

三、应用本科的崛起

进入19世纪后半叶，工业部门中的应用性技术与科学结合日益紧密，技术中的科学“含量”不断提高，甚至许多先进的技术直接催生于物理学、化学、数学等基础学科的重大发现中。当一类先进技术应用规模日益扩大，科学成分极大丰富后，就会从基础学科中分离出来，逐渐发展成独立的应用学科。

（一）应用学科定位学术研究的逻辑

随着科学和技术进一步结合，应用学科开始进入传统的研究型大学。在科学原理与技术结合并转化为现实生产力的过程中，也会衍生出客观的规律和原理，需要应用学科内的学术人才去研究和发现，故在应用学科建立和发展的初期，确实需要培养更多的学术人才去完成构建本学科内的概念、定律和理论体系的任务，这与研究型大学"学术中心"的传统相符。故在应用学科建立和发展的初期，应用学科教育以培养学术人才、从事学术研究为目标，在逻辑上是合理的。

第二次世界大战后，工业化进程加快，社会对应用性教育培养的人才有着极大的需求，应用学科因此进入了大学，并逐渐发展形成了众多的应用学科，建立了应用学科教育的本科、硕士和博士的培养层次。于是，大学内应用学科的数量和人才培养规模迅速超越基础学科，并在大学中占据了主体位置。

（二）应用本科定位于学术教育的危机

然而，由于应用学科大多脱离于基础学科，应用学科内纯理论的学术研究多数已在脱离的基础学科母体中完成，而专属于应用学科中的纯理论学术研究的规模就很小，因此，一国中一个应用学科内可容纳的学术人才也较少。

但在一个工业门类发育齐全的国家，应用学科的门类和数量众多，一定程度上弥补了可容纳学术人才少的窘境。若高等教育又恰好处于精英化阶段，且工业门类发育充分，则全社会提供给应用学科教育培养的学术人才的就业岗位仍将是充足的。此时，应用学科教育仍定位于学术人才培养就有可能仍然具有可行性和合理性。

但高等教育进入大众化阶段后，一方面，全社会可能提供的学术研究岗位就远远小于应用学科教育的人才培养规模；另一方面，若一国的经济处于高速发展时期，全社会就对应用学科培养的人才需求快速增大。在这种状况下，应用学科教育培养的本科生大多数必将以本科教育作为终结性学习，随后进入工业界就业，大多数硕士生必将以硕士教育作为终结性学习，随后进入工业界就业。此时若应用学科教育仍以培养学术人才为主，就会导致就业危机。

四、我国本科的类型演变

我国大学的本科教育在1902年清政府颁布《壬寅学制》起至新中国成立前，主要以“造就通才”和“教授高深学术”[①]为宗旨。新中国成立之初，国家急需大量专业技术人才，政府学习苏联模式，重构高等教育体系，1952年起实施了全国高校院系大调整。通过调整，一是应用学科大量增加，如石油、水利水电等专业，工科学院数量及比例大幅增加；二是工科教育体系逐步建立[②]，基本满足了当时对应用型人才的需求，推动了国家工业化。当时的高等教育几乎都是实施的本科层次教育，可见，新中国的高等教育主要以应用本科教育为主，主要培养应用人才。

（一）从应用本科转向学术本科

20世纪90年代中后期，为举办具有世界先进水平的一流大学，加强学术人才培养，以造就一批具有世界一流水平的学术带头人和创新团队，国家实施了“211工程”和“985工程”。

1995年11月下发的《“211工程”总体建设规划》提出，“面向21世纪，重点建设一批高等学校和重点学科……在人才培养、科学研究上取得较大成绩”；1998年5月（“985”工程名称的由来）《面向21世纪教育振兴行动计划》提出，“高等学校要跟踪国际学术发展前沿，成为知识创新和高层次创造性人才培养的基地……造就一批具有世界先进水平的中青年学术攻坚人才，使高等学校知识和技术创新基地尽快取得创新成果”。

“211”工程和“985”工程的实施，使我国大学朝着科学研究方向转型发展，学术人才培养开始逐渐占据主导地位，我国本科教育也从培养应用人才为主转向了以培养学术人才为主。

1999年本科扩招后，我国高等教育已从精英化阶段迈入了大众化阶段，但以学术人才为主的模式没有改变，得益于中国经济的高歌猛进，创造了

①舒新城.中国近代教育史资料(中册)[M].北京:人民教育出版社,1961.

②安心,熊芯,李月娥.70年来我国高等教育的发展历程与特点[J].当代教育与文化,2020(6).

充足的本科生就业岗位，不仅消化了本科扩招后每年新增的本科生就业规模，更因彼时产业中可吸纳本科生就业的岗位大多数处于全球产业链的中低端，按学术人才培养的本科生无须接受专门的职业训练，也能很快胜任和上岗，故这一时期高校的应用学科教育仍沿袭着培养学术人才的固有思维。

（二）从学术本科回归应用本科

2013年前后，我国经济发展进入新常态。新常态下，我国经济发展的主要特点是：增长速度要从高速增长转向中高速，发展方式要从规模速度型转向质量效率型，经济结构调整要从增量扩能为主转向调整存量、做优增量并举，发展动力要从主要依靠资源和低成本劳动力等要素投入转向创新驱动。

我国产业也开始迈向全球价值链中高端，显著的变化是产业中每年新增岗位的职业技能与高新技术运用能力的融合度不断加深，应用学科教育中培养的学术人才与社会提供的就业岗位需求的脱节逐渐显现。2013年后的多项高校毕业生调查数据显示，在博士生、硕士生、本科生和高职生之中，应用学科教育培养的本科生就业率经常性地位列第四。

（三）二八样貌与本科培养分类

在高校内部，本科扩招以来，学士、硕士、博士的培养规模也在逐年增大，但学生完成学业后，是进入研究机构从事学术研究？还是进入社会从事应用性工作？

2013年全国教育事业发展统计公报数据显示，82.13%的本科生将终结学业进入社会系统工作，84.69%的硕士也将终结学业进入社会系统工作，5.31万人的毕业博士数也与当年社会的学术人才的需求规模基本一致（见表1-1）。升入更高一级层次教育继续深造和进入社会系统工作的学生数量之比大约为2：8，这样的比例关系一直延续至当下，课题组称之为“二八”样貌。“二八”样貌的形成后，本科教育回归到以应用人才培养为主的现实压力和动力逐年得到增强。

表1-1 2013年本硕博教育发展统计数据(单位:万人)[①]

毕业普通本科数	硕士招生数	硕士招生数/毕业本科数	毕业硕士数	博士招生数	博士招生数/毕业硕士数	毕业博士数
302.75	54.09	17.87%	46.05	7.05	15.31%	5.31

1. 本科能否培养学术人才

大量关于高等教育发展史的研究结果显示，当一国的高等教育发展到博士教育层次并形成较大规模时，真正意义上的学术人才培养就会上移到博士教育层次。

在我国，2019年博士招生数首次突破10万人，达到10.52万人[②]。2011年教育部印发《工程博士专业学位设置方案》的通知提出，工程博士具有相关工程技术领域坚实宽广的理论基础和系统深入的专门知识，具备解决复杂工程技术问题、进行工程技术创新，以及规划和组织实施工程技术研究开发工作的能力。至此，在类型上区分了学术博士和工程博士。

现实中“头部”高校和“头部”的学科专业，硕士以上教育层次的规模较大，甚至超过了本科规模，故而按照学术本科→学术硕士→学术博士这一学术人才培养路径，提出了学术本科的类型，但该类型也只是在小范围内具有相对的合理性。在学术人才培养上移到博士教育层次的事实发生后，本科层次就只能是一个系统性学习特定研究领域学科知识的阶段，无论是从本科毕业生的实际去向，还是从社会可能提供的学术研究岗位数看，将本科层次定位成以培养学术人才、精英人才、研究人才为目标的表述，是不恰当且不符合现实的。对于学术本科，较为客观和理性的定位和表述是：以培养具备学术研究潜力的本科层次人才为目标的教育层次[③]。

---

①参考历年全国教育事业发展统计公报。各项统计数据均未包括我国的香港特别行政区、澳门特别行政区和台湾地区，部分数据因四舍五入，存在与分项合计数值不一致的情况。2013年全国教育事业发展统计公报数据中全国本专科毕业生638.72万人，根据当年本专科毕业生10:9的比例，推算得到毕业本科生数302.75万人。

②引自2019年全国教育事业发展统计公报。

③张松彪，程丹.地方普通高校本科学术型人才培养困境及破解路径研究[J].科教文汇(上旬刊)，2019(6).

2. 谁来实施本科学术教育

当“头部”高校和“头部”学科专业硕士以上的教育层次规模等于或超过了本科教育层次的规模时，“头部”高校和“头部”学科专业才有在本科阶段培养具备学术研究潜力的本科层次人才的可行性和合理性。

而在若干非“头部”高校的“头部”学科专业中，也可能在小范围内设立若干个小而精的学术人才培养项目，实施以培养具备学术研究潜力的本科层次人才为目标的学术人才培养计划。近几年，国家也有针对性地推出了“基础学科拔尖学生培养试验计划”“基础学科拔尖学生培养计划2.0”等，鼓励“头部”高校及更多的“头部”学科专业大力培养面向未来的顶尖学术人才。

在“头部”高校的“头部”应用学科的专业中，也存在着“学术本科→学术硕士→学术博士”这一学术人才培养路径，只是学术人才的培养规模极小。在“二八”样貌的现实中，存在更多的非“头部”高校和非“头部”的应用学科专业，较为理性的选择是构建一条“应用本科→专业硕士→工程博士”的各层次应用人才的培养路径。

3. 应用本科是否培养技能

“二八”样貌的现实，决定了应用本科才是当下我国本科层次的主要教育类型。接着的问题是，应用本科培养什么样的人才？这一问题的答案可从培养结构和培养类型两个方面考察。

（1）排斥技能的培养目标。

2015年，教育部、国家发展改革委、财政部发布的《关于引导部分地方普通本科高校向应用型转变的指导意见》要求转型发展高校，把办学思路转到培养应用型技术技能型人才上来，指出应用本科应培养技术技能型人才。然而在现实中，应用本科培养大多强调技术，而排斥培养技能。

例如，在指导意见出台前，有学者认为应用本科教育以培养面向生产、建设、管理、服务第一线的高级技术应用型本科人才为主要目标①；在指导意见出台后，一部分学者仍认为应用本科教育以培养能够将学科专业知识

①陈小虎，屈华昌，邵波．教学应用型本科院校的办学理念及其路径选择[J]．中国大学教学，2005(2).

和理论转化为应用技术的创新型人才为目标[①]。以上学者在表述应用本科的人才培养目标时，都不约而同地突出“技术”，排斥“技能”。这类观点在现有文献中占据了多数。

何谓技术？现代汉语词典的解释是人类在认识自然和利用自然的过程中积累起来并在生产劳动中体现出来的经验和知识。何谓技能？现代汉语词典的解释是掌握并能运用专门技术的能力。

按上述涵义，技术与技能两者的差别在于，技术是一种储存性的抽象物，不依附于特定的人而存在；技能则是依附到人身上后显示的特定能力。从二者的涵义出发，摒弃“技能”培养的应用本科，在其培养过程中，也都不约而同地以储存性的技术知识学习为主导，而技术运用能力培养的占比则极小，或直接被忽略。

（2）排斥技能培养的成因。

传统意义上，“技能”指向了“操作”和“体力劳动”，导致了渴望通过本科教育脱离“劳力”者，进而成为“劳心”者的人群对技能培养的歧视。此社会心理不只存在于中国社会，世界上许多国家包括发达国家，其社会层面也普遍存在这种现象。现实中，应用本科高校之所以不愿将“技能”作为培养目标的要素，归纳起来有三个深层次的原因。

其一，在长期的学术人才培养的习惯路径中，高校教师的教育观也普遍趋于学术化，而学术化的高校教师不擅长技能教育，于是在现行的高校教师评价导向中，教师乐于实施适切且系统化的技能教育的意愿就更低了。

其二，实施系统化技能教育所需的教学资源，以及人、财、物的成本一般高于学术教育，单就成本因素而言，就难以得到学校管理者持续性的关心和支持。

其三，大多数学生和家长的意愿是远离技能型岗位，以获取只动“脑”、少动“手”的就业岗位为求学目标，即便这些就业岗位的报酬较低。

（3）重视技能的应用本科。

纯粹“劳力”的社会工作，只有转变为既“劳心”，又“劳力”，且有较为体面的“报酬”后，这一领域的高校和专业才有可能将技能作为专业

①王继国，孙健.论应用型本科的本质属性及发展关键——基于地方本科院校转型的背景[J].黑龙江高教研究，2016(3).

培养目标的要素，如临床医学类专业、律师专业、教育技术学专业等。

蒋贵昱、王宽垒认为，临床技能在整个教学过程中占有十分重要的地位，是培养合格的专门人才不可缺少的教学环节[①]。

邓路遥认为，律师专业技能实训教学的目标是培养学员从事律师工作的基本职业能力，特别是定分止争、排难解惑的实际操作能力[②]。

陈林川、廖元锡认为，提高师范生的教学技能水平是每所高等师范院校实践教学工作的重中之重[③]。

重视技能培养的应用本科专业有三个特征。其一，这类应用本科专业人才必须有娴熟的操作技能，才能胜任其从事的工作；其二，这类应用本科专业人才从事的工作都具有执业资格许可制度，娴熟技能是获取执行资格的必备条件；其三，这类应用本科专业人才从事的工作属于高报酬行业，只有宣称其专业重视技能教育，才能取得社会的信任，从而提高声誉。

4. 本科的三种培养类型

至2019年，按照不同的人才培养结构，我国本科事实上已分化为三种培养类型，即学术研究型、技术应用型和技术技能型。

（1）学术研究型的培养结构。

自20世纪90年代，国家实施“211工程”和“985工程”以来，我国高校的科学研究功能不断强化，在本科层次形成了学术研究型的培养结构，这一培养结构可简要表达为“广博深厚的系统性学科知识＋专门的知识生产方法和实验＋研究成果发表能力训练”。按这一培养结构培养的人才具有以下三个特征。

其一，具有广博深厚的学科知识。“广博”的涵义是既要学习本学科领域的系统性知识，还要学习本学科学术研究涉及的学术性知识；“深厚”的涵义则是强调所学知识必须“精深”和“前沿”。

其二，在学科知识宽厚的基础上有所“专”。“专”的涵义是指专门学习本学科的知识生产过程、知识生产的方法和知识价值的验证方法。

其三，具备研究文献、国际交流和发表研究论文等能力。文献研究和

①蒋贵昱，王宽垒．临床医学技能培训存在的问题及对策[J].中国成人教育，2007(18).

②邓路遥．律师专业技能实训的构想与路径[J].广西政法管理干部学院学报，2008(1).

③陈林川，廖元锡．高师院校师范生教学技能培养的问题与对策[J].继续教育研究，2016(7).

国际交流是为了了解本学科研究领域的前沿问题，发表研究论文是学术研究型人才的主战场，也是构建新的知识、概念和符号系统的必备能力。

按照这一培养结构实施教育的本科即可归类为学术本科。这一培养结构在我国普通高校内部影响面广，甚至其他的本科类型也按此结构实施人才培养。

（2）技术应用型的培养结构。

2013年，中国经济发展开始进入新常态后，应用本科逐渐成为本科教育的热点。不同于学术本科培养学术研究型人才，应用本科指向的是应用人才，那么何为应用人才呢？

刘迎春、熊志卿认为，应用人才从事第一线的技术应用和工艺过程的指导、监测、管理和控制等方面的工作，属于使研究开发的成果转化为产品，在生产第一线解决实际问题、保证产品质量和性能而必需的人才①。这一观点认为，应用本科的类型特征是技术应用，而技术应用仅是在成果转化为产品过程中的前阶段，即工艺实施前的那一部分技术性工作。一旦工艺实施展开后，应用人才只是指导、监测、管理和控制，并不实际操作。可以看出，该观点定义的应用人才的类型特征中强调了技术的应用，而不包括技能。

李平认为，应用人才是能借助科学方法，解决来自生产和生活中的具体问题，完成新的科研与技术开发项目，引进、优化和监控新方法、新工艺使用的人才②。这一观点与刘迎春、熊志卿的观点一致，只是在表述上更清晰地强调了应用人才的特征是技术应用，而非借助技能的操作实践，所以应用人才的成果只能是产品和项目的设计方案。

根据以上观点，应用本科的培养结构可归纳为三种：一是必要理论＋技术实践＋应用创新的集成人才；二是必要理论＋技术实践＋创新设计的产品开发人才；三是必要理论＋技术实践＋市场开拓和经营管理人才③。由于前两个要素相同，三种培养结构也可合成为一种，即必要理论＋技术实践＋应用创新的集成/创新设计的产品开发/市场开拓和经营管理。按这一

①刘迎春，熊志卿．应用型人才培养目标定位及其知识、能力、素质结构的研究[J]．中国大学教学，2004(10)．

②李平．借鉴德国职业教育先进经验 探索应用型本科教育之路——基于德国应用技术大学办学特色的思考[J]．武汉商业服务学院学报，2012(3)．

③陈蕾，李建启．我国应用型本科教育的培养规格与培养模式[J]．黑龙江高教研究，2014(5)．

培养结构培养的人才具有以下三个特征。

其一，具有必要的系统性学科知识。与学术本科比较，相同的是都以系统性的学科知识学习为根本，不同的是应用本科强调学科知识的“简”（简化）“实”（实用），而非“广”“厚”。

其二，具有技术方案设计能力而不具备操作实施技能。由于该培养结构的核心是将系统化学科知识转化为一种产品设计方案或一种服务方案，至多是一种“原型机”，而非最终形成的物质产品或服务产品。当下，大多数应用本科高校师生认同的观点是，直接产出最终物质产品或服务产品是技能型人才的工作，而非技术应用型人才的工作。

其三，具备足够丰富的技术实践体验。应用创新的集成、创新设计的产品开发、市场开拓和经营管理等均是现实中企业的高端和稀缺岗位，在校教学难以提供足够丰富的技术实践体验。假设学生在校期间通过校外实践获得了足够的实践体验，毕业后又有多少学生能够达到应用创新的集成、创新设计的产品开发、市场开拓和经营管理等岗位的要求，实现在这类高端和稀缺岗位上的就业呢？可见这一培养结构指向的应用人才，与未来可变现的就业岗位之间是存在冲突的。

（3）技术技能型的培养结构。

在技术与技能并重的本科层次的临床医学类专业、培养律师人才的法学类专业、培养教师的教育技术学专业中，其培养结构是简实的系统性学科知识＋专门化的技术实践＋娴熟的技能训练。由于重视技能训练，这一培养结构导向了培养技术技能型人才。以上三个特征中，简实的系统性学科知识和专门化的技术实践两大特征与前述的技术应用型人才的特征一致，不同点在于该培养结构需花费大量的学时对学生进行完备的技能训练，以期培养既能开发和设计产品和服务方案，又能亲身实施产品和服务的操作实现过程，融开发、设计和操作于一体的技术技能型人才，从而使其更好地胜任现实中的工作岗位。

与技术技能型专业相比，2019年后萌生的职业本科，在培养结构及指向的培养类型两方面具有实质等效性。依据培养结构和培养类型相同的归类原则，我国本科教育从新中国建立起，演变到2019年，就有了学术本科、应用本科和职业本科三个类型，分别对应着培养学术研究型人才、培养技术应用型人才和培养技术技能型人才。

第二节 职业本科发展的缘由

2015年，教育部发布的《高等职业教育创新发展行动计划（2015—2018年）》提出“探索发展本科层次职业教育专业”。2019年，国务院印发《职业教育改革实施方案》（简称职教20条），首次提出“开展本科层次职业教育试点”，至此职业本科教育诞生了。然而，职业本科产生的缘由是什么？探索这一问题，也有助于我们找到职业本科的某些关键性类型特征。

一、发展必然说

发展必然说又包括了经济发展必然说和周期跃升必然说两种观点。

（一）经济发展必然说

经济发展必然说认为，职业本科是产业升级和经济发展的必然产物。在世界范围中，找寻产业转型升级和职业教育层次跃升的联系不难，但能否依据这种联系就断定职业本科是产业升级和经济发展的必然产物？课题组认为，在我国当前的背景下，至少还得回答两个问题：一是能否通过专科以下层次的职业教育提质增效，满足产业升级的要求；二是能否使普通本科教育兼顾职业本科，满足产业升级的要求。

只有两个问题的答案均为“不能”，发展必然说方能成立。有学者认为，规则性劳动大量被机器替换后，要求技术技能人才能力结构向一定的深度和广度延伸，即实践能力与理论知识并重、技术能力与工程能力复合，原有高职高专所培养人才的职业能力是不充分的，这些职业能力也不可能通过普通本科教育培养出来①。这一回答包含两层涵义：一是专科以下层次达不到，二是应用本科培养不了。

为什么专科以下层次达不到？有学者调查了产业转型升级后对技术技

①匡瑛，李琪．此本科非彼本科：职业本科本质论及其发展策略[J]．教育发展研究，2021(3)．

能人才能力结构的深度和广度要求，并基于调查结果论证了达到这种深度和广度所须培养周期，形成了可信的结论。但对于另一个问题的追问，即为什么应用本科培养不了？目前学界尚存较大争议，需要更为充分的论证理据。本书在本章第一节论述了排斥技能培养的成因，提出了当前应用本科“培养不了”的事实性原因。

（二）周期跃升必然说

有学者基于对国际职业教育的考察指出，一国或一地的职业教育在经历20年左右的周期后，必将产生层次跃升[①]。

若用该观点考察1978年以来我国的职业教育，1978年至2000年，中等层次为主的职业教育经历20余年的发展，一批中职学校跃升为专科层次的高职院校；2001年至今，专科层次高职教育又经历了20余年的发展，职业教育必将迎来周期性的层次跃升。2019年至2021年，我国已诞生了32所本科层次的职业技术大学。根据教育部2021年全国教育事业统计结果，我国本科层次职业学校现有高等教育专任教师2.56万人，2021年职业本科共计招生4.14万人，在校生规模首次突破10万人，达到12.93万人。中国职业教育的发展似乎印证了这一观点。

然而，周期跃升必然说并没有揭示其“说”的内在逻辑和动力。周期跃升必然说的内在逻辑和动力可能与世界经济的发展周期相关，因此有必要将职业教育的发展周期和该国的经济发展周期进行更为细致和精准的比较研究，才能使此“说”更可信。这一比较研究要回答：经济发展与一国的教育人口增长存在何种关系？即一国经济正增长匹配教育人口正增长，持续到某一阶段，是否会导致职业教育的层次跃升？同时，一国经济正增长匹配教育人口负增长，或是一国经济负增长匹配教育人口正增长，或是一国经济负增长匹配教育人口负增长三种情况中，职业教育发展和层次跃升分别有什么样的联系？深入研究以上问题，对于预测和评估我国职业教育的发展走向，具有现实意义和重要价值。

---

①别敦荣.大学管理与治理中国大学现代化之道[M].青岛：中国海洋大学出版社，2021.

二、国外借鉴说

国外借鉴说认为，发展职业本科是发达国家经济社会发展长盛不衰的关键密钥，隐含的逻辑是我国要保持经济社会长期向好，也应发展职业本科教育。经常被用于例证的对象有德国的双元制大学和应用技术大学、日本的专门职业大学、英国的多科技术学院、法国的高等技术学院、新加坡南洋理工学院等。

（一）国外借鉴说的基点

国外借鉴说的基点是发达国家大学创设的某种教育类型与当下我国语境中的“职业本科教育”是类同的。例如李政认为，德国双元制大学和日本的专门职业大学类似于中国语境下的职业本科教育[①]。邓小华认为，我国的职业本科院校类似英国的多科技术学院、法国的高等技术学院以及德国的应用技术大学[②]。

但这些例证对象与我国语境中的“职业本科教育”确实在实质上类同吗？这是国外借鉴说能否成立，或借鉴部分是否合理的一个关键性基点问题。但在这一基点问题上，大多数文献似乎以个人的主观判断代替了严谨性和规范性的求证，由此得出的结论和推论是否合理就存在了不确定性。究其原因是，职业本科教育是我国职业教育领域的新生事物，在国际上并无先例。此说所列举的国外大学，并没有足够的证据表明它们与我国的职业本科大学存在实质相似性。

（二）国外借鉴说的疑问

国外借鉴说的另一个支撑性结论是，发展职业本科教育是德国、英国、美国、日本等发达国家保持经济长盛不衰的关键密钥[③]。但本研究的课题组并没有从该学说的研究文献中看到严密的论证过程。为此提出三点疑问：

---

①李政.职业本科教育办学的困境与突破[J].中国高教研究，2021(7).

②邓小华.论职业本科院校的职能定位[J].中国职业技术教育，2021(30).

③刘志军.我国职业本科教育的政策演进、发展逻辑与路径指向[J].职业技术教育，2021(42).

其一，世界正处于百年未有之大变局，德、英、美、日诸国能否仍能保持长盛不衰？有待观察。其二，一国经济长盛不衰的关键密钥是发展职业本科教育，这样的论断是否可靠？德、英、美、日诸国一时兴盛的真实原因究竟是什么？其三，过分夸大职业本科教育的作用是否有利于职业本科教育的长远发展？

三、缓解压力说

缓解压力说主要关注"发展职业本科教育具有巨大价值"这一命题，认为"发展职业本科教育"的巨大价值在于可以缓解日趋严峻的就业压力，可以引导学生分流到职业教育培养体系中，使其学有所用，有效解决就业问题[①]。但2013年以来我国本科毕业生面临的严峻就业压力的成因是什么？回顾与观察基本的历史事实，就可发现两大主要成因：一是1999年以来本科持续扩招；二是2013年以来我国经济发展迈入新常态。

（一）就业压力源自本科扩招

我国本科扩招肇始于1999年。在亚洲金融危机影响下，全球经济发展陷入低谷，就业压力加大，政府选择了本科扩招政策，高校吸纳了大量的适龄就业人口，客观上缓解了当年的就业压力。同时，本科扩招也带来了诸多深远的正向意义和价值。例如，使更多学生圆了大学梦；大幅缩小了与国外高等教育普及率的差距；实现教育发展的阶段性飞跃等。

但四年后第一批扩招的本科生就业时，本科生供需两侧的平衡被打破，本科生供大于需，直接导致本科生就业率和薪水下降。当2009年我国再次受到金融危机冲击时，政府选择安排本科生到基层工作以及研究生扩招的政策，但因之前已形成的本科毕业生供需两侧失衡，本科毕业生的薪酬水平一降再降。2012年，教育部发布《关于全面提高高等教育质量的若干意见》，明确提出今后公办高校本科招生规模将保持相对稳定，持续13年的本科扩招才基本结束。但2012年后，普通本科毕业生规模仍持续扩张，这必将导致高校毕业生规模持续增长。到2022年，我国高校毕业生达到了1076万人（见图1-1），其中普通本科毕业生规模约占50%。

①匡瑛，李琪.此本科非彼本科：职业本科本质论及其发展策略[J].教育发展研究，2021(3).

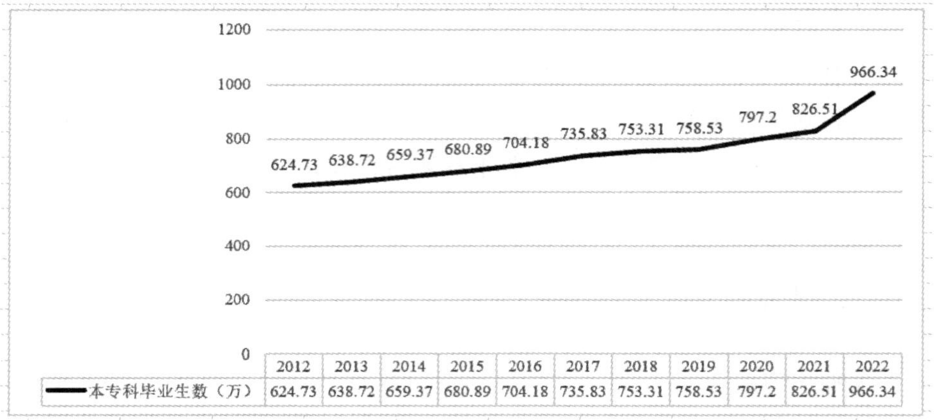

图 1-1　2012—2022 年我国高校毕业生人数变化图

（二）就业压力源自经济增速回落

中国经济增速从 2012 年起开始回落，告别了过去 30 多年 GDP 平均 10% 左右的高速增长，进入中高速增长的新常态（见表 1-2）。2018 年以来，逆全球化泛起，美国发动贸易战、推动中美经济脱扣和制造业回流美国，以及疫情全球蔓延等，多重影响叠加下，我国全社会新增就业岗位数缩减明显，毕业生总数明显大于全社会新增就业岗位数。

表 1-2　2012—2022 年中国 GDP 及年增长率[①]

年份	2012	2013	2014	2015	2016	2017	2018	2019	2020	2021	2022
GDP/亿元	519322	568845	636463	676708	744127	827122	900309	990865	1015986	1143670	1210207
增长率/（%）	7.8	7.7	7.4	6.9	6.7	6.9	6.6	6.1	2.3	8.1	3.0

（三）第一种失衡的三个缓解办法

为了较为合理地分析并回答“发展职业本科教育能否缓解日趋严峻的就业压力”这一问题，本书课题组提出：当下我国本科教育在就业市场供需两侧存在第一种失衡结构。所谓第一种失衡结构，是指因本科毕业生规模扩大和社会新增就业岗位数缩减造成的供需两侧失衡。对于当下的第一种失衡结构，没有任何一种对策可以立即有效解决。缓解办法主要有以下三个。

---

①引自国家统计局全国年度统计公报。

一是从现在起努力控制甚至适度缩减本科招生规模，期望经历一个四年周期后，本科毕业生总数有所下降。

二是积极发展能够提供大量高质量就业岗位的中高端制造业、中高端基建业和中高端农业，期望四年后我国新增就业岗位数显著增加。

三是扩大研究生层次的招生规模，即将一部分本科就业人口暂时性吸纳到研究生培养体系中，其期望和后果与1999年本科扩招的期望和后果相似。

第一种失衡结构对各类教育的就业压力是无差别覆盖的，既使职业本科毕业生的就业压力增大，也使高职专科以及中职毕业生的就业压力增大。结论是，当下发展职业本科教育不会缓解第一种失衡结构造成的就业压力，若大幅扩大包括职业本科教育在内的大学招生规模，四年后第一种失衡结构造成的就业压力必将增加。

四、结构调整说

发展必然说、国外借鉴说、缓解压力说等观点均回答了为什么要发展职业本科教育和职业本科教育的价值何在这两个问题，但这三种观点或多或少地存在论证不充分和逻辑缺失等缺陷。为此，有必要汲取三种观点的精髓，提出在论证和逻辑上有所进步的新观点。

（一）第二种失衡的历史成因

第二种失衡结构指学术本科和应用本科培养的人才，没有接受过适切的系统性的技术技能教育和培训，然而行业、企业需要大量的经过适切的系统性技术技能教育和培训的本科层次人才，由此导致了本科层次技术技能型人才供应相对不足。虽然职业教育为我国培养了大量的技能人才，但在我国庞大的劳动力人口结构中，技能人才的总量仍偏少，占比不足30%。国际上，德国和日本的这一比例达到了70%—80%，我国与德国和日本相比差距较大[①]。

①姜琳，安蓓．破难题 稳大盘 保民生——两部门详解《“十四五”就业促进规划》[EB/OL].（2021-8-30）. https://www.gov.cn/zhengce/2021-08/30/content_5634244.htm.

而在本科层次，我国培养的技术技能人才占比就更少了。2012年前，我国大部分产业处于世界产业链的低端，大多数岗位的技术和技能复合程度低，没有经过系统性职业教育和培训的普通本科毕业生，也能在短期内迅速上岗和适岗。由于第二种失衡结构表现不明显，此阶段发展职业本科教育没有紧迫性。

2012年后，我国产业逐渐走向中高端，传统依靠简单和熟练操作技能的岗位逐渐缩减，随着先进技术装备的大规模使用，技术思维和娴熟职业技能在个体岗位中不断融合。此时的教育侧供给的本科毕业生，由于没有接受过系统性职业教育和培训，没有较为娴熟的职业技能作为支撑，难以迅速上岗和适岗。同时，此时职业教育被限制在专科以下层次，导致第二种失衡结构逐渐显现。

（二）充分就业必须调整结构

一方面，我国主动选择将制造业、基建业和农业作为立国之本和强国之基，实施大规模的转型升级，显著放大了我国产业对本科层次技术技能人才的需求；另一方面，在我国社会“重脑力轻体力”的固有择业观念影响下，职业教育地位不高。在应用本科，师生对于由技术应用型人才培养转型为技术技能型人才培养的意愿较低，甚至持强烈反对态度。因此，推动大多数应用本科高校和专业转型发展步履艰难，一时难以收效。这是发展必然说中“应用本科培养不了”的现实答案。

基于以上分析和论证，课题组提出结构调整说，认为发展职业本科教育能够为未来我国产业大规模走向中高端，培养大量本科层次的技术技能型人才，有助于逐渐调小“供大于求”的非技术技能型人才的供给规模，逐渐调大“供小于求”的技术技能型人才的供给规模，最终实现本科层次人才培养的类型结构与产业的实际需求结构趋于一致，从而解决或缓解本科生的就业压力。

第三节　职业本科的类型特征

2019年，国务院印发的《国家职业教育改革实施方案》开宗明义：“职业教育与普通教育是两种不同教育类型，具有同等重要地位。”但职业教育，特别是职业本科教育的类型特征是什么？对于职业本科教育专业的开发者而言，这是一道必答题。

一、高校人才培养类型说

对于现有的高校人才培养类型，有较为粗略的三型说和较为细致的四型说。

（一）三型说

潘懋元将国际教育标准分类与我国各类教育简单类比后，提出了三型说，认为我国高校可以划分为研究型、专业型和职业技术型三类。研究型高校主要培养学术研究的创新型人才，从事理论研究与创新，覆盖学士、硕士和博士三个层次，但研究生培养占有较大比重；专业型高校主要培养服务经济社会发展的本科以上的应用型人才，从事社会发展与科技应用研究；职业技术型高校主要培养服务一线生产和管理的专科层次的技能型人才，从事技术服务及技能应用的改革与创新①。

三型说提出后，上海的新晋本科院校在谋求与老牌本科院校差异发展的思考中，提出了技术应用人才的类型概念，指出技术应用人才在生产一线或工作现场从事为社会创造直接利益的工作。技术应用人才与职业院校培养的技能型人才的区别在于，前者是应用智力技能完成任务，后者主要依靠操作技能进行工作②。

为进一步解析该人才类型的特征，该观点将工艺师和技术员作为技术应用型人才的典型。认为工艺师和技术员主要负责企业生产的基本任务，保证生产正常运转，但不与日常生产过程直接联系，而是研究解决一些重大的生产技术问题。该观点总结的技术应用型人才的类型特征是“动脑”，即技术应用型人才是“动脑”的脑力劳动者，而非“动手”的体力劳动者。

---

①潘懋元.分类、定位、特点、质量——当前中国高等教育发展中的若干问题[J].福建工程学院学报，2005(2).

②翟海魂.发达国家职业技术教育历史演进[M].上海：上海教育出版社，2008.

（二）四型说

三型说是依靠直觉而非理性分析提出的较为原始的观点。鉴于此，在三型说之后，就有学者修正三型说，提出了较为细致的四型说。

四型说将人才类型细分为学术型、工程型、技术型和技能型四种类型。学术型人才从事发现和研究客观规律的工作；工程型人才从事设计、决策、规划等为社会创造直接利益的工作；技术型人才和技能型人才在生产一线或工作现场将工程型人才的设计、决策、规划等转换成物质形态[①]。

1. 四类型人才的关系模型

在四型说基础上，又有四类型人才的关系模型（见图1-2）。模型将社会人才类型分为C型（技能型）、T型（技术型）、E型（工程型）和L型（学术型）四类，试图和彼时的相关分类一致。

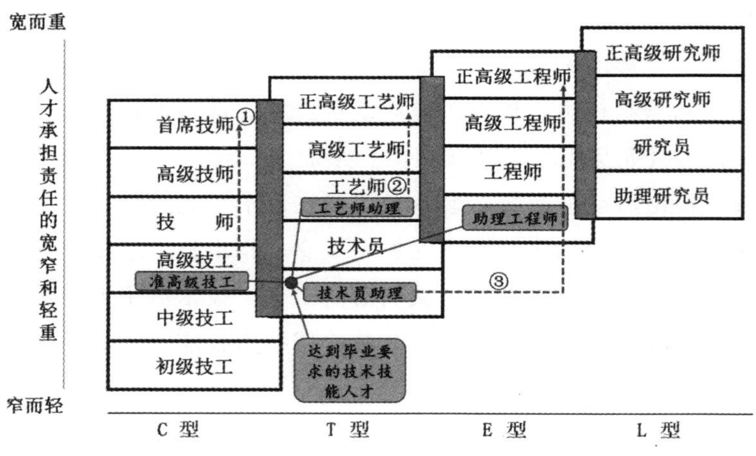

图1-2　四类型人才的关系模型

（C——技能型　T——技术型　E——工程型　L——学术型）

具体描述为：C型人才主要依靠自身技能，从事智能程度较低的工作，实现将工程原理应用于实践，从而转化为特定形态的工程和产品等；T型人才与C型人才的不同点在于从事的是智能程度较高的工作；E型人才从事的工作是将工程原理演变为工程设计、规划和决策；L型人才从事的工作是在

①翟海魂.发达国家职业技术教育历史演进[M].上海：上海教育出版社，2008.

科学原理的形成和转化之间研究和发现规律。

根据四型说，科研基础弱的新晋应用本科院校指向培养T型人才，科研基础厚的老牌应用本科院校主要培养E型人才，头部的应用本科院校主要培养L型人才，职业教育主要培养C型人才。

2. 应用本科培养类型指向解析

四型说是对我国过往工业生产组织形态的观察结果。彼时我国的工业结构以国企为主，员工众多，工种细分，机制固化。各类人才入职后身份随之确定，且很难改变。例如，工科类本科毕业生入企后，就会成为工程师，整个职业生涯就沿着E型人才的路径，从助理工程师起步，向着工程师、高级工程师和正高级工程师的路径升迁。

（1）老牌本科院校培养类型问题。

老牌应用本科院校指向培养E型人才的结论有待商榷。“将工程原理演变为工程规划和决策”的岗位属于顶层的稀缺岗位，即使在过去，一个万人规模的大型企业，符合该描述的稀缺人才也很难超过百个。在应用本科培养规模扩张和社会新增就业岗位数缩减形成的第一种失衡结构中，大多数毕业生终其一生，也难以到达此岗位，故将这类顶层的稀缺人才设定为毕业要求或培养目标，其可行性和有效性均有待商榷。

（2）新晋本科院校培养类型问题。

新晋应用本科院校培养T型人才的目标也有待商榷。虽然在四类型的人才关系模型中，从技术员助理起步，到技术员、工艺师、高级工艺师和正高级工艺师这一系列的T型人才，社会提供的岗位数与E型人才岗位相比更多，但与新晋本科院校毕业生规模相比，仍处于供求严重失衡状态，将之作为新晋本科院校的培养目标，仍会有大量毕业生无法达到目标岗位的要求。

二、职业本科类型特征探讨

职业本科自诞生的第一天就面临如何在如林的本科中站稳脚跟，进而发展壮大的重大课题，而逐渐厘清职业本科教育的类型特征将是解答这一问题的第一步，也是关键的一步。

研究一个事物在类型上区分于另一个事物的基本方法是比较研究和观

察事实。课题组比较了目前的学术本科和应用本科的人才培养状况，并观察了各种人才类型与社会需求的匹配度，认为职业本科专业与普通本科专业的类型特征应充分体现在就业导向、技术技能、双师素质三方面。

（一）特征之一：就业导向

就业是最大的民生，也是职业本科教育发展最基本的支撑。未来一个时期，我国需要在城镇就业的新成长劳动力每年将超过千万人。但由于世界经济复苏艰难，我国经济发展动力恢复还会遭遇一些阻碍，每年新增的就业岗位数与每年的高校毕业生数难免形成不协调和不匹配的状况。

职业本科专业要在众多的本科专业中谋得一席之地，坚守职业教育就业导向的传统最为关键。职业本科专业只有充分顺应就业市场的实际需要，市场需要什么类型的人才，就培养什么类型的人才，市场需要什么课程，就设置什么课程，这样才能逐渐收获政府、社会、家长和学生等众多利益相关方的信赖，获得最为宝贵的支持。

职业本科专业的发展优势是毕业生能实现更加充分和更高质量的就业。具体目标是毕业生在“难就业”中能够“好就业”；在“好就业”中能够“就好业”；在暂时失业时能够快速再就业。对于新晋至本科层次的职业院校和专业，最大的危险来自高教系统内部的“顶刊论文至上”“高深理论研究至上”等观念的侵袭。这些观念导致了这些职业院校和专业对就业导向特色的忽视和摒弃，最终在毕业生就业惨淡的结果中落败，同时也在与应用本科高校和专业关于知识研究和产出成果的比拼中落败。

（二）特征之二：技术技能

我国经济发展步入新常态后，第一种失衡和第二种失衡的就业矛盾逐渐突出，其表现为“就业难”和“招工难”并存。我国本科生年度就业率已连续多年在低位徘徊，原因之一是本科毕业生规模已达一千万以上，大幅超出了社会就业岗位的供给规模。这一态势还将持续若干年。与此同时，大多数的应用本科教育内部，排斥系统的技能训练，导致毕业生高学历、低技能，与就业需要的能力结构不匹配。

职业本科培养的是技术和技能融于一体的人才。2021年，教育部印发的《本科层次职业学校设置标准（试行）》在第一条“办学定位”中明确，要培养国家和区域经济社会发展需要的高层次技术技能人才。在图1-2所示的四类型人才的关系模型中，达到本科层次的技术技能人才，其毕业要求是在技能上达到准高级技工的技能标准，工艺方案设计上达到工艺师助理的标准，产品或服务方案开发上达到助理工程师的水平。

之所以是“准”级和“助理”级，是因为毕业时学生与高级技工、工艺师和工程师相比，缺少职业历练和必要的职业经验积累。华盛顿协议认为，四年制本科生毕业时只是工程师的“毛坯”，经过3年左右的工作历练才能取得工程师资格。

本科层次的技术技能人才就业后主要有3条职业发展路径：①沿技师、高级技师、首席技师跃升的C路线；②沿工艺师、高级工艺师、正高级工艺师跃升的T路线；③沿工程师、高级工程师、正高级工程师跃升的E路线。毕业生个体将循着哪个路径发展？或者在职业生涯中途是否更换发展路径？又或者能否走出3条主要路径，寻求跨专业甚至跨行业发展？这与每一个毕业生的个人际遇、社会环境相关，无法提前预知。

随着我国产业逐渐迈向中高端，传统意义上的操作岗位与先进工艺和自动化设备的融合加深加快，纯粹依靠技能的操作岗位已受到严峻挑战。同时，操作技能与先进生产设备相结合后，工作岗位中的“动脑”因素不断增多，操作技能与心智技能不断融合，不仅挤占了传统工艺师和技术员的工作岗位，也与传统工程师间的边界不断重叠。

应用本科期望主要依靠智力完成产品方案规划或工艺实施设计，而不直接介入现场的操作，这种纯技术、弱技能的岗位已经越来越稀少了。

（三）特征之三：双师素质

中共中央、国务院在《关于全面深化新时代教师队伍建设改革的意见》中提出：全面提高职业院校教师质量，建设一支高素质的“双师型”教师队伍[①]。

何为“双师型”教师？当下尚没有达成一致定义。课题组结合职业本科教育的基本现状，提出了以下定义：“双师型”教师是指执教能力能胜任职业本科教育教学工作，具有在职业一线实现产品或服务的能力，具有将

---

①中共中央 国务院关于全面深化新时代教师队伍建设改革的意见[EB/OL].(2018-1-20). https://www.gov.cn/xinwen/2018-01/31/content_5262659.htm.

技术技能实现成果转换为具体教学方案或教学资源的能力的教师。

这一定义的导向是，职业本科教师要树立“人人做科研”的观念。这是晋升到职业本科层次后，职业本科教师面临的发展性挑战，也是职业本科教师与中职教师间的层次性差异。

职业院校强调培养“双师型”教师，是由职业教育培养的人才类型特征决定的。职业本科教育培养承担生产、管理、经营、服务等方面一线工作的本科层次技术技能人才，与当下大多数应用本科培养的技术型和工程型人才存在着明显差异。因此，职业本科教师也有别于当下的应用本科教师，不仅要有良好的执教能力，还必须要有较好的基于技能的技术实现能力，这使得良好的双师素质成为职业本科的重要类型特征。

第四节　职业本科专业开发原则

职业本科专业开发原则是在比较研究我国各类本科专业开发实践的基础上，结合职业教育专业开发中的已有共识，总结形成的具有普适性的基本原则。它既体现了职业本科的类型特征，也体现了本科教育的一般规律，对于尚处在萌芽阶段的职业本科专业开发，具有重要价值。职业本科专业的开发原则主要有以下七项。

一、基于调研原则

基于调研原则强调通过充分的调查调研，掌握丰富的一手资料，从而在职业本科专业开发的全过程中，确保各项决策合理、可行、符合实际，并准备好各项难点和风险的应对预案。

政府、用人单位、学生和家长、学校和教师对职业本科专业开发有哪些利益诉求？开发的职业本科专业在行业中的现实需求和预测需求如何？本专业毕业生毕业5年内有望取得哪些职业发展成就？本校现有的师资、教学设施、教学资源等保障条件是否达到设置本专业的标准？特别是本校是否具备本专业相关的省级以上技术研发推广平台？以及本专业现有的社会服务水平能否提供足够支持？以上这些问题均需通过调研才能得到较准确和较客观的判断。

通过调研，职业本科专业可得到具体数据，为论证7个职业本科专业的开发问题提供可信依据。7个开发问题包括：①与本科层次职业教育专业目录的符合度；②与学校办学定位和特色的关联度；③与国家和区域的支柱产业、重点产业和新型产业的关联度；④培养目标与行业企业需求的关联度；⑤与行业企业需求的契合度；⑥本专业主要就业领域和性质；⑦本专业的主要社会竞争和就业优势。

二、全面发展原则

全面发展原则首先体现了贯彻德智体美劳全面发展的教育方针，但又不止于此，还包括以下两个方面。

第一，全面发展原则提倡以专业组群方式开发职业本科专业，形成群内专业共享的多学科融合的技术基础知识课程、跨专业选修的技能拓展课程，以及供有继续深造意愿学生选修的成组课程，面向全体学生打牢全面发展的课程基础。

第二，全面发展原则强调全体学生的核心能力培养，要求将核心能力明确载入毕业要求和培养目标。核心能力指专业技术技能之外的，伴随个体职业生涯全程甚至终身的关键性的处事和生活的能力，主要包括社会责任、劳动习惯、职业规范、团队合作、沟通交流、终身学习等。

全面发展原则不能以一条关键能力对应一门课程的知识灌输方式实施，而要重在实践，即每一门对应了若干关键能力培养功能的课程，都要寻找合适的实践载体，通过行之有效的实践，实施关键能力的培养，并根据学生在实践中的真实行为和具体实践成果评价其关键能力的等级水平，这对每一门课程的开发提出了更高的要求。

三、标准先行原则

标准先行原则强调在职业本科专业开发之前，需先行试制系列开发标准，为开发过程提供规则和指南，为开发结果事前规定特性和质量水平。

何为标准？《标准化工作导则》[①]（GB/T 1.1—2020）的定义是“通过标准化活动，按照规定的程序经协商一致制定，为各种活动或其结果提供规则、指南或特性，供共同使用和重复使用的文件”。职业本科专业开发涉及政府、社会、学校、学生、家长等众多利益相关方，也涉及学校管理者和教师等众多开发主体，因此在开发过程中，必须有统一的标准，才能使利益相关方的诉求达到协调和平衡，才能使众多开发主体间有效协作，共同使最终结果达到事先规定的特性和质量水平。

教育部发布的《职业教育专业目录（2021年）》中首次公布了247个职业本科专业[②]，同年教育部发布了《教育部办公厅关于印发〈本科层次职业学校设置标准（试行）〉的通知》（教发〔2021〕1号）、《教育部办公厅关于印发〈本科层次职业教育专业设置管理办法（试行）〉的通知》（教职成厅〔2021〕1号）、《教育部办公厅关于印发〈本科层次职业学校本科教学工作合格评估指标和基本要求（试行）〉的通知》（教督厅函〔2021〕1号）、《关于做好本科层次职业学校学士学位授权与授予工作的意见》（学位办〔2021〕30号）等指导文件，但这些文件并不是规范化的标准文件，对职业本科专业开发规则、指南和特性的规定不够完备，实际操作中存在着大量的模糊和空白地带。

学校制定一整套体现政府、社会、学校、学生、家长等众多利益相关方诉求的职业本科专业开发标准后，才能通过标准化建立职业本科专业开发和管理的最佳秩序。这也是保证学校本科层次技术技能人才培养质量，提高学校信誉和专业在招生和就业两大市场中的竞争力的前提。

四、学生中心原则

学生中心不是以部分优秀学生为中心，而是以全体学生为中心。学生中心原则强调在职业本科专业开发过程中要将全体学生作为对象，须考虑的内容主要包括：①课程设置、师资建设和教学设施配备应使全体学生达

①国家市场监督管理总局，国家标准化管理委员会.标准化工作导则[M].北京：中国标准出版社，2020.

②教育部.教育部关于印发《职业教育专业目录（2021年）》的通知[EB/OL].(2021-3-12). http://www.moe.gov.cn/srcsite/A07/moe_953/202103/t20210319_521135.html.

成毕业要求和培养目标；②设立毕业要求和培养目标应与全体学生的达成度匹配，并以此为专业开发的核心目标；③各种质量保障制度和措施的最终目标是保证全体学生的培养质量。

学生中心原则要求职业本科专业的每一项开发目标均应面向全体学生，并将每一项开发目标落实在面向全体学生的课程中，而不是依靠精英班或特长班等部分学生达成特定的开发目标；评价学生是否达成毕业要求和培养目标也应以全体学生为评价对象，而不应以少数精英学生或特长学生的达成度数据进行评判。

在面向全体学生的课程中，学生中心原则强调关注学生的学习方法和学习所得，故须将学生“学得如何”“学会了吗”等列为施教的核心问题，将教师“教得如何”“教了吗”等转变为施教的一般性问题。然而，当前职业本科课堂中存在的“瞌睡者”“低头族”“沉默症”等问题会对学生中心原则形成严重挑战，这类问题若无法得以解决或至少大幅缓解，一切专业开发目标都将化为泡影。

五、成果导向原则

成果导向是职业本科专业开发的重要理念。最先提出学习成果概念的斯派蒂认为，所谓成果是学生在一段特定的学习经历后所表现出的清楚的预期学习结果。斯派蒂认为，成果不是学生头脑中的价值观念、态度或心理状态，而是指学习者用其知道的和学到的东西确定能做到什么，也就是他们已学内容的真实应用①。

成果导向原则提倡职业本科每一门专业课程需以完成若干个源自未来工作的典型工作任务、获得相应的学习成果为课程教育教学目标，并在专业课程体系中成系统地设计与实施。正如陶行知所说：“职业学校之课程，应以一事之始终为一课，例如种豆始终一切应行之手续，为一课，每课有学理，有实习，二者联络无间，然后完一课即成一事，成一事再学一事，是为升课。自易至难，从简入繁，所定诸课，皆以次学毕，是谓毕课，定课程者必使每课为一生利单位，俾学生毕一课，即生一利，毕百课则生百

①张铮，刘法虎，陈慧.新时代职业教育专业群开发研究与实践[M].武汉：华中科技大学出版社，2022.

利，然后方无愧于职业之课程[①]。”这正是职业教育区别于普通教育的类型特征。

六、持续改进原则

持续改进原则强调以渐进和可持续的方式对职业本科专业开发和专业教学实施的各个环节进行不断的改进。一是持续改进职业本科专业的教学内容，特别是不断更新源自工作现场的新技术、新工艺和新标准，以期创造同行难以超越的技术技能价值，不断提升学生的职业发展能力水平；二是持续改进专业内全体教师和管理者的思维观念和行为习惯，让全体教师和管理者掌握持续改进的办法，养成持续改进的习惯，最终让持续改进成为学校和专业的教学规范和教育文化。

持续改进原则强调从重要的小事做起，积小胜为大胜。课题组认为，职业本科专业中每一门课程、每一次教学活动，以及活动中的每一个教学基本问题，其教学设计和教学方式的持续改进就属于重要的小事。鉴于此，每一位教师应分阶段地将每一个教学基本问题汇总成学情调查问卷，以此了解和掌握每一位学生的实际学习成效，并根据调查数据的分析结果，准确找到影响实际学习成效的教学基本问题，实施小步的、快速的和持续的改进。若无法对这一处于职业本科专业教育教学最末端的重要小事实施持续改进，那么职业本科专业开发的其他目标终也无法达成。

持续改进原则要求，当众多重要小事的改进积累为一次重大的突破性改进时，须及时地迭代出一个新标准并公布，而公布后的下一次持续改进的目标，就将转为突破和超越当下的标准，争取再迭代出新的标准并公布，如此方能形成持续改进的循环。

七、应用研究原则

教师是职业本科专业的发展之本。“人人做科研”是职业本科专业教师发展的主路径，也是职业本科专业教师的类型特征。应用研究原则要求职业本科教师教学应以开展应用技术研究活动为主。应用科研活动是在职业

---

①姜大源.职业教育要义[M].北京：北京师范大学出版社，2017.

一线创造现实产品或服务，以解决工作现场具体问题为目标的科研活动。应用科研活动与学术本科研究高深理论目标，以及应用本科发现技术原理目标存在明显差异，具有鲜明的技术技能导向。

但职业本科也不应排斥理论研究。若在某个特定领域或前沿地带，有条件有能力开展以技术原理发现为目标的科研活动，职业本科专业也应集中投入研究资源，争取有所突破。掌握和发现新的技术原理和理论，有利于职业本科教师掌握和积累更多核心技术，发展更多的核心技能，进而创造新工艺和新规范等。

接下来的问题是，如何评价“双师型”教师技术技能能力水平以及如何培养职业本科的“双师型”教师。评价“双师型”教师技术技能能力水平最为真实和最为简便的方式是教师承接企业提出的基于产品或服务实现的课题，同时企业信任该教师的技术技能能力，愿意为其课题提供经费支持，即教师实现了课题经费的财务到账。

有了这一评价“双师型”教师的方式，培养职业本科“双师型”教师最为有效的方式也就浮现了出来，即创造条件让教师承接工作现场的真实课题并实现课题经费的财务到账。将这一观点注入到其他“双师型”教师的培养项目中，“双师型”教师培养也就行稳致远了。例如，在推动教师到企业一线挂职锻炼和顶岗实践的培养项目中，要以完成一项以上真实课题，并实现财务到账为核心内容。若抽走了这一核心内容，教师到企业一线挂职锻炼或顶岗实践，大概率会沦为走过场。如果牢牢把握了这一核心内容，即使教师身在学校，也必定会主动性和经常性地深入工作一线，最终有效地实现职业本科“双师型”教师的培养。

在职业本科“双师型”教师的培养中，还有一项不可或缺的核心举措，即评价教师将技术技能现实成果转换为具体教学方案和教学资源的业绩，包括评价转换的具体教学方案或教学资源在课程中的实际使用业绩和效果等。为此，须规定教师将技术技能成果转换为具体教学方案和教学资源的责任，建立相应的评价规范和业绩报酬标准等。若缺失了这一核心举措，结果就会导向教学与科研各不相关，甚至相互冲突的局面，即教师投入科研的时间和精力多了，教学投入的时间和精力就会减少，教学质量就会减弱，于是重科研、弱教学的结果就不可避免地发生了。

有一种观点认为“科研即教学”，其内在逻辑是教师科研业绩多了，技术技能水平也就见涨，于是教学过程中所授内容自然更具先进性和实践性，执教能力也自然见涨。

可是，这一观点的逻辑缺陷是设定了一种并不成立的假设。该假设认为，每一个教师都会自动地、无条件地将技术技能成果转换为具体教学方案或教学资源，并且每一个教师都会自动地、无条件地将转换的具体方案和教学资源运用到自己的课程中。若规定教师将技术技能成果转换为具体教学方案和教学资源的责任，并建立相应的评价规范和业绩报酬标准，也就弥补了“科研即教学”的逻辑缺陷。

第五节　本书研究背景和内容

自2019年国家首次批准设立15所职业本科大学以来，职业本科教育逐渐成为热点研究问题。现有的研究主要围绕“职业本科教育是什么”“为什么要发展职业本科”“职业本科怎么办”三个基本问题展开。思考这三个基本问题并努力寻找较为合理的答案，是本书的主要研究内容。

对于“职业本科教育是什么”这一问题，现有研究在承认“职业教育与普通教育是两个不同的教育类型”的政策主张前提下，在“培养目标”“科研方向”“培养过程”等方面进行职业本科和普通本科间的比较研究。现有研究揭示了2000年以来从“技术本科”“应用本科”到“职业本科”的正名过程，加深了人们对“职业本科是什么”的认识。《论语・子路》有言：“名不正，则言不顺；言不顺，则事不成。”“职业本科教育”的正名对于其后续的发展有着重要价值。

对于“为什么”的问题，现有研究通过经济社会发展和产业升级需求、现代职业教育体系完善要求、发达国家成功经验借鉴、高等职业院校自身发展需求、人民接受更高水平职业教育的愿望等理据，进行了较为全面的回答。事实上也推动了职业本科教育进入政府决策视野，促成了相关法律和政策文件的出台。

对于“怎么办”的问题，现有研究围绕培养目标、培养方案、课程开发、实践教学、双师培养、教材开发、就业管理、创新教学等，形成了系列研究个案。但若要进一步释放职业本科的发展红利，就应该聚焦若干职业本科专业发展的实践问题，在深入研究的基础上，提出切合实际的标准、方案、载体等，尝试建构职业本科专业开发的方法体系。

一、研究基础

2012年，本课题组参加了江苏省现代职业教育体系建设试点工作，与江苏大学联合举办了首批高职与普通本科联合培养项目。根据试点工作实施方案，高职与普通本科联合培养项目由一所高职院校与一所普通本科院校合作，以本科院校招生计划在本科第二批次联合招生，培养四年制本科层次应用性技术技能人才。学生全程在高职院校内完成学习，由对口试点的高职院校和本科院校，按照本科应用型人才培养标准和高端技能人才要求，联合制定专业理论知识课程和技能训练实践课程教学体系。在2016年、2018年、2020年、2022年，毕业了4届机械设计制造及其自动化（数控技术应用方向）专业的学生，在2017年、2019年、2021年、2023年，毕业了4届机械电子工程专业的学生，为本书奠定了研究基础。

二、现有研究辨析

本书课题组梳理、研究和分析的文献主要包括发表的论文和出版的专著。科研论文方面，中国知网中以“职业本科”为篇名查询2012年至2022年期间的论文数量，共有510篇。其中，2018年以前的论文数量为个位数，2019年起快速增长（2019年国家批准设立首批15所职业本科试点大学），至2022年暴涨至270篇（见图1-3）。

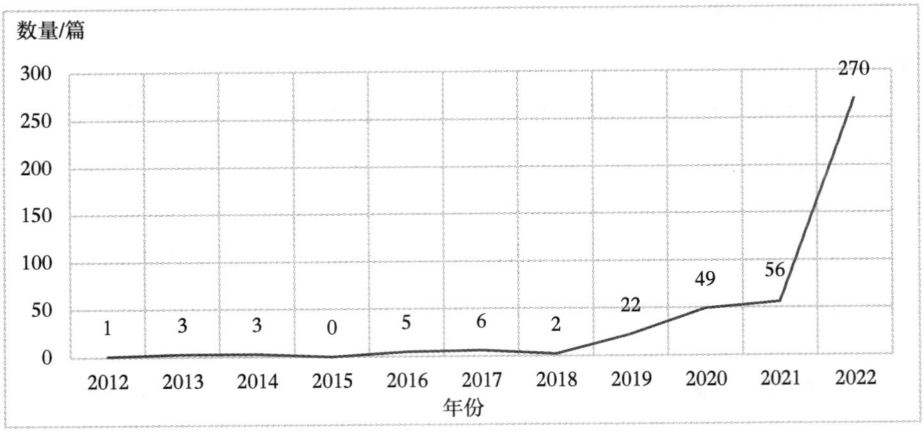

图1-3　2012—2022年中国知网篇名中有“职业本科”的论文数量变化图

学术著作方面，在中国国家图书馆官方搜索引擎“文津搜索”中，以“职业本科”为题名检索，去除复习资料和教材等，仅有7条有效记录。为更好地了解职业本科教育的研究现状与水平，本课题组又在其他学术论文网站中进行搜索，仅发现2015年天津大学的博士论文一篇。各大售书网站中，仅《职业本科教育中现代学徒教育理论与实证》等3本专著有售（表1-3）。

表1-3　2012—2021年间中国职业本科相关著作与博士论文一览表

序号	著作名称	著者	出版社	出版时间
1	中国职业本科教育研究	赵喜文	河北大学出版社	2016
2	职业本科教育中现代学徒教育理论与实证	曾元源、伍自强、胡海祥	中国纺织出版社	2019
3	职业本科院校大学英语课程设计与创新	王婷婷	吉林人民出版社	2019
4	本科层次职业教育人才培养模式及实施路径研究	麻朝晖	吉林大学出版社	2020
5	本科职业教育探索(2020)	和飞	云南人民出版社	2021
6	面向“中国制造2025”的现代职业教育本科人才培养改革研究	翟希东	西南财经大学出版社	2021

续表

序号	著作名称	著者	出版社	出版时间
7	职业本科高校辅导员生涯规划与专业化发展研究	蒋博	北方文艺出版社	2021
8	我国本科层次职业教育发展研究（博士论文）	马燕	无	2015

查阅文献一是能够汲取关于职业本科专业开发的有见地的观点，二是能够检视某个观点的实践指导价值。课题组希望找到逻辑上合理、实践中可行的真知灼见，以此为理论指导，寻求职业本科专业开发的实践方案。

整体而言，当下职业本科专业开发的理论研究已有了繁荣的迹象。课题组认为，职业本科专业开发的理论研究离不开实践，并服务于实践。鉴于此，研究者需将研究聚焦尚处于模糊状态的问题，努力寻找澄清问题的学理性解释，以提升研究的实践指导价值。而以下三个研究倾向，研究者要予以警惕。

（一）过于热衷政策研究的倾向

何谓政策？政策是国家政权机关、政党组织，为一定的历史阶段规定的奋斗目标、行动原则、重要任务，以及为完成重要任务而提出的相应的工作方式和具体措施等。客观上讲，一项政策文本中提出的重要任务大都具有先导性和紧迫性，实施条件一般不完善，任务实施的利益相关方大都尚未达成共识。为此，政策文本中就需针对若干重要问题，基于现实需要、重大意义、重大价值，提出相应的政策性主张和政策性判断，以凝聚各方共识，服务于重要任务的推进和实施。政策性主张和政策性判断的三个特点为源于现实、高于现实、先于理论。

然而，一些文献却过于热衷政策研究和政策解读，文献主要内容就是大段地解读政策的重大意义，除去为政策加持“光环”或“贴金”外，几乎没有研究者自己的创新见解。对于政策主张和政策判断中蕴含的原理和规律，这些文献往往持漠视态度，或无力运用科学的思维和严密的逻辑予以揭示。也有文献将各个时期的政策文本拼凑在一起，通过简单的拼盘研究方式，轻率地得出结论，形成的结论貌似全面综合，却不具任何实践意义，甚至会误导实践。

例如，有文献将发展职业本科教育政策文本中的“产教融合”“校企合作”“工学结合”“职业需求导向”“掌握新技术、新工艺、新规范”“加强创新创业教育”“高层次技术技能人才”等时髦概念和口号拼凑在一起，将职业本科专业的培养目标想象成“培养具有较强理论水平和创新意识，能熟练掌握新技术、新工艺、新规范，并具备一定产学研用能力的新型人才”。更有甚者主张要培养“在具有实践操作技能的基础上，突出技术革新、工艺创新、管理决策、新技术研发与应用等的高层次技术技能人才”。若真如此，职业本科教育将培养出“有技术、有技能、层次高、能操作、能设计、能研发、能管理”的全能人。

全能人的想法确实“高大上”，富有诱惑性，但实践中做得到吗？若真能做到，那么职业本科教育就可以全盘替代普通本科教育、专业硕士教育甚至工程博士教育了。这是一种典型的不顾现实环境、师资、资源、生源水平、社会期望，更不顾人才成长规律的不切实际的空想，既违背了学术研究规律，也违背了教育规律。

全能人的空想还体现在职业本科教师的发展研究方面。有文献也采用了类似的拼凑加想象的研究方法，提出了职业本科学校思政课教师的考核评价体系，将师德师风、教学业绩、科研业绩（发表论文、教材编写、学术专著、科研课题、教学成果，以及其他各类业绩）、部门建设、招生就业、兼任工作等“综合”地拼凑在一起。如此考核，确实令人畏惧。若能真实地通过考核，思政课教师也成为全能人了。

研究者还是应把主要精力用于研究职业本科专业开发的原理性问题。从事学理性的研究就是研究事实，研究道理，这种研究成果生命力强，而政策研究成果事过境迁，生命力短。为呵护好新生的职业本科教育，研究者应尽其所能，多做基础学术研究，少做政策研究。

（二）掩盖困境、拼凑例证的倾向

校企合作是一系列政策文本中反复提及的重要任务，职业教育界都明白，校企合作在职业本科专业开发实践中，既是重要任务，又是一个实践难题。关键在于当下缺失的是克服校企合作难点的可行性方案。研究者面临的一系列紧迫课题包括：校企合作真正的难点是什么？难点的成因是什么？消除难点的关键性举措和方案是什么？检验校企合作的成效标准是什么？在这些问题有了明确的结论，并在实践中被证明行之有效后，研究其他校企合作问题才有意义。在难点问题解决之前，其他的研究成果大概率会成为空中楼阁。比如以校企合作为根基的产教融合主题的研究，若校企合作都不能有效开展，产教融合又从何谈起？

然而，许多校企合作、产教融合的研究文献，在没有解析校企合作的难点是什么、难点的成因是什么、克服难点的举措和方案是什么的情况下，居然将校企合作和产教融合的政策主张直接当成了跨越难点问题的桥梁。在简单引用一系列关于校企合作、产教融合的政策主张后，直接跳过了难点成因分析和难点解决方案，通过拼凑诸如校企双主体育人、校企协同创新、校企资源共享等炫目概念，大肆堆砌学校建了多少个产业学院、举办了多少个订单班、获得了多少企业捐赠等例证，以达到在成绩宣传上一时的热闹效果。这类文献有一个特征，就是未提供有价值的理论观点和实践方案。

产教融合的校企合作几乎没有捷径可循。自2012年首次与江苏大学举办职业本科联合培养项目起，课题组所在团队就放弃了一切想走捷径的想法，选择从解决企业一线的真实的小项目、小课题入手，一步一步地积累专业领域内的核心技术，最终实现了应用研究项目做大做强，企业课题年到账额从2012年的10多万元，逐渐增加至2020年以后的年到账额1000万元以上，解决企业具体技术难题的能力增强了，"双师型"教师队伍也就形成了，化解校企合作难点也功到自然成。应用研究项目做大做强后，企业方才能体会到校企合作的重要价值，从而认同产教融合观念，跨越校企合作鸿沟的桥梁顺势建成。

（三）停留于经验层面研究的倾向

与学术论文相比，职业本科专业开发的研究专著及博士论文是较高层次、更为系统化的研究成果，应能更好地反映当前的研究现状和水平。现有研究专著的文本的结构大多较为系统，也展示了较为完整的逻辑推理过程、观点和结论的合理解释框架等。

但也有专著热衷于拼凑的大量理论观点，但所拼凑的理论观点又与现实中的实践操作不构成逻辑联系，于是专著拼凑的华丽理论就与现实中的实践形成了脱节和背离。例如，一本研究职业本科学校课程问题的专著用大量的篇幅介绍了教学理论、模式和方法等，但因缺失了从理论到实践，再从实践到理论的推演过程，故在列举的课程设计与创新的实践方案中，难觅介绍的理论、模式和方法的影子，整体上理论研究与实践操作是互不关联的。

还有一些专著的主要内容已见诸各类政策文本和文献资料，创新的内容极少，专著的表述体例类似于教科书，大多数研究处于经验层面，严谨的逻辑推演过程和结论验证很少。例如，一本研究职业本科教育理论和实证的专著最初提出了包含调查、认知、分析、困境、对策、实证、案例的研究框架和路线，然而一旦进入实证阶段，就不见研究框架和路线的踪迹，或只强调其研究结果的有效性，但对其结果之所以有效的原因和检验标准是什么却只字不提。由于缺失了理论设计与研究结果间最为关键的逻辑推演，其研究结果很难取信于读者。

还有的专著随意引用概念和术语，又缺失了对概念和术语的定义和解析，特别是对于多义、陌生的概念和术语，在不作定义和解析的情况下直接使用，导致研究缺少了学术上的严谨性。甚至有一部专著的大部分内容超出了专著名称“职业本科教育中”的界定范围，但却没有对界定范围的理论解释，研究质量大幅降低。

三、研究思路和内容

本书研究思路之一是从探寻本科演变和职业本科缘起入手，检视在本科的若干重要发展阶段形成的概念、观点、理论和理念等，尝试在前人研究基础上，更为合理地回答职业本科的诞生缘由。首先，本书提出了当下就业市场存在的两种失衡结构，即第一种失衡结构和第二种失衡结构，依据第二种失衡结构完善了“为什么要发展职业本科”的答案。其次，在职业本科和普通本科比较研究的基础上，本书深入探讨了就业导向、技术技能、双师素质三大职业本科的类型特征，旨在为职业本科与普通本科间的类型划分提供判据。最后，本书从三大类型特征出发，将职业教育的特殊属性和本科教育的共同规律和通用规范相结合，总结形成了基于调研、全面发展、标准先行、学生中心、成果导向、持续改进和应用研究七项职业本科开发原则。

本书研究思路之二是运用基于调研原则和标准先行原则，汇集和分析职业本科专业开发中各利益相关方的诉求，本着平衡各方诉求原则，试制和迭代并举，提出了职业本科专业评价规范和“双师型”教师评价规范，以及配套的专业群课程方案结构和编制规则、专业培养方案结构和编制规则、专业课程标准结构和编制规则三个校级层面的操作指导标准，为职业本科专业开发过程提供规则和指南，也为各项开发结果事前规定特性。

本书思路之三是全面总结职业本科专业开发的经验和教训，就专业群课程方案、人才培养方案和专业课程三个核心开发项目，提出契合标准的方案框架、开发逻辑和难点问题的实践方案。通过深入、细致和扎实的实践探索，课题组期望本书的各项研究成果在实践中得到有效验证的基础上，最终实现各项研究成果的实践指导价值逐渐提升。

本书思路之四是选取一个职业本科专业的开发报告案例、一个人才培养方案案例和三门专业课程标准及其教学实施方案，通过详细标注和深度解析，检验本书各项研究结论和成果的合理性和可行性，为新一轮职业本科专业开发提供案例，为后续在理论层面弥补或修正观点缺陷和逻辑缺失、完善和优化实践探索方案和举措做好准备。

第二章　职业本科专业开发标准试制

职业本科专业开发的第一步是基于调研原则和标准先行原则，汇集和分析利益相关方的诉求，试制职业本科专业开发的标准体系，以此为职业本科专业开发提供规则、指南，以及为开发结果规定特性等。

工程教育认证标准（T/CEEAA 001—2022）简称“认证标准”，是应用本科的现行质量认证标准，为应用本科专业开发和实施提供了规则、指南和特性等。工程教育认证标准强调学科知识、设计/开发方案、问题研究和学术交流等，与职业本科强调技能积累、产品和服务的现场实现、双师素质提升的特征差异显著。职业本科可借鉴工程教育认证标准中的适用内容，设立符合职业本科类型特征的专业开发标准。

2019年以来，课题组借鉴工程教育认证标准，根据教育部出台的职业本科指导文件，通过职业本科联合培养项目的质量保证实践，提出了职业本科专业通用评价规范和补充评价规范，升级改造了“双师型”教师评价规范、专业群课程方案结构和编制规则、专业培养方案结构和编制规则、课程标准结构和编制规则等4项标准，初步形成了职业本科专业开发的标准体系。4项标准已经历了1—3次的迭代更新，在职业本科专业的开发与实践中得到了有效应用。

为便于读者阅读和批评，同时也为了检视标准文件各项条款的设立依据，揭示其内在的逻辑，课题组对比工程教育认证标准（见附录）和教育部已出台的各项指导文件等，对标准中的部分条款进行了注释和解析。

第一节　职业本科专业通用评价规范

一、范围

本文件规定了本校职业本科专业通用的评价规范，适用于以培养现场工程师为目标的全日制普通四年制职业本科专业开发、实施的全过程评价。

二、规范性引用文件

下列文件中的条款通过本规范的引用而成为本规范的条款。

教发〔2021〕1号　本科层次职业学校设置标准（试行）

教职成厅〔2021〕1号　本科层次职业教育专业设置管理办法（试行）

教督厅函〔2021〕1号　本科层次职业学校本科教学工作合格评估指标和基本要求（试行）

三、术语和定义

下列术语和定义适用于本文件。

（一）培养目标

培养目标是指学校提出的职业本科专业学生在毕业后5年内能够达到的职业与专业成就的总体描述。

（二）毕业要求

毕业要求是指学校提出的职业本科学生在毕业时必须达成的知识基础、就业能力、技术技能和关键能力等各方面的具体条款。

（三）评价

评价是指对专业开发和实施过程中所收集的资料与证据进行解释的过程。评价结果是提出相应改进措施的依据。

（四）较复杂技术问题

较复杂技术问题是指必须较为深入地运用技术原理，经过分析才能找到解决方案的产品或服务的实现问题，其主要特征如下。

（1）需要学习一定的跨领域、跨专业、跨岗位、跨文化的新技术、新知识或新观念，才能找到问题解决的突破口；

（2）不是仅依靠所在工作单位和岗位的现行技术能力能够完全解决的，还需要寻求一定的技术突破；

（3）现有产品或服务中需要加入新技术、新标准、新规范，但可能与现有的产品和服务的标准和规范有一定的冲突；

(4) 用户提出的个性化要求与成熟的技术解决方案存在冲突[①]。

（五）学习成果

学习成果是指学生在一段特定的学习经历后，要求达成的教学任务项目[②]。

四、学生发展

（一）吸引生源

学校建立优秀生源基地，执行生源基地年度合作计划，制定国家奖学金、国家励志奖学金和国家助学金实施细则，制定学生评奖评优实施细则、学生单项奖申报评审实施细则、校内励志奖学金实施细则、家庭经济困难学生认定工作实施办法、家庭经济困难学生学费减免实施细则、学生临时困难补助管理办法、勤工助学管理办法等制度，设立专业群，创立企业奖学基金和校友奖学基金[③]。

（二）学业指导

学校建立和完善学生一站式服务中心，发行校园生活指导手册，执行

---

①工程是指以设想的目标为依据，应用有关的科学知识和技术手段，通过有组织的一群人将现有实体转化为具有预期使用价值人造产品的过程。世界知识产权组织对技术的定义是制造一种产品的系统知识，所采用的一种工艺或提供的一项服务。工程与技术同属于改造自然的实践范畴，二者既相互联系又相互区别。工程一般强调的是改造自然的实践活动的实施过程，任何一项工程都包含了若干数量的技术活动。技术与工程是不可分离的，没有不依托于工程的技术，也没有不运用技术的工程。从教育角度看，认证标准强调复杂工程问题，意在培养学生工程实施全过程的知识和能力，尤其是决策能力、规划能力、管理能力等；本规范强调较复杂技术问题，意在培养学生的产品或服务的实现能力，体现了有所为有所不为的策略，旨在聚焦于学校培养可以实现的目标，放弃学校培养无法实现的想法，务实地为学生谋得就业技能和职业发展本领。

②目前有一种将学习成果泛化的倾向。例如将学生通过一次考试、知识竞赛获奖等也定义为学习成果。泛化的结果是将职业本科教学导向知识传授，淡化和削弱职业本科类型特征，本定义是对泛化倾向的校正。

③认证标准相应的表述是具有吸引优秀生源的制度和措施。这是概略性的要求条款。到了学校层面，不宜照搬照抄，而要回答：学校的吸引优秀生源的制度和措施有哪些。如此才能使概略性条款转变为操作性条款，否则条款永远处于概略性状态，会因无法操作而得不到贯彻。同理，以下各项条款也已按照学校层面的现行制度和措施，进行了符合操作要求的规定。

学业导师工作细则、就业促进办法、就业跟踪服务实施办法、心理健康教育工作规定、心理危机干预实施方案。

（三）学业监测

学校建立和完善“五纵五横”教学诊改信息平台，开发基于每个学生学业监测的“学生画像”信息工具，对学生在整个学习过程中的表现进行跟踪与评估。对于“学业危机”学生，借助“学生画像”工具及时预警，帮助每一个学生在毕业时达成毕业要求。

（四）学业评估

学校基于学籍管理办法、学分银行管理办法，规定学习成果认定、登记和转换的操作办法，执行两个办法，以一学期为周期，集中执行学习成果认定、登记和转换事宜。

五、培养目标

（一）目标定位

学校根据现代装备制造业及其配套服务领域①，以及现阶段专业开发的现实需求，设立专业群，每个专业群由3—5个专业组成②，每个专业群在现代装备制造业或配套服务领域内，进行布局和分工。各专业根据专业群定位以及本专业分工，遵循党和国家的教育方针，明确就业方向和技术技能积累方向，培养本科层次职业技术技能人才。

（二）目标内涵

本校各专业培养目标基于社会主义核心价值观。培养的人才具备明确的多学科融合的技术知识基础；具备良好的人文素养、职业道德和规范、

①认证标准提出，培养目标应公开、符合学校定位、适应社会经济发展需要。这是培养目标开发的主流观点。到了学校层面，本规范回答了学校定位是面向现代装备制造业及其配套服务领域。若不作具体回答，则关于符合学校定位的条款就永远只是一项观点，无法落实于专业开发实践中，又或者开发者根据各自理解随意作为，最终导致偏离学校定位。

②教育部印发的《本科层次职业学校设置标准（试行）》第四条专业设置：对接国家和区域主导产业、支柱产业和战略性新兴产业设置专业，有3个以上专业群，原则上每个专业群含3—5个专业。

创新创业意识、国际视野和较强的就业能力；具备良好的专业操作技能；具有明确的就业方向；具备跨界就业发展能力。

（三）目标评价

专业依据学校专业人才培养方案管理办法，以学年为周期，定期实施培养目标的调研、评估和修订。

六、毕业要求[①]

（一）技术知识

能够将数学、自然科学、专业基础知识和专业技术知识用于解决生产、管理、服务一线的较复杂技术问题[②]。

（二）方案开发

能够设计和开发满足特定需求的产品与服务，以及制造产品和达成服务的工艺流程或方案[③]。

（三）技能积累

能够积累产品和服务实现中的多种技术技能，至少具备一项技能专长，能够在现场实施服务流程和产品方案[④]。

（四）现代工具

能够选择恰当的现代技术工具，对较复杂技术问题进行快速求解，并理解工具求解结果与实际结果的差异，在实施中优化处理[⑤]。

---

①毕业要求是本规范的核心内容，比较认证标准相应的条款，专业性条款有显著的类型差别，终身学习等核心能力条款与认证标准实质等同。

②认证标准相应条款是工程知识，强调解决复杂工程问题。

③认证标准相应条款是设计/开发解决方案，内涵解析为能够设计满足特定需求的系统、单元（部件）或工艺流程。本规范聚焦于工艺流程或方案。

④认证标准无相应条款。

⑤与认证标准中使用现代工具条款实质等同。

（五）社会责任

能够评价本专业产品和服务解决方案与社会环境、公众健康、资源消耗、国家战略和法律文化的关联关系，承担为社会提供有益产品和服务的责任，做到趋利避害[①]。

（六）劳动习惯

重点结合专业特点，依托实习实训，参与真实的生产劳动和服务性劳动，增强职业认同感和劳动自豪感，提升创意物化能力，培育不断探索、精益求精、追求卓越的工匠精神，体认劳动不分贵贱，任何职业都很光荣，都能出彩[②]。

（七）职业规范

能够理解并遵守行业职业道德，具有敬业、诚信、创新及保守技术秘密的职业精神。能够理解并遵行职业岗位的职业规范，具有执行工作现场"整理、整顿、清扫、清洁、守纪、节约、安全"的习惯[③]。

（八）团队合作

能够在工作团队中承担成员或负责人的角色，能够基于不同角色，保质、保量、限时地履行个人职责，具备根据同事合理需求及时施予援手的意识[④]。

（九）沟通交流

能够就较复杂技术产品和服务与业界同行及公众进行有效交流，包括撰写报告、设计文稿、陈述发言、清晰表达或回应指令；具备一定的国际视野，尊重多元文化和不同文明的观点[⑤]。

---

①此为核心能力培养条款，同层次不同类型的本科教育之间通用。

②源自大中小学劳动教育指导纲要（试行）第二条劳动教育目标和内容之职业院校。

③与认证标准中职业规范条款实质等同。

④与认证标准中个人与团队条款实质等同。

⑤与认证标准中沟通条款实质等同。

（十）终身学习

具备自主学习和终身学习的习惯和方法，具有不断学习和适应新技术、新工艺、新业态的行动能力。学习能力能够支持岗位升迁、跨界就业和转型发展。

七、课程体系

（一）体系设计

（1）课程体系设计结果全面支持毕业要求的达成，每一项毕业要求均有明确的实施课程或实施性的教学活动与之对接，对接频次≥3。每一项毕业要求的达成均有明确职业岗位或典型工作任务的指向。

（2）课程体系中应安排学生可自主选择的多元化课程组合，支持学生本科后继续深造。

（3）课程体系应有统一的学生学习成果达成度的评测、表达的标准和方式，持续改进的指向明确，方法可行，成效可测。

（二）课程设置

（1）公共基础课程学时≥总学时的25%，各类选修课学时≥总学时的10%，确定8—12门专业核心课程，专业课程总学时数≥3200①。

（2）实践性教学学时≥专业课总学时数50%，专业认知实习≥2周，跟岗实习≥4周，岗位实习时间≥6个月②。

（3）将思想政治理论、体育、军事、心理健康教育等课程列为公共基础必修课程，将马克思主义理论类课程、党史国史、中华优秀传统文化、职业发展与职业指导、创新创业教育、信息技术、语文、数学、外语、健康教育、劳动教育、美育课程、职业素养等列为必修课或限定选修课③。

①参考《教育部关于职业院校专业人才培养方案制订与实施工作的指导意见》（教职成〔2019〕3号）第二条主要内容及要求之合理安排学时。

②源自《本科层次职业学校设置标准（试行）》第六条人才培养。

③参照《教育部关于职业院校专业人才培养方案制订与实施工作的指导意见》（教职成〔2019〕3号）第二条主要内容及要求之规范课程设置。

(4) 开设劳动专题教育必修课学时≥16，必修课或选修课程中劳动教育总学时≥32[①]。

(5) 开设国家安全教育公共基础课≥1学分，每学年≥1次，每次≥2学时[②]。

(6) 学生修满艺术课程学分数≥2[③]。

(7) 毕业设计（论文）选题紧密结合生产和社会实际，具有明确的设计型号、规格、技术参数等，50%以上的内容通过实验、实习、岗位实践完成[④]。

（三）课程标准

(1) 专业课程以指向专业领域内职业岗位的典型实践任务作为实践教学的主要内容。

(2) 专业课程依据学生完成实践任务、取得学习成果为基础的，设计有学生达成课程、承接毕业要求的量化评价方法，与考试、考查、测验等知识掌握程度的评价方法一起构成完整的课程学习评价方案。

(3) 各门课程设计的学习成果汇总在一起，达到或略超毕业要求各条款的规定。

(4) 学校建有全校性的课程资源库，课程资源入库审核具有规范的操作流程，教学设计所依据的课程标准均引自最新版的学校课程资源库。

（四）课程资源

(1) 专业课程教学任务项目资源数每课程≥1项；体现新技术、新工艺和新业态的课程资源每年更新10%。

(2) 专业综合性教学任务项目资源数量，达到毕业设计（论文）每人一题、4届毕业生课题不重复的要求。

(3) 对于配备有高价值技能操作训练装备的课程，在所配装备数量不

---

①源自《大中小学劳动教育指导纲要(试行)》第三条劳动教育途径、关键环节和评价之独立开设劳动教育必修课。

②源自《本科层次职业学校本科教学工作合格评估指标和基本要求(试行)》之8.1.2思想品德。

③源自《本科层次职业学校本科教学工作合格评估指标和基本要求(试行)》之8.3.2美育。

④源自《本科层次职业学校本科教学工作合格评估指标和基本要求(试行)》之2.3.3毕业设计(论文)。

足一班一人一台的要求时，开发或配备每班每人一机的虚拟仿真操作训练系统或VR实训资源。

（4）在操作训练现场配备操作训练指导等录音视频、指导书等教学资源。

八、教学实施

（一）课程目标

课程教学目标明确、公开、可衡量，能够承载课程体系赋予本课程的毕业要求培养功能，每一项毕业要求均有明确的可行性培养载体。

（二）教学内容

根据课程教学目标、教学任务项目，编撰课堂教学方案，内容体现“学生中心”“成果导向”等职业教育特征。

（三）教学方法

能够根据现实中职业本科专业学生的学习状态、学习习惯、学校现实条件、信息教学技术运用水平等因素，选择合适的教学方法，培养学生建构式学习习惯、注意力持续集中的课堂状态，支持课程目标的全面实现和全体学生优良学习习惯的养成。

（四）教学考核

根据课程承载的各项毕业要求，设计并实施相应的考核项目，实现考核结果的量化。每一项毕业要求的考核结果均实行单独登记制度，通过分析考核结果可以找到有效的改进措施。

（五）课程报酬

根据课程承载的毕业要求数、教学任务项目数和教学实施的现实条件，评估每一门课程的实施难度和量级，根据评估结果确定课程不同的报酬水平。

九、持续改进

（一）建立机制

建立“五纵五横”内部质量保证体系。专业负责人依据最新版“五纵五横”主要内容，设计完整的教育诊改项目体系，形成对专业人才培养全过程监测预警，形成专业培养目标、毕业要求、课程设置、课堂教学质量的持续改进机制。

（二）社会监督

建立常态化毕业生跟踪调查以及行业、企业、校友调查机制，专业定期评估各利益相关方的反馈意见，并出具报告。通过及时响应利益相关方的意见与建议，促进毕业要求等的持续改进。

（三）质量揭示

接受教育主管部门的监管与政策支持，建立质量报告制度。积极参与职业本科教育认证活动，认证和监测结果用于专业人才培养质量的持续改进。

（四）信息支持

开发质量自诊信息化平台、毕业生跟踪调研通用平台等信息化工具。依托信息化平台，进一步开发两个数据（诊改数据和毕业生调研数据）的分析处理工具，进行相关数据的再设计，使最终的数据分析结果符合诊断和改进的实际需要。

十、师资队伍

（一）师德师风

建立师德师风建设长效机制、师德规范标准、教师职业行为负面清单及失范行为处理办法、四有好教师评选标准等，并在教师考核与发展全过程贯彻落实。在推动教师成为先进思想文化的传播者、中国共产党的坚定支持者、学生成才的指导者等方面有实效。

（二）教师数量

专业的专任教师数与全日制在校生数占比≥5%[①]。

（三）师资结构

（1）专业中硕士及以上学位的教师数与专任教师总数占比≥50%。

（2）专业中博士学位教师占比≥15%。

（3）专业中具有高级专业技术职务的专任教师人数与专任教师总数占比≥30%。

（4）专任专业课教师中，具有3年以上企业工作经历，或近5年累计不低于6个月到企业或生产一线实践的教师比例≥50%[②]。

（四）兼职教师

（1）专业中行业企业一线兼职教师与专兼职教师总数占比≥25%。

（2）专业中企业一线兼职教师承担的专业课教学任务授课课时与专业课总课时占比≥20%[③]。

（五）教学能力

专业教师拥有满足执教需要的教学能力、信息技术应用能力、资源整合能力和职业发展能力，教师、教材、教法改革有实效。

（六）教学研究

专业教师积极参与教（科）研，通过以研促教、以研促学、课堂教学实践指导、咨询服务等能力满足专业发展和人才培养的要求。

（七）教师培养

（1）专业有以教学团队、专业带头人、骨干教师、青年教师等群体为培养目标的培训项目或计划。

---

①源自《本科层次职业学校本科教学工作合格评估指标和基本要求（试行）》之3.1.1教师数量和生师比：本科专业专任教师与该专业全日制在校生数之比不低于1:20（即5%）。

②师资结构各条款源自《本科层次职业学校本科教学工作评估指标和基本要求（试行）》之3.1.2队伍结构。

③兼职教师各条款源自《本科层次职业学校设置标准（试行）》第五条师资队伍之（一）。

（2）专业有针对性开展兼职教师的教学能力培训，经费保障到位。

（3）专业实质有效地落实教师5年一周期的全员轮训制度，实质有效地落实专业课教师每5年累计不少于6个月到企业或生产服务一线实践制度。学校有教师参加培养培训与职称评审、晋升奖励等挂钩的政策举措①。

（4）专业专任教师中“双师型”教师认定的比例≥75%②。

（八）教师发展

（1）专业师资队伍在学术论文、著作、教材、专利、技术标准、纵向和横向课题经费到账额、专业课程立项或建设成就获奖、教学能力竞赛获奖、教学成果及教（科）研获奖、指导学生获得技术技能类、科技发明类、创新创业类竞赛获奖等方面，每年有稳定的获得数量，并达到预期的层次和级别。

（2）专业教师每年有稳定数量的技术服务成果，转化为具有新技术、新工艺和新规范特点的教学案例或项目，并进入相关专业课程的教学标准，成为实际教学内容。

十一、支持条件

（一）设施保障

（1）专业生均教学科研仪器设备≥1万元。

（2）年新增教学科研仪器设备值占比≥10%③。

（二）实习基地

校内外实习基地在功能和数量上，能支撑专业学生专业能力与岗位工作的任务要求，基地安全达标，管理规范，开放时间和经费投入有保障，合作效果好。

---

①源自《本科层次职业学校本科教学工作合格评估指标和基本要求（试行）》之3.1.2队伍结构。

②高于《本科层次职业学校本科教学工作合格评估指标和基本要求（试行）》之3.1.2队伍结构要求的≥50%。

③设施保障各条款源自《本科层次职业学校本科教学工作合格评估指标和基本要求（试行）》之4.1.3教学科研设施设备。

（三）图书资源

（1）生均图书和生均年出书量符合教育部最新规定。

（2）建有现代化电子图书管理系统和计算机网络服务体系。

（3）图书资料（含电子类图书）能满足学生的学习以及教师的日常教学和教科研需求。

（四）经费投入

（1）教学日常运行支出占经常性预算内教育事业拨款与学费收入之和的比例≥13%。

（2）生均年教学日常运行支出≥1200元，且随着教育事业经费的增长而逐步增长①。

（五）管理服务

（1）每个班级配有兼职班主任或指导教师。

（2）一线专职辅导员与学生之比≥1：200。

（3）专职就业指导教师和专职就业工作人员与应届毕业生的比例≥1：500。

（4）专职心理健康教育教师与学生之比≥1：4000，教师数≥2，并设置相关工作机构。

（5）学校有调动教师参与学生指导工作的政策与措施，形成教师与学生交流沟通机制。

（6）开展大学生学业指导、职业生涯规划指导、创业教育指导、就业指导与服务、家庭经济困难学生资助，学生满意度≥85%。

（7）学校对学生学习表现进行跟踪、评估，设有预警信息平台，专业有毕业生发展情况跟踪调查机制②。

---

①经费投入各条款源自《本科层次职业学校本科教学工作合格评估指标和基本要求（试行）》之4.2.1教学经费投入。

②管理服务各条款源自《本科层次职业学校本科教学工作合格评估指标和基本要求（试行）》之6.2.1组织保障和6.2.2学生服务。

第二节　专业补充评价规范

一、范围

本文件适用于教育部规定设立的授予工学学士的职业本科专业。各专业在开发和实施时，必须同时满足职业本科专业通用评价规范和本规范。

二、规范性引用文件

下列文件中的条款通过本规范的引用而成为本规范的条款。

本校的职业本科专业通用评价规范

三、术语和定义

（一）专业群

将特定产业领域中具有较为紧密的技术技能联系的若干个岗位所对接的一组职业教育专业组织在一起，通过内部人员、信息、资源的整合和优化，形成专业间相互协同的建设、运行和发展系统[①]。

（二）群课程方案

确认专业群内各专业应达成的基本共识，以及规定群内各专业在人才培养过程中分工和协同所遵循的文件。

（三）群共用性课程

根据群内各专业学生未来学习和工作的需要，从群内专业，甚至群外专业的基础学科知识体系中，选择与就业面向岗位中的新技术、新工艺和

①张铮，刘法虎，陈慧．新时代职业教育专业群开发研究与实践[M].武汉：华中科技大学出版社，2022.

新业态联系较紧密的知识单元，开发得到的一组群内专业共同开设的专业基础课程。

（四）群拓展课程

根据群内各专业规划的专业课程，开发超越本专业规划课程，并以新知识、新技术、新业态、新技能学习和训练为主要课程目标的一组课程，供学生在创新创业能力训练、跨专业学习新技术和新技能时选择。

（五）技能证书

技能证书是依据职业技能标准，经对从业人员专业知识和技能水平的考核评价，确认从业人员达到职业技能水平等级标准后颁发的证明文书。

四、专业群开发

（一）专业群建立

（1）一个专业群的专业数为3—5个。
（2）专业群以核心专业名称命名。
（3）专业群内各专业构成较为紧密的技术技能联系。

（二）专业群运行

1. 专业群管理

每一个专业群均设立专办管理机构。主要职责是在专业群层面统筹各专业资源，开发由各专业遵行的群课程方案，并统一管理专业群的运行。

2. 群课程方案

群课程方案确定各专业的行业面向、职业类别、主要就业岗位、拓展岗位和转型升迁岗位。群课程方案中具有一组共同性课程、一组共用的专业基础课程、一组可跨专业互选的技能证书培训课程、一组创新创业训练系列课程，以及一组继续升造选修课程。

（1）群内各专业开设的群共用性课程数量≥3。
（2）群内可供各专业选修的群拓展课程数量≥3。
（3）群内可供学生选训的技能证书课程数≥3。

五、专业开发

（一）专业设置论证

1. 调研项目

（1）调研行业企业对本专业人才培养的现实需求和预测需求。调研企业样本数≥30家。

（2）调研本专业毕业5年内全体学生的职业发展成就。

（3）比照专业通用评价规范，调研本专业师资、教学设施、教学资源等实施保障条件。

（4）调研本专业省级以上技术研发推广平台，主要包括工程研究中心、协同创新中心、重点实验室、技术技能大师工作室、实验实训基地等。

（5）调研本专业社会服务水平，包括专业面向区域、行业和企业开展科研、技术研发、社会服务等项目的每年到账额和社会效益等。

（6）比照培训人次≥本专业在校生数2倍的标准，调研专业面向行业、企业和社会开展职业培训的项目和培训人次。

2. 论证项目

（1）论证本专业与本科层次职业教育专业目录的符合度。

（2）论证本专业与学校办学定位和特色的关联度。

（3）论证本专业与支柱、重点、新型产业的关联度。

（4）论证本专业的人才培养目标与行业、企业需求的关联度。

（5）论证本专业毕业要求与行业、企业需求的契合度。

（6）论证本专业的主要就业领域和性质。

（7）论证本专业的主要社会竞争优势和就业优势。

3. 机制保障

（1）专业设立专业培养目标达成度指标及评估方案，定期开展达成度评估。

（2）专业编制可持续发展规划，每年度评估规划的落实结果。

（二）专业培养方案

1. 编制规范

专业培养方案的课程设置应达到或超过通用标准的各项要求。具体包括：根据本专业特点具体化后的毕业要求条款数≥通用标准毕业要求条款数；每一项毕业要求条款有对应的承接课程；养成类条款的承接课程数≥3；每一门毕业要求承接课程均有具体和可评估的教学项目、内容和学习成果；至少推荐一项高级别的职业技能证书。

2. 机制有效

专业培养方案的编制遵循本校专业培养方案结构和编制规则，专业负责人、调研者、骨干教师、合作企业共同制定培养方案。每一项毕业要求均有明确的达成度评估指标和方法，评估结果能实现登记和定期分析。保障培养方案遵循专业群课程方案设计的机制可靠有效，保障所有设置课程引自最新版学校课程资源库的机制可靠有效。

3. 方案公开

（1）专业培养方案及培养目标面向学生、教师及社会公布，并接受监督。

（2）专业培养方案及培养目标在招生和就业推荐各环节得到有效应用，对于家长、学生、行业、企业招聘人员等提出的问题有及时解释机制。

（三）教学实施补充

1. 实施方案

课程教学实施方案编制遵循本课程标准。知识传授为主的教学活动以2学时为单位编制一次教学活动的实施方案，一次教学活动方案划分为6—8个教学环节或教学步骤；专项实践为主的教学活动，以4学时或6学时为单位编制一次教学活动的实施方案，一次教学活动方案划分为3—6个教学环节或教学步骤。

2. 课程任务

（1）课程教学任务项目的实施结果有明确具体的技术参数条款，技术参数条款规定的任务实施结果具有确定性和确切性，每一项教学任务项目均编制学习成果评估的质效标准，质效标准可供学生自检学习成果达成的质效等级水平。

（2）要求学生独立完成的教学任务项目，项目中的课题数量≥学生数，课题之间技术参数具有区分度。毕业设计（论文）课题数保证4届学生课题不相同。课题以任务书的形式下达，每一项课题有明确具体的技术参数条款，技术参数条款规定的任务实施结果具有确定性。

3. 学习记录

学生每一次教学活动结束前提交本次的学习记录，记录的内容完整齐全，不少于教师实际所授内容的要点。每一次提交的学习记录评价成绩在课程总成绩中的占比不小于0.5%。学生以每次提交的学习记录为范本，课余进行补充和整理，形成系统性的课程记录，在结课前作为一项学习成果提交。结课前提交的课程记录评价成绩在课程总成绩中的占比不小于10%。

4. 实施自检

每一轮课程教学组织实施1—2次对每一个教学环节或教学步骤学习结果的调研，根据调研结果定期改进教学效果不佳的环节或步骤的教学实施条件、教学设计和教学方法等，专业依据课程实施难度，执行有区分的课程报酬政策。

第三节　职业本科“双师型”教师评价规范

一、范围

本文件规定了学校职业本科专业开展“双师型”教师评价所涉及的申请人申请条件、评价与注册管理、行为规范、持续职业发展、再注册管理、监督管理的相关要求。

本文件适用于专业课程教师。公共课教师、校内其他具有教师资格并实际承担教学任务的人员、正式聘任的校外兼职教师，可参照本文件。

二、规范性引用文件

下列文件对于本文件的应用是必不可少的。凡是注日期的引用文件，仅注日期的版本适用于本文件。凡是不注日期的引用文件，其最新版本（包括所有的修改）适用于本文件。

教师厅〔2022〕2号　职业教育“双师型”教师基本标准（试行）。

三、术语和定义

下列术语和定义适用于本规范。

（一）“双师型”教师

执教能力胜任职业教育教学，具有在职业一线实现产品和服务的能力，具有将技术技能实现成果转换为具体教学方案和教学资源的能力的教师。

（二）申请人

在本科规定的评价授权范围内，提出“双师型”教师评价申请的职业本科专业课程教师。

（三）注册

申请人经“双师型”教师评价合格，获得相应层级“双师型”教师证书的程序。

（四）再注册

“双师型”教师经评价再次合格，获得相应层级“双师型”教师证书的程序。

四、“双师型”教师评价分级

“双师型”教师依次分为初级“双师型”教师、中级“双师型”教师、高级“双师型”教师。申请人可根据申请条件申请相应级别的“双师型”教师。

五、申请条件

（一）教育经历要求

（1）申请人应具备中华人民共和国教育部承认的相关专业大学本科及以上学历（学位）。

（2）申请人应获得《高等学校教师资格认定证书》。

（二）专业工作经历要求

（1）满足注册要求的专业工作经历应在申请人取得本科学历（学位）后获得。

（2）初级“双师型”教师申请人无相关专业工作经历年限要求。

（3）中级“双师型”申请人应具有讲师职称。

（4）高级“双师型”申请人应具有副教授或以上职称。

（三）考核评价

（1）“双师型”教师申请人在近三年期限内思想政治素质和师德素养考核合格，不合格者在影响期内不得参加“双师型”教师认定，已认定的应予以撤销。

（2）“双师型”教师申请人在近三年期限内教学工作量达到学校规定标准，其中，实践教学工作量≥教学工作总量×50%。

（3）“双师型”教师申请人在近三年期限内教学质量考核达到良好或以上。

（四）素质能力要求

申报各层级“双师型”教师，在考核评价符合要求的基础上，还应具备以下条件。

1. 初级“双师型”教师

近五年获得以下两类成果：

（1）发表教学研究论文1篇；或参编教学研究著作1章；或参编教科书1章；或参与教学研究项目1项；或参与市级以上教学能力竞赛获奖；或参

与指导学生参加省级以上职业技能竞赛获奖等。

（2）主持企业技术开发项目实现到账资金1万元以上；或发表技术论文1篇；或申获专利1项；或参与研制技术标准1则；或参与政府科技项目1项等；或获得相关的国家职业技能等级中级及以上证书或职业资格中级及以上证书。

2. 中级“双师型”教师

近五年获得以下三类成果：

（1）以第一作者发表核心期刊教学研究论文1篇；或以前三名作者出版教学研究专著1部；或以前三名参与者完成省级教学研究项目1项；或以副主编身份编制教科书1部；或参与省级以上教学能力竞赛获二等奖及以上奖项；或参与指导学生在省级以上职业技能竞赛获一等奖。

（2）主持企业技术开发项目实现到账资金3万元以上；或发表技术论文1篇；或申获实用新型专利3项（或发明专利1项）；或以前三名编者参与研制技术标准1则；或以前三名参与者完成政府科技项目1项；或挂职企业科技副总经理等实施具有显著经济效益的企业项目。

（3）将参与指导学生参加省级以上职业技能竞赛积累的，或承担上述第2类工程实践活动中积累的新技术、新工艺、新业态等，转换为具有10学时以上的课程教学资源，并在课程中使用和推广。

3. 高级“双师型”教师

近五年获得以下三类成果：

（1）担任市级以上专业带头人、教学名师、教学创新团队带头人、技艺技能传承创新平台负责人等；或主持省级教育教学改革项目、教学研究项目；或以前三名获省级教学成果二等奖以上奖项；或第一作者发表核心期刊教学研究论文2篇；或主持出版教学研究专著1部；或主持省级教学研究项目1项；或主编教科书1部；或主持省级以上教学能力竞赛获二等奖及以上奖项；或参与指导学生在省级以上职业技能竞赛获一等奖。

（2）主持企业技术开发项目实现到账资金5万元以上；或申获发明专利1项；或主持研制技术标准1件；或主持政府科技项目1项；或挂职企业科技副总经理等实施具有显著经济效益的企业项目。

（3）将参与指导学生省级以上职业技能竞赛积累的，或承担上述第2类工程实践活动中积累的新技术、新工艺、新业态等，转换为20学时以上的课程教学资源，并在课程中使用和推广。

六、评价与注册管理

（一）申请、受理和认定

1. 申请

申请人应按照要求，提交“双师型”教师评价所需的申请信息和材料。提交的申请信息和材料应包括但不限于：

（1）本人身份证明；

（2）本人学历有关的证明材料，包括学位证、毕业证等；

（3）符合本文件第五条第二项专业工作经历要求的证明材料，包括申请人工作经历证明、职称证书等；

（4）符合本文件第五条第三项素质能力要求的证明材料，包括已获得的行业领域职业资格证书、职业技能等级证书，获聘行业领域专业技术职务（职称）、发表论文、获奖证书、专利或软件著作权等。

2. 受理

学校委托教务处（或人事处）受理申请人提出的申请，负责组建由本校或行业、企业专家等共同组成专家评议委员会，开展认定工作。

3. 初审

教务处（或人事处）负责对申请信息和材料进行初审，确认师德考核结果、教育经历和专业工作经历等基本条件符合要求。对于初审不符合要求的，告知其结果，申请人可依结果对证明材料予以补正。对于有申请材料造假等行为的申请人，应取消其申请资格2年。

4. 复核

认定结果经检查复核通过后，报省教育厅备案。学校及时更新教师管理信息系统“双师型”教师信息，确保数据准确统一。

5. 公示

学校应建立健全公示公开、第三方评估、抽查复查、责任追究、过程追溯等“双师型”教师评议相关制度，接受省级教育厅的规范指导、监督管理，以及教育部抽查。充分发挥广大教师的监督作用，畅通投诉反馈渠道。

（二）签发、注册和管理

1. 签发

“双师型”教师证书由学校负责人签发，证书有效期5年。

“双师型”证书至少包含下列信息：

（1）姓名；

（2）专业技术领域；

（3）级别和编号；

（4）批准日期和有效期；

（5）照片；

（6）标识；

（7）学校公章和负责人签字。

2. 注册

学校及时公告“双师型”教师注册情况，公告至少包含下列信息：

（1）姓名；

（2）专业技术领域；

（3）级别和编号；

（4）批准日期和有效期。

3. 管理

学校应明确“双师型”教师证书管理的要求，确定一般不符合情形、严重不符合情形及相应的处理细则：

（1）“双师型”教师出现一般不符合情形，学校暂停其证书使用，暂停期不超过六个月。

（2）暂停证书原因消除后，应办理证书恢复使用手续。

（3）“双师型”教师出现严重不符合情形或暂停证书到期未办理恢复使用手续的，学校应办理撤销证书手续。

（4）“双师型”教师未在规定期限内提出再注册申请的，证书到期后自动注销。

（5）“双师型”教师使用证书，应遵守学校相关规定。“双师型”教师资格被暂停期间、注销和撤销后，不得使用相应证书。

（6）学校及时公开“双师型”教师证书暂停、恢复、注销、撤销和再注册信息，并将变动信息向省教育厅汇报。

七、“双师型”教师行为规范

“双师型”教师应签署声明，承诺遵守以下行为规范：

（1）贯彻党的教育方针，热爱职业教育事业，具有良好的思想政治素质和师德素养，自觉践行社会主义核心价值观，弘扬劳模精神、劳动精神、工匠精神，为人师表，关爱学生。

（2）落实立德树人根本任务，遵循职业教育规律和技术技能人才成长规律，践行产教融合、校企合作，做到工学结合、知行合一、德技并修，在教育教学和技术技能培养过程中落实课程思政要求，形成相应的经验模式。

（3）提升理论教学和实践教学能力，掌握先进的教学理念和教学方法，积极参与教学改革与研究。探索多种教学模式方式，有效运用现代信息技术开展教学。

（4）紧跟产业发展趋势和行业人才需求，积极深入企业和生产服务一线进行岗位实践，了解专业（群）与产业的关系，了解产业发展、行业需求和职业岗位变化，及时将新技术、新工艺、新规范融入教学。

（5）“双师型”教师资格被暂停期间、注销和撤销后，不再使用相应证书。

八、持续发展活动

（一）活动内容

持续发展活动内容包括但不限于：

（1）参加专业教学领域和专业技术领域的知识培训或考试；

（2）参加专业教学领域和专业技术领域的研讨会等活动；

（3）参加专业技术领域标准制定、专利起草、项目研究和开发等活动；

(4) 完成专业教学领域和专业技术领域的专业论文发表或教材、专著出版；

(5) 开展专业技术领域的专业授课或指导实践教学活动；

(6) 开展专业技术领域的技术咨询等服务活动；

(7) 开展或参与其他与专业技术领域相关的专业活动。

(二) 活动学时

在证书有效期内，“双师型”教师每年参加持续发展活动不少于40学时(每学时不少于45分钟)。学校每年制定持续发展活动计划，并明确具体活动对应的学时数。“双师型”教师参加校外组织的持续发展活动，学校应合理认定相应的学时数。

(三) 学时减免

“双师型”教师如存在下列情形之一的，可以向学校提出减免学时的书面申请，经批准后可减免相应年度的持续发展活动，但不得影响下一年度持续发展活动的完成。

(1) 生育；

(2) 因疾病半年以上无法正常工作的；

(3) 经学校认可的其他可减免学时的情形。

九、再注册

(一) 再注册申请

“双师型”教师每5年进行再注册，在证书到期前3个月至证书有效期截止后12个月内，可向学校提出再注册申请。

(二) 再注册要求

“双师型”教师再注册申请应满足以下要求，包括但不限于：

(1) 在注册期内遵守行为规范要求；

(2) 完成注册期内要求的持续职业发展活动；

(3) 再注册时从事相关专业工作；

(4) 如存在资格暂停、受到投诉等问题，应确保已妥善解决；

(5) 满足学校的其他相关要求。

对于符合再注册要求的“双师型”教师，学校应给予再注册，再注册证书有效期5年，自原证书截止日期延续计算。对于不符合要求、不予再注册的，学校应将结果告知申请者本人。

十、监督、申诉和投诉

（一）监督

(1) 学校建立回避制度，确保申请受理、考核评价、注册等全过程的公正性。

(2) 学校及相关工作人员对评价过程的相关信息负有保密义务，不得向第三方泄露（法律有要求时除外），确保信息安全。

(3) 申请人可向学校提出“双师型”教师评价工作的相关意见或建议。

（二）申诉和投诉

(1) 学校分别建立申诉、投诉机制，保障意见反馈渠道畅通。

(2) 申请人对评价结果存在异议的，可向学校提出申诉。

(3) 申请人对“双师型”教师评价工作中出现的违反程序和规则的现象，可提出投诉。

(4) 学校及时受理并妥善处理相关申诉和投诉，保留相关处理手续和证据，并及时向申（投）诉人反馈处理结果。

第四节 职业本科专业群课程方案结构和编制规则

一、范围

本文件规定了本校职业本科专业群课程方案的结构及其编制规则，并规定了文件名称、层次、要素的编写和表述规则，以及文件的编制格式。

本文件适合在校内职业本科专业培养方案编制前，在专业群层面统筹和统一各条文要素时使用，群内各专业将严格遵循本文件统筹和统一的要素。

二、规范性引用文件

下列文件对于本文件的应用是必不可少的。凡是注日期的引用文件，仅注日期的版本适用于本文件。凡是不注日期的引用文件，其最新版本适用于本文件。

教职成〔2021〕2号　职业教育专业目录（2021年）

GB/T 4754-2017　国民经济行业分类

人社部发〔2022〕68号　中华人民共和国职业分类大典（2022年版）

三、术语和定义

（一）群课程方案

确认专业群内各专业达成的基本共识，以及规定群内各专业在人才培养过程中分工和协同所基本遵循的文件。

（二）群共用性课程

根据群内各专业学生未来学习和工作的需要，从群内专业，甚至群外专业的基础学科知识体系中，选择与就业面向岗位中新技术、新工艺和新业态联系较紧密的知识单元，开发得到的一组群内各专业共同开设的专业基础课程。

（三）群拓展课程

根据群内各专业规划的专业课程，开发超越本专业规划课程的，以新知识、新技术、新业态和新技能学习和训练为主要课程目标的一组课程，供学生在创新创业能力训练、跨专业学习新技术和新技能时选择。

四、文件名称和结构

（一）文件名称

文件名称由“核心专业名称＋群课程方案”构成，置于封面和正文首页的最上方。

（二）文件结构

根据功能，将群课程方案内容划分为相对独立的功能单元——要素。表2-1界定了群课程方案中要素的类别及其构成，给出了要素允许的表述形式。

表2-1　培养方案中各要素的类型、构成及表述形式

要素	必备或可选	允许表述形式
封面	必备	标明文件信息
组群专业	必备	表格
修业年限	必备	条文
群就业分布	必备	条文、表格
群统合课程	必备	条文、表格
群推荐证书课程	必备	条文、表格

五、要素的编写

（一）组群专业

说明专业群名称、专业群的组群专业，以及各组群专业的人才培养和应用研究的主攻方向，编制专业群组群专业基本情况表（见表2-2）。

表2-2　××××××专业群组群专业基本情况①

组群专业	专业一（核心）名称	专业二名称	专业三名称	专业四名称	专业五名称
专业代码					
所属专业大类（代码）					
所属专业类（代码）					
面向行业（代码）					
面向职业类别（代码）					

①专业代码、所属专业大类（代码）、所属专业类（代码）等均应参考职业教育专业目录。面向行业（代码）应参考国民经济分类（GB/T 4754-2017）。面向职业类别（代码）应参考中华人民共和国职业分类大典。

（二）修业年限

修业年限为4年，可以根据学生的灵活学习需求合理、弹性安排学习时间。

（三）群就业分布

按专业主要岗位、拓展岗位和转型升级岗位确定组群专业的就业分布。示例见表2-3。

表2-3　数控技术专业群就业岗位

组群专业	专业一（核心）名称	专业二名称	专业三名称	专业四名称	专业五名称
主要岗位	①××××（高级工） ②××××岗位（员） ③××××岗位（员）				
拓展岗位	①××××岗位（员） ②××××岗位（高级工） ③××××（中级工）				
转型升级岗位	①××××岗位（助师） ②××××岗位（班组长）				

（三）群统合课程

按群统合的共用性课程、群共享性拓展课程，规定各课程的设置要素。示例见表2-4。

表2-4　专业群统合课程

课程门类	序号	课程名称	课程代码	理论课程		实践课程	学分	考核类型	开设学期
				总学时	实践学时	周数			
群共用性课程必修									

续表

课程门类	序号	课程名称	课程代码	理论课程		实践课程	学分	考核类型	开设学期
				总学时	实践学时	周数			
群拓展课程限选		任选一组， 共修满3学分							
		技能积累选修							
		升学进阶选修							
		创新项目选修							

（四）群推荐证书课程

按×证书、国际证书、行业证书三类培训课程，规定推荐证书的名称、开发单位、级别、培训学时和折算学分等。示例见表2-5。

表2-5　专业群推荐证书课程

课程名称	证书名称	证书开发单位	证书级别	培训学时	折算学分
×证书培训					
国际证书培训					
行业证书培训					

第五节　职业本科专业培养方案结构和编制规则

一、范围

本文件规定了本校职业本科专业培养方案的结构及其编制规则，并规定了文件名称、层次、要素的编写和表述规则，以及文件的编制格式。

本文件适用于校内职业本科专业编制培养方案。

二、规范性引用文件

下列文件对于本文件的应用是必不可少的。凡是注日期的引用文件，仅注日期的版本适用于本文件。凡是不注日期的引用文件，其最新版本适用于本文件。

教职成〔2021〕2号　职业教育专业目录（2021年）

三、术语和定义

（一）X证书

教育部遴选后授权公布的职业技能等级证书。

（二）国际证书

开展国际业务的行业内著名企业开发的职业技术技能的培训和考核证书。

（三）行业证书

由行业部门或机构颁发的职业资格等级证书。

（四）培养目标

学校提出的职业本科专业学生在毕业后5年内能够达到的职业和专业成就的总体描述。

（五）课程门类

按照一定的相同类别特征进行课程归类后得到的课程归类结果。

（六）学时

一节课的时间单位。

（七）学分

一门课程学习需要的学习量，以及完成该课程学习所获得的分值单位。16学时理论教学或1周专项实践教学折算为1学分。

（八）绩点

绩点是评价学生一门课程学习质量的一个特定指标。指标值根据课程总评成绩折算，对于百分制课程成绩，绩点＝（百分制成绩－50）/10；对于五等级制成绩，优＝5等级分，良＝4等级分，中＝3等级分，及格＝2等级分，不及格＝1等级分，绩点＝五等级制成绩－1。

平均绩点是综合评价在校期间所有课程平均学习质量的一个特定指标。平均绩点＝Σ（课程绩点×课程学分）/Σ所有课程学分。

（九）毕业要求

学校提出的职业本科学生在毕业时必须达成的知识基础、就业能力、技术技能素质等方面的要求条款和专业提出的特定条款。

四、文件名称和结构

（一）文件名称

文件名称由“专业名称＋培养方案”构成，置于封面和正文首页的最上方。

（二）文件结构

根据功能，将培养方案内容划分为相对独立的功能单元——要素。表2-6界定了培养方案中要素的类别及其构成，给出了要素允许的表述形式。

表2-6　培养方案中各要素的类型、构成及表述形式

要素	必备或可选	允许表述形式
封面	必备	标明文件信息
目次	可选	列表(自动生成的内容)
前言	可选	条文、注、脚注等
范围	必备	条文(引用群课程方案)
培养目标	必备	条文
毕业要求	必备	条文(引用专业通用评价规范)
修业年限	必备	条文(引用群课程方案)
推荐证书	必备	条文、表格
学位授予	必备	条文(引用群课程方案)
方案说明	必备	条文、表格
学期安排	必备	条文、表格
文凭授予	必备	条文
课程简介	可选	表格、注

五、要素的编写

（一）范围

根据高等职业学校（本科）专业目录，说明所属专业大类及代码、专业类及代码、专业代码、招生对象和适用年级等。

示例：本专业所属26装备制造大类，2601机械设计制造类，专业代码为260101，招生对象为高中毕业生，适用年级为2023级。

（二）培养目标

专业基于培养具有社会主义核心价值观，德、智、体、美、劳全面发展，具有良好的人文素养、职业道德、创新创业意识、工匠精神、国际视野和较强的本专业领域就业能力，也能够适应区域产业转型发展形势和个人际遇变化，具备跨界就业和转业发展能力的本科层次职业技术技能人才，并提出如下培养内容和方向：

（1）本专业的知识基础；

（2）本专业的操作技能；

（3）本专业主要面向的职业类别；

（4）本专业胜任的职业岗位（数量3—6个）。

（三）毕业要求

根据本专业具体、特有和特定的内涵要素，具体化表述技术知识、方案开发、技能积累、现代工具、社会责任、劳动习惯、职业规范、团队合作、沟通交流和终身学习等10项条款。

（四）修业年限

4年，可以根据学生灵活学习需求合理、弹性安排学习时间。

（五）推荐证书

本专业推荐的职业技能等级证书的名称、发证机关、证书级别。至少推荐一个证书。

（六）学位授予

平均绩点≥2，才能授予学士学位。

（七）教学进程

按课程门类、序号、课程名称、课程代码、理论课程学时、理论课程实践学时、实践课程周数、学分、考核类型、开设学期等要素编制表格。示例见表2-7。表格中课程名称行数依据课程实际开设门数增减。

表2-7　教学进程安排表

<table>
<tr><th rowspan="2">课程门类</th><th rowspan="2">序号</th><th rowspan="2">课程名称</th><th rowspan="2">课程代码</th><th colspan="2">理论课程</th><th>实践课程</th><th rowspan="2">学分</th><th rowspan="2">考核类型</th><th rowspan="2">开设学期</th></tr>
<tr><th>学时</th><th>实践学时</th><th>周数</th></tr>
<tr><td rowspan="4">公共基础课程必修</td><td></td><td></td><td></td><td></td><td></td><td></td><td></td><td></td><td></td></tr>
<tr><td></td><td></td><td></td><td></td><td></td><td></td><td></td><td></td><td></td></tr>
<tr><td></td><td></td><td></td><td></td><td></td><td></td><td></td><td></td><td></td></tr>
<tr><td colspan="3">应修学时和学分</td><td>640</td><td></td><td>40</td><td>154</td><td></td><td></td></tr>
</table>

续表

课程门类	序号	课程名称	课程代码	理论课程		实践课程	学分	考核类型	开设学期
				学时	实践学时	周数			
公共基础课程限选									
		可选学时和学分		176		11			
	应修学时和学分			148		9	48		
群共用性课程必修									
	应修学时和学分			208		13	8		
专业（技能）课程必修									
	应修学时和学分			608	14.5	52.5	514		
专业综合课程必修									
		应修学时和学分			22	22	528		
群拓展课程限选									
	可修学时和学分								
	应修学时和学分					9	216		

注：考核类型表示为C——考查；S——考试；P——评阅。

（八）方案说明

1. 学期安排

根据教学进程安排表，分别统计讲授课程分学期开设学时（见表2-8）、实践课程分学期开设周数（见表2-9）、各学期选修课程学分及折算学时（见表2-10）。

表2-8　讲授课程分学期开设学时统计

讲授课程/总学时	一	二	三	四	五	六	七	八
公共基础课程/××××学时 （不包括职业发展与职业指导，心理健康教育，形势政策与国家安全）								
职业发展与职业指导/××学时								
心理健康教育/××学时								
形势政策与国家安全/××学时								
文化选修课程/××学时								
艺术选修课程/××学时								
公共基础课学时小计/×××学时								
群共用性课程/×××学时								
专业(技能)课程/×××学时								
合计/××××学时								

表2-9　实践课程分学期开设周数统计

实践课程/总周数	一	二	三	四	五	六	七	八
合计/×××周								

表 2-10 各学期选修课程学分及折算学时统计

选修课程/折算学时	一	二	三	四	五	六	七	八
文化选修课程								
艺术选修课程								
合计/×××学时								

2. 教学总安排

根据每学期的理论教学周数、理论教学总学时、理论教学周均学时、实践实训周数、考试周数、毕业教育周数、运动会周数、周数合计等项编制教学总安排表（见表2-11）。

表 2-11 教学总安排表

学期	理论教学			实践实训	考试	毕业教育	运动会	周数合计
	周数	总学时	周均学时	周数	周数	周数	周数	
1								
2								
3								
4								
5								
6								
7								
8								
小计								

3. 不同类型课程学时占比统计

根据学期安排表，分类统计不同类型课程的学时占比（见表2-12）。

表 2-12　不同类型课程学时和占比统计

序号	学时和占比	方案实际值	标准值	比较结果
1	总学时		3200	
2	公共基础课学时占比		总学时×25%	
3	各类选修课学时		总学时×10%	
4	专业课实践学时占比		总学时×50%	
5	专业认知实习周数		2	
6	跟岗实习周数		4	
7	岗位实习月数		6	
8	劳动专题教育必修课学时		16	
9	劳动教育总学时		32	
10	艺术课程学分		2	

4. 毕业要求与承接课程

将毕业要求与承接课程之间的联系标注在毕业要求和承接课程矩阵表中，每一项毕业要求至少有3门课程与之建立联系，如表2-13所示。

表 2-13　毕业要求和承接课程矩阵表

课程名称	技术知识	方案开发	技能积累	现代工具	社会责任	劳动习惯	职业规范	团队合作	沟通交流	终身学习
课程1	★									★
课程2	★							★		★
课程3	★			★	★		★		★	★
……	★	★	★	★	★	★	★	★	★	★

（九）文凭授予

修完本方案全部课程，学分数≥专业规定值后，才能授予毕业文凭。

（十）课程简介

课程简介是可选要素，引用于学校课程资源库。按序号、课程名称、课程代码、内容简介、理论课程学时、理论课程实践学时、实践课程周数、学分等项编制，如表2-14所示。表格中课程门数与教学进程表的课程一致。

表 2-14　课程简介

序号	课程名称	课程代码	内容简介（限80字，包括所授内容、实施任务项目等）	理论课程		实践课程	学分
				学时	实践学时	周数	

第六节　职业本科专业课程标准结构和编制规则

一、范围

本文件规定了本校职业本科专业课程标准结构及其编制规则，并规定了文件名称、层次、要素的编写和表述规则，以及文件的编制格式。

本文件适用于校内职业本科专业课程标准。

二、规范性引用文件

下列文件对于本文件的应用是必不可少的。凡是注日期的引用文件，仅注日期的版本适用于本文件。凡是不注日期的引用文件，其最新版本适用于本文件。

本专业所属专业群课程方案

本专业培养方案

本校课程资源库目录

三、术语和定义

（一）课程门类

按照一定的相同类别特征进行归类，得到的课程归类结果。

（二）课程类型

根据课程内容的主要特征进行的课程分类结果。

（三）课程目标

根据课程承接的毕业要求，提出的具体、可评估和能实现的课程教学目标。

四、文件名称和结构

（一）文件名称

文件名称由“课程名称＋课程标准”构成，置于封面和正文首页的最上方。

示例：金属切削加工课程标准。

（二）文件结构

根据功能，将课程标准划分为相对独立的功能单元——要素。表2-15界定了课程标准要素的类别及其构成，给出了要素允许的表述形式。

表2-15　课程标准要素的类型、构成及表述形式

要素	必备或可选	允许表述形式
封面	必备	标明文件信息
目次	可选	列表（自动生成的内容）
前言	可选	条文、注、脚注
范围	必备	条文
课程简介	必备	条文（引用群课程方案）
课程目标	必备	条文（承接专业培养方案）

续表

要素	必备或可选	允许表述形式
课程内容	必备	条文、表格
资源配备	可选	条文、表格
课程评价	必备	条文、表格

五、要素的编写

（一）范围

适用于学校职业本科专业。

（二）课程简介

用以规定本课程所授技术知识、实施的教学任务项目，并规定本课程代码，学时，学分等。课程代码是课程在课程资源库中的唯一识别码，课程代码由8位字符组成（见表2-16）。

表2-16　代码案例注释

案例	B	A	A	W	0	1	0	1
字符位数	1	2	3	4	5	6	7	8
第1位字母	教育层次:B——职业本科课程							
第2位字母	课程门类:A——公共基础课程,B——专业(技能)课程,C——专业综合课程,D——群共用性课程,E——群拓展课程							
第3位字母	内容性质类别:A——理论课程,B——理实混合课程,C——实践课程							
第4位字母	特殊类别:W——无特殊类别,Z——自学,S——书证融通,L——劳育							
第5、6两位数字	课程归属单位编号:01——马列学院,02——基础部,03——体育部,04——学生处,05——人武部,06——教务处,10——机械学院,20——物联网学院,30——控制学院,50——管理学院,60——财经学院,70——外旅学院,80——艺术学院							
第7、8两位数字	课程顺序号:01—99							

课程简介示例：本课程传授划线、锯、锉、錾、钻、扩、铰、锪、攻丝、研磨、刮削、矫正、弯曲、铆接、钳装、钳修等钳工技术知识，以及

钳工量具、辅具、台钻、虎钳、手枪钻、锉刀、锯弓、锯条等使用知识，并钳作一项作品。

课程代码为BBCL1002；学时为1周；学分为1。

（三）课程目标

说明课程承接的毕业要求，以及毕业要求的教学载体或达成目标。

机械加工基础训练课程示例：

本课程承接技术知识、技能积累、劳动习惯、职业规范、沟通交流、终身学习等毕业要求。如表2-17所示。

表2-17 课程承接的毕业要求

课程名称	技术知识	方案开发	技能积累	现代工具	社会责任	劳动习惯	职业规范	团队合作	沟通交流	终身学习
机械加工基础训练	★		★			★	★		★	★

1. 技术知识

了解划线、锯、锉、錾、钻、扩、铰、锪、攻丝、研磨、刮削、矫正、弯曲、铆接、钳装、钳修等钳工技术知识，以及钳工量具、辅具、台钻、虎钳、手枪钻、锉刀、锯弓、锯条等使用知识。

2. 技能积累

积累划线、锯、锉、錾、钻孔、攻丝、钳装等钳加工基本技能。

3. 劳动习惯

选择小榔头、支架导轨、片状锁钥、上下水管道、汽车车标中一个项目的制作为载体，培育和评估劳动习惯达成度。

4. 职业规范

以“8S”（整理、整顿、清扫、清洁、素养、安全、节约、学习）项目为标准，培育和评估职业规范达成度。

5. 沟通交流

以课余写作训练小结文稿、用PPT汇报演讲、录制5分钟汇报演讲、结课时的无PPT演讲等为载体，培育和评估沟通交流能力达成度。

6. 终身学习

以每天提交当天的学习记录，在结课前提交完善的个人课程学习记录为载体，培育和评估终身学习能力达成度。

（四）课程计划

根据课程总学时，理论教学部分按每一次教学活动为2学时，实践教学部分按每一次教学活动为2—6学时，编制课程计划表，示例见表2-18。

表2-18 课程计划表

序号	教学活动名称	辅教资源	授课学时	实践学时
学时合计				

（五）资源配备

按资源名称、技术参数或要求、配套数量等项目，编制资源配备表，示例见表2-19。

表2-19 资源配备表

序号	资源名称	技术参数或要求	配套数量

（六）课程评价

遵循课程目标，设立对应评价项目，编制课程评价表，示例见表2-20。

表2-20 机械加工基础训练课程评价表

序号	评价项目	评价载体/评价标准	登记成绩
1	技术知识	结课考试	五等级制
2	技能积累	钳工制作项目成果/成果质效标准	五等级制

续表

序号	评价项目	评价载体/评价标准	登记成绩
3	劳动习惯	师生日志	五等级制
4	职业规范	值日生每天“8S”执行记录	五等级制
5	沟通交流	训练小结、用PPT汇报演讲、录制5分钟汇报演讲、结课无PPT演讲	五等级制
6	终身学习	结课时提交的学习记录	五等级制
7	综合评价	技能积累60%＋技术知识8%＋劳动习惯8%＋职业规范8%＋沟通交流8%＋终身学习8%	五等级制

第三章　职业本科专业开发内容研究

开发一词包含了研制、发展、革新、形成等涵义，它意味着一个不断发展的过程。就职业本科专业而言，内外部的需求是不断发展变化的，唯有持续开发，才能注入源源不断的活力，不断走向壮大。职业本科专业开发内容主要包括：①制定专业发展规划；②开发专业人才培养方案；③更新专业课程标准；④实施课程教学方案；⑤评估专业毕业要求和专业培养目标的达成度；⑥运行持续改进机制，调整专业发展规划，形成职业本科专业开发循环，如图3-1所示。

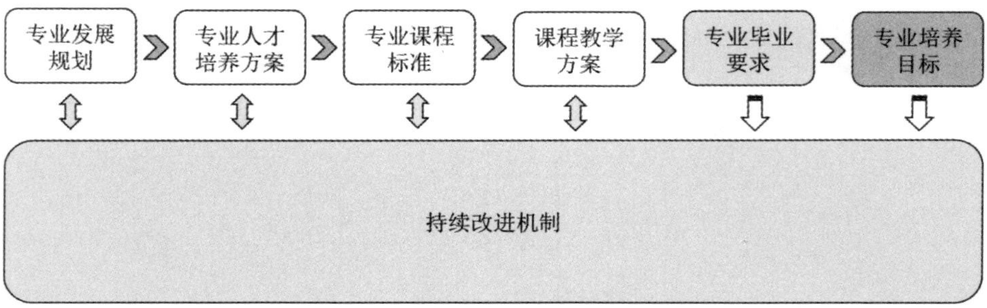

图3-1　职业本科专业开发内容

第一节　专业发展规划开发

职业本科专业发展规划是未来的一个周期（一般为5年）内专业发展的“施工图”。规范开发的第一步是大量和全面的开发调研，调研项目主要包括：①教育政策调研；②学校状态调研；③同行学校调研；④行业企业调研；⑤毕业生调研。

一、教育政策调研

2019年1月24日，国务院印发《国家职业教育改革实施方案》，首次提出开展本科层次职业教育试点；2021年10月12日，中共中央办公厅、国务院办公厅印发《关于推动现代职业教育高质量发展的意见》，提出高标准建设职业本科学校和专业，以及到2025年职业本科教育招生规模不低于高等职业教育招生规模的10%的目标；2022年4月20日修订的《中华人民共和国职业教育法》也从法律层面确认：专科层次高等职业学校设置的培养高端技术技能人才的部分专业，符合产教深度融合、办学特色鲜明、培养质量较高等条件的，经国务院教育行政部门审批，可以实施本科层次的职业教育。

政策和法律的出台，为职业本科专业开发提供了坚实的法律依据和可靠的政策保障。2021年后，教育部又先后出台了3项通知，国务院学位委员会办公室发布了1项意见，对职业本科专业发展提供了具体指导。

2021年1月22日，教育部办公厅印发《本科层次职业教育专业设置管理办法（试行）》，明确了职业本科专业的设置条件与要求，并规定了专业设置的基本程序：①开展行业、企业、就业市场调研，做好人才需求分析和预测；②在充分考虑区域产业发展需求的基础上，结合学校办学实际，进行专业设置必要性和可行性论证；③提交相关论证材料，包括学校和专业基本情况、拟设置专业论证报告、人才培养方案、专业办学条件、相关教学文件等；④专业设置论证材料经学校官网公示后报省级教育行政部门；⑤省级教育行政部门在符合条件的高校范畴内组织论证提出拟设专业，并报备教育部，教育部公布相关结果。

2021年1月27日，教育部印发《本科层次职业学校设置标准（试行）》，在办学定位、治理水平、办学规模、专业设置、师资队伍、人才培养、科研与社会服务、基础设施、办学经费等诸方面提出了规范要求和一系列的量化指标；提出对接国家和区域主导产业、支柱产业和战略性新兴产业设置专业，有3个以上专业群，原则上每个专业群含3—5个专业的指导意见。

2021年11月15日，教育部办公厅印发《本科层次职业学校本科教学工作合格评估指标和基本要求（试行）》，设立了“党的领导与办学定位”“专业、课程与教材建设”“师资队伍”“教学条件与利用”“质量管理”“学风建设与学生指导”“职业培训与技术技能积累”“教学质量”8个一级指标、24个二级指标以及50个观测点。

2021年11月18日，国务院学位委员会办公室发布《关于做好本科层次职业学校学士学位授权与授予工作的意见》，规定省级学位委员会负责本区域（系统）的本科层次职业教育学士学位授权审批工作，以及本科层次职业教育学士学位按学科门类授予等。

至此，职业本科发展的法律和政策框架已经形成，也为职业本科专业开发提供了基础、具体的量化指标。

二、学校状态调研

以上3项通知及1项意见，可归纳为15项设置职业本科教育学校的资质条件（见表3-1），以及11项设置职业本科专业的资质条件（见表3-2）。开发者需对照每一项资质条件开展调研，并将自身的实际状态数据与合格标准进行比对，最终形成是否能设置职业本科专业，以及选择什么专业设置的合理决策。

表3-1　学校状态的量化指标调研项目

序号	学校资质条件	合格标准	实际状态	具体要求
1	学校在校生规模	≥8000人		
2	学校专业群数	≥3个		一个专业群含3—5个专业
3	学校校企合作项目数	≥2个		包括职业教育集团、现代学徒制、产业学院
4	学校教学成果奖	≥1个		近两届，获奖级别：国家级二等奖以上或省级最高奖
5	学校科研项目立项	≥20项		近五年，厅级及以上
6	学校横向技术服务与培训年均到账经费	≥1000万元		
7	学校年均非学历培训人(次)数	≥2×在校生数		
8	校园占地面积	≥800亩		
9	学校生均占地面积	≥60m^2		
10	学校总建筑面积	≥240000m^2		

续表

序号	学校资质条件	合格标准	实际状态	具体要求
11	学校生均校舍建筑面积	≥30m²		
12	学校生均教学科研行政用房面积	≥20m²		
13	学校生均教学科研仪器设备值	≥10000元		综合、理工、农林、医药和师范类院校应不低于10000元，文科类院校应不低于7000元，体育、艺术类院校应不低于8000元
14	学校生均图书数	≥100册		
15	学校层面教师数量和结构指标	……		见表3-3学校层面师资队伍发展建议标准

表3-2　专业状态的量化指标项目

序号	专业资质条件	合格标准	实际状态	具体要求
1	“双师型”教师占比	≥50%		已按《职业教育“双师型”教师基本标准(试行)》认定
2	行业企业一线兼职教师承担专业课课时占比	≥20%		
3	专业带头人资质成果	≥1项		高水平教师教学(科研)创新团队带头人；或省级以上教学名师；或省级以上高层次人才；或省级以上教学领域有关奖励两项以上
4	依托专业招生计划完成率	≥90%		
5	校企开展现代学徒制培养试点	≥1项		专业领域中的优质企业
6	依托专业新生报到率	≥85%		

续表

序号	专业资质条件	合格标准	实际状态	具体要求
7	依托专业应届毕业生就业率	≥省内高校平均水平		
8	专业生均教学科研仪器设备值	≥1万元		
9	专业拥有的省级以上技术研发推广平台	≥1个		工程研究中心、协同创新中心、重点实验室或技术技能大师工作室、实验实训基地等
10	所依托专业发展的标志性成就	≥1项		省级及以上重点（特色）专业

三、同行学校调研

《本科层次职业教育专业设置管理办法（试行）》规定，本科层次职业教育专业学生总数不应超过学校在校生总数的30%。鉴于此，在专业发展规划开发阶段，必须选择在同行同类专业中具有比较优势的专业，进行重点开发。同行学校优势主要由日常的办学成果累积而成，调研时可通过查阅公开信息，统计和比较同行学校取得各类成果的数量和层级（见表3-3）。

表3-3　同行学校及专业办学成果调研表

成果类别	同行学校成果	同行学校1	同行学校2	…	本校
人才培养	主持国家级职业教育专业教学资源库				
	承担国家级教育教学改革试点项目 ①现代学徒制试点 ②“三全育人”综合改革试点 ③教学工作诊断与改进工作试点 ④定向培养士官试点				
	国家级“双高”重点建设专业群				
	全国高等职业院校育人成效50强				
	全国教材建设奖 国家“十三五”和“十四五”规划教材立项				

续表

成果类别	同行学校成果	同行学校1	同行学校2	…	本校
人才培养	学生在国家级及以上竞赛中获奖 ①世界技能大赛 ②全国职业院校技能大赛 ③中国国际“互联网+”大学生创新创业大赛 ④“挑战杯”全国大学生课外学术科技作品竞赛 ⑤“挑战杯”中国大学生创业计划竞赛				
	①全国毕业生就业典型经验高校 ②全国创新创业典型经验高校 ③深化创新创业教育改革示范高校				
	承办全国职业院校技能大赛				
	国家级课程： ①在线开放课程 ②课程思政示范课程				
	全国高等职业院校教学资源50强				
技术应用研究	①国家自然科学基金项目 ②国家社会科学基金项目 ③国家级科技获奖 ④省级科技立项和获奖				
	年度科研社会服务经费				
	发明专利授权				
社会服务	全国高等职业院校服务贡献50强				
文化传承与创新	全国重点建设职教师资培养培训基地				
	国家级教学成果奖(第一完成单位)				
	教育部全国行指委(教指委)领导成员				
	教师获国家级奖励： ①国家“万人计划”领军人才 ②国家有突出贡献的中青年专家 ③国务院特殊津贴获得者 ④全国高校黄大年式教学团队 ⑤国家级职业教育教师教学创新团队 ⑥国家级课程思政教学名师 ⑦国家级课程思政教学团队				

续表

成果类别	同行学校成果	同行学校1	同行学校2	…	本校
文化传承与创新	全国职业院校技能大赛教学能力比赛获奖				
	全国高校党建工作： ①示范高校 ②标杆院系 ③样板支部				
	全国教育科学规划课题立项				
	具有五年以上连续发布史的非官方排行榜： ①杭州电子科技大学中国科教评价研究院(CASEE) ②武汉大学中国科学评价研究中心(RCCSE) ③武汉大学中国教育质量评价中心和中国科教评价网联合发布的《中国大学及学科专业评价报告》 ④广州日报数据和数字化研究院(GDI智库)发布的年度"GDI高职高专排行TOP1000榜"				
国际交流	①全国高等职业院校国际影响力50强 ②全国国际交流项目或奖励				

同行学校办学成果调研的目的是寻找本校和本专业的发展"短板"和"长板"，从而更有针对性地确定未来的重点发展任务。为了较为确切地评估学校在同行比较中的位次，有必要依据成果获取的难度，进行数值化处理，以便统计、分析和量化同行间成果的积累程度。

一是计算成果获取难度。例如黄大年式教学团队，获取难度＝1－全国获取总数/（全国同类学校数×评选间隔年数），此计算值越大，难度就越大。与之相比，国家级教师教学创新团队的全国获取总数大，评选间隔年数较短，获取难度就相对较低。

二是各成果项目的量化赋值采用比较最大值法。难度最高的成果项目赋予最高的10分，其余项目的赋值参照其与最高赋值项目间的难度比值，比值为85%的项目赋予8.5分；相同类别项目，从取得第二项开始赋值适度减低，例如学校获得的第一个国家教师教学创新团队赋值为6分，获得的第二个国家级教师教学创新团队及以后，赋值减为3。

三是对于无法确定计算因子的项目，可比照其他项目的因子取值计算。

例如，首届全国教材建设奖因间隔年数不确定，暂按2年计算。全国重点建设职教师资培养培训基地间隔年数也不确定，也可暂按2年计算。

四、行业企业调研

专业发展规划开发应顺应新一轮科技革命和产业变革，主动服务产业基础高级化、产业链现代化，服务建设现代化经济体系和实现更高质量更充分就业的需要。在职业本科专业发展规划开发中，行业调研和企业调研是不可或缺的两个环节。

（一）行业调研

开展行业调研是为了充分了解国家和区域的产业政策、重点发展领域、核心技术研发和应用等重大需求，为职业本科专业规划确立务实和高质量的发展目标。当下我国产业政策重点指向加快建设现代化产业体系。“十四五”开局以来，国家推出了一系列的产业发展规划（见表3-4），围绕制造业重点产业链，集中优质资源合力推进关键核心技术攻关。同时，加快传统产业和中小企业数字化转型，提高高端化、智能化、绿色化水平，加快前沿技术研发和应用推广。

表3-4 “十四五”期间国家及行业发布的产业发展规划一览

产业发展规划名称	发布文件	发布网址
“十四五”就业促进规划	国务院关于印发“十四五”就业促进规划的通知(国发〔2021〕14号)	http://www.gov.cn/zhengce/content/2021-08/27/content_5633714.htm
“十四五”现代综合交通运输体系发展规划	国务院关于印发“十四五”现代综合交通运输体系发展规划的通知(国发〔2021〕27号)	http://www.gov.cn/zhengce/content/2022-01/18/content_5669049.htm
“十四五”数字经济发展规划	国务院关于印发“十四五”数字经济发展规划的通知(国发〔2021〕29号)	http://www.gov.cn/zhengce/content/2022-01/12/content_5667817.htm
“十四五”旅游业发展规划	国务院关于印发“十四五”旅游业发展规划的通知(国发〔2021〕32号)	http://www.gov.cn/zhengce/content/2022-01/20/content_5669468.htm

续表

产业发展规划名称	发布文件	发布网址
"十四五"节能减排综合工作方案	国务院关于印发"十四五"节能减排综合工作方案的通知(国发〔2021〕33号)	http://www.gov.cn/zhengce/content/2022-01/24/content_5670202.htm
"十四五"冷链物流发展规划	国务院办公厅关于印发"十四五"冷链物流发展规划的通知(国办发〔2021〕46号)	http://www.gov.cn/zhengce/content/2021-12/12/content_5660244.htm
"十四五"信息通信行业发展规划	工业和信息化部关于印发"十四五"信息通信行业发展规划的通知(工信部规〔2021〕164号)	http://www.gov.cn/zhengce/zhengceku/2021-11/16/content_5651262.htm
"十四五"工业绿色发展规划	工业和信息化部关于印发《"十四五"工业绿色发展规划》的通知(工信部规〔2021〕178号)	http://www.gov.cn/zhengce/zhengceku/2021-12/03/content_5655701.htm
"十四五"大数据产业发展规划	工业和信息化部关于印发"十四五"大数据产业发展规划的通知(工信部规〔2021〕179号)	http://www.gov.cn/zhengce/zhengceku/2021-11/30/content_5655089.htm
"十四五"软件和信息技术服务业发展规划	工业和信息化部关于印发"十四五"软件和信息技术服务业发展规划的通知(工信部规〔2021〕180号)	http://www.gov.cn/zhengce/zhengceku/2021-12/01/content_5655205.htm
"十四五"信息化和工业化深度融合发展规划	工业和信息化部关于印发"十四五"信息化和工业化深度融合发展规划的通知(工信部规〔2021〕182号)	http://www.gov.cn/zhengce/zhengceku/2021-12/01/content_5655208.htm
"十四五"促进中小企业发展规划	关于印发"十四五"促进中小企业发展规划的通知(工信部联规〔2021〕200号)	http://www.gov.cn/zhengce/zhengceku/2021-12/17/content_5661655.htm
"十四五"机器人产业发展规划	十五部门关于印发《"十四五"机器人产业发展规划》的通知(工信部联规〔2021〕206号)	http://www.gov.cn/zhengce/zhengceku/2021-12/28/content_5664988.htm
"十四五"智能制造发展规划	八部门关于印发《"十四五"智能制造发展规划》的通知(工信部联规〔2021〕207号)	http://www.gov.cn/zhengce/zhengceku/2021-12/28/content_5664996.htm

续表

产业发展规划名称	发布文件	发布网址
“十四五”医疗装备产业发展规划	十部门关于印发《“十四五”医疗装备产业发展规划》的通知(工信部联规〔2021〕208号)	http://www.gov.cn/zhengce/zhengceku/2021-12/28/content_5664991.htm
“十四五”原材料工业发展规划	三部委关于印发“十四五”原材料工业发展规划的通知(工信部联规〔2021〕212号)	http://www.gov.cn/zhengce/zhengceku/2021-12/29/content_5665166.htm
“十四五”国家安全生产规划	国务院安全生产委员会关于印发《“十四五”国家安全生产规划》的通知(安委〔2022〕7号)	https://www.mem.gov.cn/gk/zfxxgkpt/fdzdgknr/202204/t20220412_411518.shtml
“十四五”汽车产业发展建议	中国汽车工业协会发布《“十四五”汽车产业发展建议》	http://www.caam.org.cn/chn/5/cate_68/con_5234196.html
“十四五”国家信息化规划	中央网络安全和信息化委员会印发《“十四五”国家信息化规划》	http://www.gov.cn/xinwen/2021-12/28/content_5664872.htm
数字交通“十四五”发展规划	交通运输部关于印发《数字交通“十四五”发展规划》的通知(交规划发〔2021〕102号)	https://xxgk.mot.gov.cn/2020/jigou/zhghs/202112/t20211222_3632469.html
“十四五”电子商务发展规划	商务部 中央网信办 发展改革委关于印发《“十四五”电子商务发展规划》的通知	http://www.gov.cn/zhengce/zhengceku/2021-10/27/content_5645853.htm
“十四五”建筑业发展规划	住房和城乡建设部关于印发“十四五”建筑业发展规划的通知(建市〔2022〕11号)	http://www.gov.cn/zhengce/zhengceku/2022-01/27/content_5670687.htm
绿色交通“十四五”发展规划	交通运输部关于印发《绿色交通“十四五”发展规划》的通知(交规划发〔2021〕104号)	http://www.gov.cn/zhengce/zhengceku/2022-01/21/content_5669662.htm
“十四五”现代流通体系建设规划	国家发展改革委关于印发《“十四五”现代流通体系建设规划》的通知(发改经贸〔2022〕78号)	http://www.gov.cn/zhengce/zhengceku/2022-01/24/content_5670259.htm
“十四五”循环经济发展规划	国家发展改革委关于印发“十四五”循环经济发展规划的通知(发改环资〔2021〕969号)	http://www.gov.cn/zhengce/zhengceku/2021-07/07/content_5623077.htm

规划开发有两个必答问题，一是专业发展与国家和区域鼓励发展的产业二者之间是什么关系？这一问题要用实证来说明。二是在未来的产业发

展中，专业的布局和定位是什么？回答这一问题需要论述专业与产业间的技术联系，同时提供实证说明。

（二）企业调研

企业调研的目标是掌握企业用人需求并了解本专业匹配的职业岗位。调研主要采用实地走访的方式，调研对象为企业人事经理、企业部门管理者、就业目标岗位在岗者，以及企业负责人。①调研企业人事经理，了解本专业毕业生匹配的职业岗位、岗位需求数、薪酬水平和专长要求；②调研企业部门管理者，了解就业目标岗位的工作内容、主要技术技能、绩效考核方式与岗位升迁前景；③调研就业目标岗位在岗者，观察和了解岗位的工作流程、工作内容、工作成果（质效标准）、知识结构、薪酬水平等；④调研企业负责人，了解企业动态、资本构成、年营业收入、盈利状况、主营产品、上下游企业关系等。

企业调研工作的检验指标包括：①一个专业的调研企业样本数≥30家；②调研企业类型包括大型企业、中型企业和小微企业3个类别，民企、外企、国企3个种类，各种类占比大致均匀，每个种类的样本数≥3；③一次调研应综合先前累积的数据，形成调研报告1份，内容有调研方案（包括调研目的、日期、预期目标、方式等）、样本设计（包括样本总数、企业种类、各种类样本数及占比）、调研项目和调研步骤（包括调研信息记录表、调研提纲等）、数据分析、结论应用（基于数据分析的结论、结论的应用说明）等。

五、毕业生调研

毕业生调研的目的是了解毕业5年内的毕业生职业成长轨迹，统计和分析全体毕业生达成的职业和专业成就，为培养目标设定提供依据。毕业生数量大，分布区域广，交流联系成本高，需精心设计调研的时间安排和调研方式，最大限度地降本增效和增信。

毕业生调研的起点是离校前2周，可作为毕业生离校程序的一个环节，由专人（通常是班主任）对即将离校的毕业生进行一次问卷调研（见表3-5）。

表3-5　×××××专业毕业×年调研问卷

一、基本信息栏目

相比上一次填写有无变化:○无变化　　○有变化

姓名:　　　　性别:　　　　身份证号:

毕业时间:　　　　所在院系:　　　　专业:

所在班级:　　　　手机号:　　　　邮箱:

微信:　　　　您的QQ:

照片

联系人姓名(亲友)/电话:　　　　/　　　　.

联系人姓名(班主任)/电话:　　　　/　　　　.

联系人姓名(同事)/电话:　　　　/　　　　.

联系人姓名(其他)/电话 :　　　　/　　　　.

二、现就业单位

相比上一次填写有无变化:○无变化　　○有变化

工作单位(全称):

单位官网:

单位主体(占比第一)的资本性质:□国资　□民资　□外资

单位从业人员数(X)/人:□X≥1000　□300≤X＜1000　□20≤X＜300　□X＜20

单位营业收入(Y)/万元:□Y≥40000　□2000≤Y＜40000　□300≤Y＜2000　□Y＜300

单位主营产品或业务:

(1)

(2)

三、工作岗位

相比上一次填写有无变化:○无变化　　○有变化

岗位名称:

岗位职级:

岗位同事数:

您的岗位有哪几项工作任务或职责:

(1)工作任务:　　　　使用什么工具:　　　　工作要求是什么:

(2)工作任务:　　　　使用什么工具:　　　　工作要求是什么:

(3)工作任务:　　　　使用什么工具:　　　　工作要求是什么:

您的年度总薪资　　　　万元,您对此是否满意:○满意　○基本满意　○不满意

四、职业成就

相比上一次填写有无变化:○无变化　○有变化

相比上一次填写取得了哪些成就:

岗位升迁事项(职务升迁、岗位等级升迁、新获职称等):

创业事项(创办事业、创办实业等):

创新事项(申获专利、研发产品和服务、完成技改项目,获得高额资助立项等):.

跨界发展事项(公考、经商等跨界发展中获得满意的身份和报酬):

获奖事项(业内获奖、政府颁奖等):.

在此对您取得新的职业和专业成就,谨致最诚挚的祝贺!

问卷由平台自动推送给每一位毕业生。离校填报旨在建立和毕业生的有效联系。通过毕业生的首次填写数据，也能获得初次就业率和初次对口率这两个统计数据。

每年度的毕业生调研报告以调研数据揭示本专业的社会需求。毕业当年度的年末就业率和年末就业对口率是衡量社会劳动力需求的重要指标，年末就业率反映了毕业生的就业能力水平，年末就业对口率反映了本专业面向对应领域的就业机会。若职业本科专业的年末就业率≥90%，年末就业对口率≥80%，该专业就有了立足于本科之林的基础。随着毕业年限延长，就业对口率一般会逐年降低，但只要就业率始终保持较高水平，就可以表明本专业毕业生具有跨业发展的多元就业能力。

六、发展规划内容

专业发展规划通常以五年为一个周期，作为学校总体发展规划的组成部分，主要支撑学校层面提出发展要求、重点任务与发展举措等。专业发展规划包括以下内容。

（一）专业发展现状

专业发展现状包括基本现状和存在的问题两个方面。基本现状以分析表3-1学校状态的量化指标调研数据为基础，进行分项描述；存在的问题根据学校办学定位，结合表3-3同行学校及专业办学成果调研数据，提出在下一周期着重弥补的短板问题。

（二）发展面临的形势

发展面临的形势包括机遇和挑战两个方面。机遇源自国家一系列教育发展政策、产业发展规划中蕴含的机会，以及本校办学成果积累的优势；挑战则源自本校状态数据的若干弱项、同行崛起的挑战，以及产业发展带来的新问题等。

（三）发展的总体要求

发展的总体要求包括指导思想、发展思路和发展目标等。指导思想是指要树立服务产业的新发展理念，坚持本科层次技术技能人才的培养定位，实现更高质量、更充分的就业需要。规划应基于专业群，保持与教育发展政策、产业发展规划相契合。在确立发展目标之前，依据教育政策调研、学校状态调研、同行学校调研和行业企业调研数据，先行设计详尽的专业发展预期成果清单，详细列举成果名称、内涵、数量、层次水平等监控指标，在此基础上提出发展目标。

（四）重点发展任务

重点发展任务描述包括任务项目名称、内涵、任务指标、实施路线、计划进程、配套经费、保障措施等。重点发展任务主要有三个来源：一是从先行设计的专业预期发展成果清单中归类，形成重点发展任务项目。二是从学校状态数据中找到必须克服的难点问题，补充为重点发展任务项目。三是在比较同行发展成果数据后，找到差距或优势，有针对性地提出旨在提升竞争力的“补差”“固优”“创新”等重点发展任务项目。

（五）保障措施与建议

保障措施与建议包括出台专项激励、约束、指导、任务分摊等保障制度；加大发展资金投入，保障攻克发展难题的重大专项资金安排；大力引进和培养专业发展领军人才；解决其他若干发展难题；巩固发展优势的制度、措施和建议等。

（六）发展可行性报告

专业应有翔实的发展可行性报告。报告内容包括：

（1）对行业企业的调研分析。用调研数据和调研实例着重描述本专业的社会需求状况，着重说明专业与产业对接的逻辑关系，说明专业的性质以及与学校定位的关系。

（2）对同行学校和专业的调研分析。用调研数据说明本专业特色、优势和存在的问题。

（3）详尽的重点发展任务清单，包括每一项发展任务的量化监控指标。

第二节　人才培养方案开发

专业群开发人才培养方案，有利于整合教学、学科和科研等资源，实现创新型、复合型本科层次技术技能人才的培养。教育部印发的《本科层次职业学校设置标准（试行）》提出：对接国家和区域主导产业、支柱产业和战略性新兴产业设置专业，有3个以上专业群，原则上每个专业群含3—5个专业。

专业群开发的目标是在专业群层面界定和规定群内专业人才培养的共性和共用内容，实现群内专业在对接的产业领域内合理布局和分工，开发的结果是形成统合性的专业群课程方案。

一、专业群课程方案

专业群课程方案是确认群内专业的组群逻辑、组群关系、相互分工和相互协同等基本共识和基本准则的文件，是后续群内专业开发各自人才培养方案时需遵循的协议。

（一）专业群课程方案内容

专业群课程方案按“统一、统合”的原则安排相关内容。“统一”指将诸如专业名称、面向行业、面向职业等的名称及其含义进行统一界定，以保持群内专业间理解的一致性；“统合”指将群内专业共用、共享、互选的内容进行统筹设计，以符合专业群的逻辑。

专业群课程方案的内容主要包括：

（1）群内专业基本情况（各专业名称、专业代码、所属专业大类及代码、所属专业类及代码、面向行业及代码、面向职业类别及代码）；

（2）群内专业就业岗位（主要岗位、拓展岗位、转型升迁岗位）；

（3）群课程方案框架；

（4）群公共基础课程设置（课程名称、课程性质、学时学分等）；

（5）群公用性专业基础课程设置；

（6）群内跨专业技能证书选训课程设置；

（7）群内跨专业创新创业选训课程设置；

（8）群内继续升造选修课程设置。

（二）专业群课程方案框架

专业群课程方案框架的作用是描绘群内各专业的课程关系，具有“二共三跨”的特征（见图3-2）。核心理念是突出创新型、复合型本科层次技术技能人才的培养，实现高质量和更充分就业的开发目标。

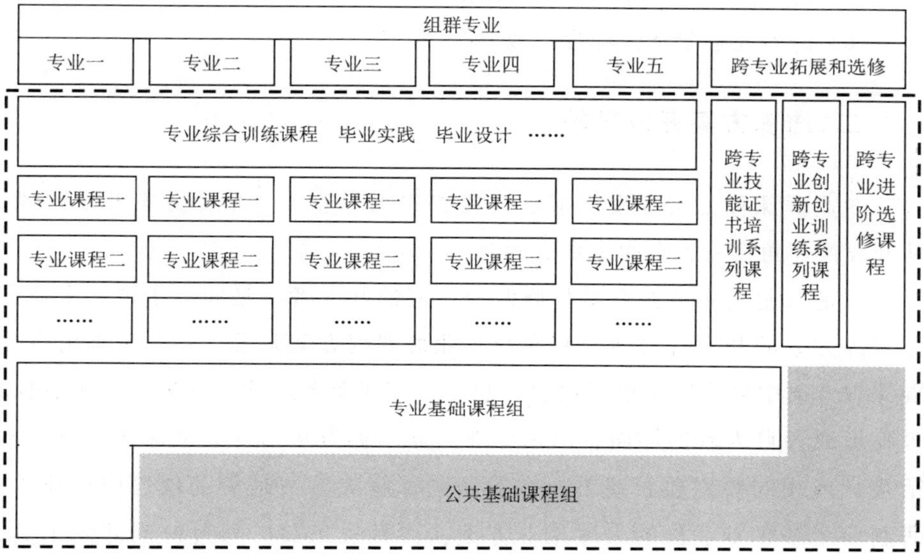

图3-2　“二共三跨”专业群课程方案框架

“二共”指开发群内专业共用的一组公共基础课程和一组专业基础课程。共用的公共基础课程在学校层面统一开发，大类专业群共用；共用的专业基础课程由一组跨专业的基础学科课程和基础技能训练课程组成，为群内各专业学生奠定学科融合的知识基础、基础性技术和技能基础，同时实现群内课程教学资源的共享共用。

“三跨”指开发跨专业互选的一组技能证书培训课程、一组创新创业训练系列课程，以及一组进阶选修课程。“三跨”指向复合型、创新型的培养目标，同时兼顾学生日益增长的继续升学的深造需求。

（三）专业群课程方案开发标准

尽管每个学校、每个专业群的组群逻辑和组群目标不同，但“二共三跨”的特征在每一个专业群中都不同程度地存在着。专业群课程方案开发的标准条款有6个：

（1）专业群的专业数量为3—5个；

（2）公共基础课程的必修门数≥9，选修门数≥20；

（3）专业基础课程门数≥群内专业数；

（4）跨专业技能证书选训课程门数≥3；

（5）跨专业创新创业选训课程门数≥3；

（6）跨专业进阶选修课程门数≥7。

二、培养方案开发逻辑

专业群课程方案开发完成后，接着进入专业人才培养方案开发阶段。从开发操作角度看，有两个现实问题。

一是专业人才培养方案与群课程方案的开发者不是同一主体。专业人才培养方案的开发者可能没有参与专业群课程方案开发，不一定理解专业群课程方案中界定的术语和内涵，也不一定了解各专业之间的分工和责任，容易形成各自为政的局面，出现专业人才培养方案与专业群课程方案互不衔接，或相同要素项表述不一致等问题。解决方案是借助现代信息技术，研制一个基于专业群的人才培养方案协同开发工具。通过协同开发工具，将专业群课程方案的所有要素项，直接传递到专业人才培养方案中，使之成为不可更改项。这既保证了专业人才培养方案和专业群课程方案间的衔接，也避免了各自为政。同时，也避免了为了保证这种衔接，必须采取反复的一致性校核工作。

二是人才培养方案与课程标准和教学方案的开发者不是同一主体，会导致人才培养方案与课程标准、教学方案三者间的不一致。解决方案是建立统一的课程资源库，将所有课程纳入资源库，并实现审核入库和统一管理。每一门课程入库均由专人按照相关人才培养方案进行审核，课程资源库与协同开发工具对接。在每一轮人才培养方案开发过程中，开发者通过协同开发工具，只能从课程资源库中调用课程要素项，每一门课程的再开发者也只能调用课程资源库中的已有课程进行再开发，部分新开发课程和再开发课程经审核后才能入库成为新课程，或入库替换原课程。

（一）培养目标开发研究

培养目标在专业人才培养方案中居于统领地位，为人才培养指明了方向、确定了高度，是专业人才培养方案开发的关键要素项。何为目标？目标是人们提出的希望能实现的具体要求或愿望。何为人才培养目标？人才培养目标是教育机构提出的毕业生在毕业5年内能够实现的职业和专业成就的总体描述。

例如，职业本科智能制造工程技术专业的培养目标——本专业培养具有社会主义核心价值观，德、智、体、美、劳全面发展①，具有工程图学、工程力学、机械原理与设计、电工与电子技术、计算机应用等多学科融合的知识基础②，具有良好的人文素养、职业道德、创新创业意识、工匠精神、国际视野和较强的本专业领域就业能力③；具备智能装备设计调试与运行、工业机器人技术应用、智能传感与检测应用，以及其他关联专业的操作技能④，主要面向机械工程技术人员（2-02-07）、机械冷加工人员（6-18-01）等职业类别⑤，能够胜任智能制造装备设计与研制、工业机器人应用与运行、智能制造单元维护与运行、智能制造工艺编制和程序设计等职业岗位⑥，也能够适应区域产业转型发展形势和个人际遇变化，具备跨界

①表达了我国教育方针培养“五全”人才的总要求。

②列举专业培养所涉学科知识。

③描述了专业素质及关键能力培养的总体要求。素质是基于人的某些先天禀赋和后天际遇在内心形成的对事物的确定的正面取向，这种确定的正面取向经常性地外现为人具有某种确定的正向行为。大量的研究表明，各类教育对人的素质形成具有不可或缺的作用，但个人的素质高低则与所接受的教育程度不具备正相关性。职业本科专业必须摒弃素质教育强于中职、低于普通本科或硕士的比较思维，奉行全面发展观念，突出具有职教特征的工匠精神和就业能力培养。

④描述了专业的技能培养方向和要求。技能是就业之本，但技能不应专指“操作”和“体力劳动”。根据《现代汉语词典》的解释，“技能”是指掌握和运用专门技术的能力。根据这一解释，工艺装备产品设计、零件工艺编制等“心智劳动”也是技能。职业本科专业毕业生既是产品和服务的研制者，同时也是产品和服务的实现者，必须有技能傍身。具体的技能培养应基于高质量和更充分就业的需求：一是立足于培养设计、工艺、操作、服务等多技能融合的复合型人才；二是基于专业群优势，拓展跨专业技能，培养具有跨专业就业能力的优质毕业生。

⑤描述了专业的就业面向。所涉职业类别引自《中华人民共和国职业分类大典》和人社部发布的新职业文件。

⑥提出了专业主要面向的职业岗位。所涉岗位源自行业、企业和毕业生调研数据。

就业和转业发展能力①的本科层次②职业技术技能人才。

以上学科名称引自《中华人民共和国学科分类与代码国家标准》(GB/T 13745—2009)。在职业本科的学科支持方面，有一个在当下颇具争议的问题：职业本科专业有没有相应的学科?

学科主要有两种含义：第一指一定科学领域或一门科学的分支，是相对独立的知识体系；第二指依学问内容、性质所划分的学科课程③。第一种含义的学科存在于任何一个职业本科专业；第二种含义的学科在职业本科专业中就是专业基础课程。任何一个职业本科专业涉及的技术和技能均建立在一定的学科知识基础上，迄今为止还没有发现与已知知识无关的技术或技能。

但一个职业本科专业有属于自己的特有的学科吗？本书课题组的观点是，迄今为止还没有一个职业本科专业发展了属于自己的特有的学科。还有一种观点认为，本科层次的专业应以学习和应用现有学科知识为主，硕士以上层次才有可能转向发现知识和创造学科知识。对于这一观点，课题组认为是符合当下实际的，但也不应排斥职业本科专业教师基于应用性研究和掌握核心技术的目标，开展学科研究活动。

1. 职业和专业成就事项

毕业后5年内，毕业生的职业和专业成就有哪些代表性事项？职业本科专业开发者若不能较为完整地给予答案，则“职业和专业成就”就只能作为一个概念存在于文件中，继而培养目标也就随之成为一个概念，培养目标达成度评估也就无法实现。

课题组在实践中提出了5类职业和专业的成就性事项，同时将5类事项列入毕业生调研问卷中，旨在建立培养目标达成度评估体系。5类事项如下：

(1) 岗位升迁事项（立足本专业领域，晋升至基层技术主管以上职务；或技师以上技能等级；或工程师以上职称等)。

---

①描述了专业独有的人才特征。

②确定了专业人才培养的层次。

③张铮，刘法虎，陈慧.新时代职业教育专业群开发研究与实践[M].武汉：华中科技大学出版社，2022.

（2）创业事项（作为合伙人成功创办一项事业；或成功创办一项实业等）。

（3）创新事项（申获实用新型或发明专利；或研制已产出经济效益的产品；或完成已投入使用的技改项目；或获得业内高额经费资助的立项等）。

（4）跨界发展事项（公考成功并获得满意职位；经商或转至其他专业领域就业获得高于从事本行业的平均回报等）。

（5）获奖事项（在业内获得技术类奖励；或获得业内的技能竞赛类奖励；或获得县市以上政府奖励等）。

2. 培养目标达成度评估

具体评估方案是在毕业生调研数据统计分析的基础上，设立学生达成率和总量达成率两个评估指标。

学生达成率＝获得一项以上成就事项的学生数/学生总数。当一个职业本科专业有了5届毕业生后，就可通过毕业生跟踪调研获得相应数据。例如，初次评测时，初步设定学生达成率标准为90％，即学生达成率≥90％，就判定为达成了培养目标。之后再通过若干届毕业生调研数据的统计分析，逐渐调整学生达成率标准，使之趋于合理。

总量达成率＝学生获得的成就总数/学生总数。由于一个学生可以获得2项或以上的成就，所以总量达成率就可能＞100％，在统计全体学生获得的成就总数时，还可以研究成就的获取难度和社会价值，高难度和高价值的成就事项应加权计算。例如，对于“某毕业生创办了年千万元级营收实业”的事项，应当承认该毕业生对社会发展的贡献较大，可加权2倍或3倍计算成就数。总量达成率可用于各届毕业生间，甚至各校毕业生间的比较研究。

（二）毕业要求开发研究

毕业要求是学校提出的职业本科学生在毕业时必须达成的知识基础、就业能力、技术技能和关键能力等诸方面的具体条款。当开发进行到确定毕业要求时，需根据本专业相关的知识、技术和技能，具化职业本科专业通用评价规范中的毕业要求条款，使之和专业设置的各项课程能够精准关联。

1. 具化前后结果比较

仍以职业本科智能制造工程技术专业为例，具化通用评价规范的毕业要求前后结果对比（见表3-6）。

表3-6　职业本科智能制造工程技术专业毕业要求具化结果对比

条款	标准条款	具化条款
技术知识	能够将数学、自然科学、专业基础知识和专业技术知识用于解决生产、管理、服务一线的较复杂技术问题	能够将数学、自然科学，以及工程图学、工程力学、机械原理与设计、电工与电子技术、计算机应用等多学科融合的知识，用于解决智能制造装备设计与研制、工业机器人应用与运行、智能制造单元维护与运行、智能制造工艺编制和PLC程序设计等职业岗位的较复杂技术问题
方案开发	能够设计和开发满足特定需求的产品与服务，以及制造产品和达成服务的工艺流程或方案	能够设计和开发满足智能制造工艺要求的智能制造装备、工业机器人配置、智能制造工艺等方案
技能积累	能够积累产品和服务实现中的多种技术技能，至少具备一项技能专长，能够在现场实施产品和服务流程和方案的实际操作	能够积累操作智能制造装备、工业机器人的技能、鼓励拓展多项跨专业的技术技能，至少具备一项智能制造装备应用的技能专长，可以实施智能制造装备研制、智能制造工艺和PLC程序设计的实际操作。
现代工具	能够选择恰当的现代技术工具，对较复杂的技术问题进行快速求解，并理解工具求解结果与实际实现结果的差异，并在实施中优化处理	能够针对较复杂智能制造应用技术问题，选择与使用数字化建模、编程、PLC程序设计和智能制造仿真预测等现代数字化工具，对较复杂的智能制造装备设计与应用问题进行快速求解，并理解工具求解结果与实际结果的差异
社会责任	能够评价本专业产品和服务解决方案与社会环境、公众健康、资源消耗、国家战略和法律文化的关联关系，承担为社会提供有益产品和服务的责任，做到趋利避害	能够评价智能制造装备、智能制造产品制造过程中与社会环境、公众健康、资源消耗、国家战略和法律文化的关联关系，承担为社会提供有益产品和服务的责任，做到趋利避害

续表

条款	标准条款	具化条款
劳动习惯	重点结合专业特点，依托实习实训，参与真实的生产劳动和服务性劳动，增强职业认同感和劳动自豪感，提升创意物化能力，培育不断探索、精益求精、追求卓越的工匠精神，体认劳动不分贵贱，任何职业都很光荣，都能出彩	重点结合智能制造工程技术专业特点，依托机械加工基础训练、工业机器人编程等实习实训课程，提升创意物化能力，培育不断探索、精益求精、追求卓越的工匠精神，体认劳动不分贵贱，任何职业都很光荣，都能出彩
职业规范	能够理解并遵守行业职业道德，具有敬业、诚信、创新和保守技术秘密的职业精神。能够理解并遵行职业岗位的职业规范，具有执行工作现场"整理、整顿、清扫、清洁、守纪、节约、安全"的习惯	同标准条款
团队合作	能够在工作团队中承担成员或负责人的角色，能够基于不同角色，保质、保量、限时地履行个人职责，具备根据同事的合理需求及时施予援手的意识	同标准条款
沟通交流	能够就较复杂技术产品和服务与业界同行及公众进行有效交流，包括撰写报告和设计文稿、陈述发言、清晰表达或回应指令，具备一定的国际视野，尊重多元文化和不同文明的观点	能够就较复杂的智能制造装备、智能制造产品和智能制造服务与业界同行及公众进行有效交流，包括撰写报告和设计文稿、陈述发言、清晰表达或回应指令，具备一定的国际视野，尊重多元文化和不同文明的观点
终身学习	具备自主学习和终身学习的习惯和方法，具有不断学习和适应新技术、新工艺、新业态的行动能力，学习能力能够支持岗位升迁、跨界就业和转型发展	同标准条款

2. 毕业要求承接课程

每一项毕业要求都需要若干门课程与之对应，描述这一对应关系的工具是毕业要求和承接课程矩阵（见表3-7）。

表 3-7　毕业要求和承接课程矩阵

课程名称	技术知识	方案开发	技能积累	现代工具	社会责任	劳动观念	职业规范	团队合作	沟通交流	终身学习
课程 1	★									★
课程 2	★							★		★
课程 3	★			★	★		★		★	★
……	★		★	★			★			★

在毕业要求和承接矩阵中，每一项毕业要求至少有3门承接课程，承接的课程数越多，对于该毕业要求的培养越有利。例如，终身学习若能在每门课程中都得到习练，久之，学生就会到达“习惯成自然”的境界，毕业要求是在多次的习练中养成的。但在职业本科专业开发中，一项毕业要求的承接课程数受到教学总时数、课程教学载体适宜性、教学实施成本和难度等多个因素的制约，一门课程承接的毕业要求越多，课程的作用和价值也就越大。

第三节　专业课程开发研究

职业本科专业课程分为学科课程和任务课程两个类型。学科课程长于知识传授和积累，是学术本科专业和当下大多数应用本科专业的课程主体，但职业本科专业也需要开设部分学科课程。任务课程长于技能积累和实际做事能力的培养，是职业本科专业的课程主体。

一、知识积累的学科课程

学科课程是将研究对象、研究方法、研究目的、学科派生来源相近的知识聚合在一起，主体功能是传授和积累学科知识，诸如数学、物理、计算机等基础学科课程，也为社会责任、沟通交流、团队合作等毕业要求的达成提供了知识基础。

学科课程的教学内容是从专业关联的学科知识体系中，选出的若干个相对完整的知识单元。知识的可存储和可描述的性质，决定了学科课程的主要教学方式是讲授法。学科课程通常用考试的方式检验学生知识积累的程度。在一些文献中，有作者为了论述其提出的若干非讲授法的合理性和先进性，通常会对讲授法持全面否定或批判的态度，他们有选择地忽视了讲授法在教授知识时的高效性和低成本，片面凸显讲授法在实践教学和技能教学过程中的巨大缺陷。对此课题组的观点如下。

其一，在实践教学和技能教学过程中，也有知识传授单元，对此讲授法仍是最为恰当的教学方法。

其二，讲授法本身无所谓对错，将之用于技能训练，是教学实施者用错了地方。如同用菜刀砍树，或用斧子切菜，能说菜刀或斧子不好用吗？

其三，没有一种教学方法可以“包治百病”，如果将技能训练中常用的示范操作教学法用在知识讲授中，大概也不会有好效果。

其四，学科课程也需根据所授内容，积极开发诸如实验项目、微研究课题和社会实践项目等，在这些项目中采用其他合适的教学方法才是可取的。

二、技能积累的任务课程

课程承接设计/开发产品和服务、技术技能积累、使用现代工具等毕业要求的关键是开发任务课程。任务课程是相对学科课程的一个概念，是指以完成任务和获得任务成果为课程主要教学目标，将工作对象、工具、工作成果、工作知识四要素类同的任务组合在一起的课程，同时在任务展开过程中，将任务涉及的学科知识有机聚合①。现实中，任务课程存在开发难、实施难和实证难的“三难”困境。

（一）任务课程开发难

任务课程开发的动因是获得满足课程教学目标的教学任务项目。课程任务项目源自职业岗位上的实际工作项目，但又不同于工作项目。

（1）项目实施者不同。工作项目实施者是技术技能的熟悉者，甚至是

①张铮，刘法虎，陈慧．新时代职业教育专业群开发研究与实践[M].武汉：华中科技大学出版社，2022.

能手；教学任务项目的实施者是学生，学生仅是技术技能的入门者，更可能是初学者。

（2）实施工艺不同。为了追求“多、快、好、省”的工艺目标，工作项目常由多人分工协作，每人各负责一段工艺任务；教学任务项目要让学生经历全过程工艺，故须一人完成一个项目的全部工艺任务。

（3）工具辅具不同。职业工作场配套的工具和辅具较为齐全，且工具、辅具的规格、精度、性能、价值、数量等均不同于学习场所。

（4）质效要求不同。工作项目有明确的质量标准，为达到标准，通常配备了专门的检测设备和检测人员，还有更为严格的成果交付要求。课程实施的任务项目的质量标准、检测方式、成果交付方式等均不同于工作项目。

因工作项目和教学项目之间存在着显著差异，课程教学任务就不可能照搬照抄工作项目，开发者需基于课程实施的现有条件和具体教学目标，对工作项目及其实施工艺进行再造，研制有别于工作项目成果的质效评测标准，使之符合学校条件、课程教学目标，以及学生现有的技术技能水平。为此，开发者需要亲力亲为，反复验证，投入极大的时间和精力成本。

（二）任务课程实施难

任务课程开发完成后，还将面临实施难的问题。一是教学任务项目实施前，教师需要熟悉环境、调试设备、准备材料与工具等。接着教师需要投入大量的时间和精力，反复练习至娴熟境界，且对于实施过程中可能出现的各种问题，要准备好快速解决的预案。二是在教学实施过程中，教师需要始终如一地高度把控学生的安全。例如在电气线路连接操作中，由于电气线路中有380V交流电，教师承受的安全监控责任特别重大。三是在实施教学任务项目过程中，教师需要监控众多学生的任务进程，及时解答困惑和疑问，在相同的教学学时内，教师的付出是讲授学科课程时的很多倍。

（三）任务课程实证难

开发者须为每一个项目的实施成果建立相应的质效评价标准和方案，以实证学生的学习成效。由于不同的教学任务项目对应着不同的学习成果形态，故不存在一个“万能”的质效评价标准。然而在一个专业中，任务课程的学习成果形态总是可以归纳为3—5个典型形态，只要学习成果是物化的，开发者就总能找到合适的评测标准和方案。现以“零件数控铣任务项目”为例，揭示建立质效评测标准和方案的过程。

1. 基于三坐标测量仪评测

当学校配置有三坐标测量实训场所时，开发者会将三坐标测量作为一个质量检验工作步骤，纳入零件的数控铣项目。学生完成零件数控铣后，使用三坐标测量加工零件的精度，完成一次任务项目质效的自我测评。具体方案如下：

（1）目测评测。目测零件外形并和图纸比较。若和图纸完全一致，获得50%的外形分值，一处不符合随即扣除一定分值，扣光为止。

（2）精度评测。外形有扣分的成果精度评测分为0，只有外形和图纸目测完全一致的成果，才能进入精度评测环节。此环节用三坐标评测精度，精度符合要求的获得40%的分值；精度不合格者，根据不合格的数量和误差，在40%的范围内扣除一定分值。

（3）用时评测。记录零件加工的用时，在规定用时内完成者获得10%的分值。超时在10%范围内扣分，扣光为止。外形有扣分的成果用时评测分为0。

（4）累加分值。每一个成果实施者的质效评测总分＝目测评测分＋精度评测分＋用时评测分。

2. 基于常用测量工具评测

在没有三坐标测量仪时，又该如何完成40%分值的精度实测？开发者只能采用常规测量工具评测的方案。具体是对每一个完成的零件进行临时加密编号，再由学生随机抽取一个编号的零件进行检测，测量的尺寸可限定为少数几个关键尺寸。

3. 复杂零件的制图评测

职业本科专业学生绘制的机械零件工程图需达到企业工程师的水准。但何谓企业工程师水准？如何实证？由谁来评测？

以较复杂机械零件绘制的教学任务项目为例：

(1) 标准的形成步骤和思路。

①将学生绘制的机械零件工程图上的一系列缺陷进行归类分析。

②针对各种典型缺陷，逐一提出绘制、设计的规范与要求。

③将各种典型缺陷以及改进的规范与要求汇集成可供学生对照自查的质效检测标准文件，或者将之标注在由企业工程师绘制的标准工程图上供学生对照自检。

④将学生绘制的已全部符合检测标准的工程图纸交由企业工程师评判，评判通过后就验证了质效检测标准的有效性。

⑤然后将验证有效的工程图质效检测标准用于教学中。依据这一标准，通过学生自测改进与教师抽测相结合的方式，学生绘制工程图的水准就能逐渐向企业工程师的水准靠拢。

(2) 工程图自测的通用条款。

①视图间“五留”。工程图各视图的尺寸标注完成后，各个视图之间要留有较为均匀的空白，各个视图与图框之间也要留有较为均匀的空白，概括为“五留”，即留上、留下、留左、留右、留中。以A4图纸为例，每处留白宽度≥10mm。

②视图数量和类型。零件工程图中的视图，在能够清晰和完整表达的前提下，视图数越少越好，如轴套零件只需一个视图即可满足要求。软件作图时，为了易于理解，应在视图中放置一个三维模型。

③同地标注。一个视图中，一个方向的同类尺寸尽量放在同一个地方，这样读图时可避免四处寻找尺寸，概括为“同地”。例如，零件的所有高度尺寸均出现在一张视图的右侧等。

④等距标注。同一视图上、同类同方向和同位置的尺寸之间的距离要均匀，概括为“等距”。

⑤靠近标注。尺寸位置应靠近标注对象。

⑥对齐标注。相邻视图上的同向尺寸的尺寸线要相互对齐。

⑦集注优先。例如，一个上大下小的阶梯式两孔的标注，按照完全标注法，需要标注两个孔的孔径、一个孔的深度和一个两孔的总深度，共四个尺寸。用集中标注法标注时，只须标注两孔的总深度以及上面大孔的孔径，并在大孔孔径中集中加注文字，例如“Φ10扩孔Φ16深15”，标注尺寸仅有两个。标注时应优先采用集注法。

4. 任务课程衡量指标设定

在每一位学生的任务成果实现质效评测的基础上，还需实证每一位学生是否达成了任务目标，以及实证学习该课程的全体学生是否达成了任务目标。

课程的任务教学项目的实施目标是学生获得合格的任务成果，在任务课程中，这是课程教学目标的关键性条款。专业开发者须提出适当的衡量指标，给每一门任务课程规定最低的任务成果产出标准，以监控课程的任务教学项目实施效果，推动后续的改进。一门课程的任务教学项目的成果产出标准主要包括两项：

（1）一位学生获得任务成果的标准是，任务成果质效评测分≥70分；

（2）一门课程达成任务项目成果产出的标准是，任务成果质效评测分不低于70分的学生数占学生总数的比例≥75%。

（四）教师层面化解三难对策

1. 规定任务课程开设标准

开发专业课程时，若可在学科课程和任务课程之间任意选择，则由于任务课程的实施难，多数教师会选择按学科课程开发。为此，专业人才培养方案中要提出任务课程设置标准，对于职业本科专业，至少有一门专业核心课程必须开发为任务课程。

2. 给予任务课程合理报酬

任务课程实施中的实际付出和投入远大于学科课程，但若实施者的授课报酬与学科课程没有差别或差别很小，那么即使专业已开发了任务课程，久而久之也会习惯性地滑回到学科课程。故而管理者在比较任务课程和学科课程的实施付出比的基础之上，须给予任务课程的实施者合理的授课报酬。

3. 疏通任务项目输入渠道

职业本科专业课程需要不断补充新技术、新工艺和新规范（简称“三新”）等教学内容。补充“三新”内容须有可靠的任务项目输入渠道，但“三新”已上升为企业核心资源，是其竞争力的源泉，因此想从企业低成本获得“三新”资源是不切实际的。当下，“三新”特征的任务项目有三条输入渠道：①从帮助企业解决技术问题的实用性科研成果中转化的渠道；②从指导学生参加高层级技能竞赛中转化的渠道；③从引入具有“三新”

特征的职业技能等级证书认证项目中转化的渠道。但若缺失教师将成果转化为任务项目的制度性安排，或者教师完成转化后没有合理报酬，输入渠道就会堵塞，“三新”引入也将难以为继。

4. 研制“三新”任务项目教具

针对任务项目实施中的技术难题，研制化解难题的教具。例如，针对电气装调任务项目中接入380V交流电的巨大安全风险，在教具上加装漏电保护装置，或者开发36V和24V安全电源替代380V交流电源；又如针对高价值教学设备数量少而学生人数多的难题，开发虚拟仿真教学系统，用以替代一部分基础性训练环节；再如研发监控多个学生进行安全操作和直播教师操作视频的多任务教学系统，以缓解教师少而学生多导致安全监控困难等难题。

三、毕业要求的教学载体

每一项毕业要求对接到课程后，每一门课程就需要有合适的教学载体。那么在现实中，对于社会责任、劳动观念、职业规范、团队合作、沟通交流、终身学习6项毕业要求，合适的教学载体是什么？又如何实证教学成效呢？

（一）说、做、证一致性要求

按职业本科专业评价规范实施、专业认证的要求，毕业要求的承接课程必须达成“说、做、证”一致。

“说”即每一门课程要明确每一项毕业要求的课程教学目标。

“做”即每一门课程要明确以课程教学目标为导向所实施的教学活动，以及对学生课程学习过程中的跟踪与评估的措施与做法。

“证”即每一门课程为证明已达到课程教学目标而提供的与“说”和“做”一致性的证据。

（二）学科课程的难证性

社会责任、劳动观念、职业规范、团队合作、沟通交流、终身学习6项毕业要求是对个人核心能力的高度概括。检验核心能力的培养成效需要依据个人在现实环境中的行为取向和行为结果。学科课程在其擅长的知识传授过程中，采用考试方式很容易实证学生知识积累的程度和水平等级。而在教学过程中，如果学生不能表现出与上述6项毕业要求相对应的行为，学科课程就无法承接上述6项毕业要求。

在工程教育认证活动中，有的专业开发者设想开设相应的课程对接毕业要求，或在课程中开辟若干环节对接毕业要求，专门讲授相关的知识。但在这类课程中，何以实证学生的达成效果？即使学生做到了背诵全部知识，并在考试中对答如流，仍无法实证学生能够在实际操作中将知识付诸行动，更无法实证学生在付诸行动后，能达到什么层次的成效。还有一种可信度极低的实证方式是，开发者设计了包括6项毕业要求的达成度调查问卷，以此询问学生有没有达到毕业要求，或是学生认为自己已达到了什么层次。

（三）教学载体开发原则

当下，对接毕业要求的课程开发尚处于探索阶段，课题组总结后形成了三条开发原则。

1. 基于任务项目

基于任务项目原则，强调汲取6项毕业要求中的内涵要素，将之加载到具体课程的具体任务项目中，让全体学生在完成任务项目的过程中，养成倾向性的行为习惯和获得正向的行为结果，并依据学生可观察的行为习惯和行为结果的质效水平，进行达成度评价，并形成相应证据。

2. 立足一招实用

有研究者从理论研究角度，深入分析了6项毕业要求的实施难度和成因，却没有提供相应对策；也有研究者提出了一整套解决思路，但每一条解决思路均与学校无关，都是对政府、行业和企业的呼吁。立足一招实用原则，强调从学校和专业实际出发，摒弃一次性解决问题的速成思想，针对一项难题，提出一项可实施办法，解决一个是一个，想出一招是一招。

该原则忌先从理论层面进行一项毕业要求的完整性定义，然后要求用一个实施办法解决定义中的所要要素；强调先从实践出发提出解决或缓解定义中的关键要素和关键特征的办法，且立足解决在学校教学环境中真实存在或等效存在的关键要素和关键特征。

3. 先实后理再实

本原则强调，建构6项毕业要求的教学载体须遵循先实践尝试求解，后在理论层面解析事理，再回到实践补充完善的次序。一项针对性的毕业要求教学载体提出后，重要的不是先在理论层面充分讨论，而是要先在实践中试行。在试行中证实有成效的办法，也要及时在理论层面深入解析其内在事理和逻辑。经过理论层面论证的办法要及时转换为规范或标准，用于指导后续实践，并在实践中进一步完善。

（四）一门课程的开发案例

机械加工基础训练Ⅰ是专业群内一门共用的专业基础课程，学时1周，学分1个。开发了小榔头、支架导轨、片状锁钥3项教学任务项目，供群内专业选择其中1项实施。根据专业群课程方案规定，课程对接了技术知识、技能积累、劳动习惯、职业规范、沟通交流、终身学习6项毕业要求（见表3-8）。

表3-8　课程承接的毕业要求案例

课程名称	技术知识	方案开发	技能积累	现代工具	社会责任	劳动习惯	职业规范	团队合作	沟通交流	终身学习
机械加工基础训练Ⅰ	★		★			★	★		★	★

1. 课程教学目标

(1) 技术知识目标。

了解划线、锯、锉、錾、钻、扩、铰、锪、攻丝、研磨、刮削、矫正、弯曲、铆接、钳装、钳修，以及使用量具、辅具、台钻、虎钳、手枪钻、锉刀、锯弓、锯条等钳工技术知识。

(2) 技能积累目标。

积累划线、锯、锉、錾、钻孔、攻丝、钳装等钳加工基本技能。

(3) 劳动习惯目标。

选择小榔头、支架导轨、片状锁钥其中一个项目的制作为载体，培育和评估劳动习惯达成度。

(4) 职业规范目标。

以“8S”（整理、整顿、清扫、清洁、素养、安全、节约、学习）活动为载体，培育和评估职业规范达成度。

（5）沟通交流目标。

以课余写作训练小结文稿、用PPT汇报演讲、录制5分钟汇报演讲、结课时的无PPT演讲等为载体，培育和评估沟通交流能力的达成度。

（6）终身学习目标。

以每天提交当天的学习记录，在结课前提交完整和完善的个人课程学习记录为载体，培育和评估终身学习能力的达成度。

2. 评价载体和标准

根据机械加工基础训练Ⅰ课程对接的6项毕业要求，逐一规定结课时的评价载体，以及研制任务项目的成果质效标准，每一项毕业要求均须规定成绩登记方式（见表3-9），以备毕业时评测每一个学生毕业要求的达成度。

表3-9　机械加工基础训练Ⅰ课程评价表

序号	评价项目	评价载体	登记成绩
1	技术知识	结课考试	五等级制
2	技能积累	钳工制作项目成果（研制对应的成果质效标准）	五等级制
3	劳动习惯	师生日志	五等级制
4	职业规范	值日生每天“8S”规范执行记录	五等级制
5	沟通交流	训练小结、用PPT汇报、录制5分钟汇报演讲、结课时无PPT演讲	五等级制
6	终身学习	结课时提交的学习记录	五等级制
7	综合评价	技能积累60%＋技术知识8%＋劳动习惯8%＋职业规范8%＋沟通交流8%＋终身学习8%	五等级制

（五）相关教学载体解析

1. 技术知识教学载体

职业本科的专业基础课程仍属于学科课程，故课程内容也遵循学科课程的知识聚合原则，即将研究对象、研究方法、研究目的、学科派生来源相近的知识聚合在一起组成课程[①]。学科课程以知识传授和积累为主，每一

①张铮，刘法虎，陈慧．新时代职业教育专业群开发研究与实践[M]．武汉：华中科技大学出版社，2022.

次授课活动就是技术知识的教学载体，结课时以试卷评测学生技术知识积累的达成度。

但在职业本科专业的任务课程中，课程内容的组织方式已转变为将任务的对象、工具、成果、知识等类同的任务组合在一起，然后围绕任务实施过程，将所需技术知识聚合成一个任务知识系统，最终实现技术知识的系统化。由于不再以知识传授为主，故技术知识的教学载体是任务项目的实施过程。

以机械加工基础训练Ⅰ课程为例，包括划线、锯、锉、錾、钻、扩、铰、锪、攻丝、研磨、刮削、矫正、弯曲、铆接、钳装、钳修，以及使用钳工量具、辅具、台钻、虎钳、手枪钻、锉刀、锯弓、锯条等技术知识。

任务课程的技术知识承载在任务完成全过程的各个环节中，因此缺少了学科结构上的系统性。若在课程教学中还缺失了必要的系统化的疏理和评测，则课程中的技术知识也就无法实现系统化。故在任务课程中，结课时对技术知识进行一次简短但较为系统化的考核是不可或缺的。建议每门任务课程按考核时题量的5—10倍，开发课程考核自练自测题库，供学生考核前自行练习。这种考核前的自练自测，有助于学生实现技术知识系统化的自我建构。

2. 方案开发教学载体

方案开发与技能积累这两项毕业要求的并重和融合，对应了职业本科专业技术技能的培养定位。方案开发毕业要求承接课程是综合性课程，课程内的任务项目也具有综合性。所谓综合性课程，并不是将若干门课程拼凑在一起，而是在先导课程已完成了各项单项技术和技能训练后，开发一项将之前所学的若干项技术和技能综合于一体的任务项目的课程，在综合性课程及综合性的任务项目中，将方案设计和方案实现融于一体。根据专业评价通用规范，每一项毕业要求在专业课程体系中的对接频次≥3，使学生至少经历3次方案设计和方案实现一体化的过程，从而符合技术与技能融合的培养定位。

方案开发毕业要求承接的任务项目还需具有创新性。创新性的任务项目包含了一部分先导课程中未学的或未练的知识、技术和技能等，任务项目方案设计前，学生需自学新技术知识，并在实施任务项目的过程中，摸索和积累新技能，当历经学习和挫折后，最终完成任务项目，一个完整的创新训练过程也就完成了。在类似的完整创新训练过程中，经历3次以上的循环后，学生就积累了方案开发的经验。

方案开发毕业要求承接的任务项目宜小，可供学生在规定的课时（通常≤2周）内完成项目任务，同时一门课程中的任务项目须有足够的数量，最好是人均一项，项目间体现差异性，以保证每一个学生均得到训练。若需要团队合作完成，则团队之间的项目也须具有差异性。

3. 技能积累教学载体

职业本科专业学生发展一项以上的优势技能，是由职业教育就业导向的类型特征决定的，也是提升学生更充分更高质量就业能力的一项重要举措。技能积累毕业要求的教学载体是3门左右的课证融通课程，学生通过课证融通课程的学习，具有获得一项以上行业和企业认同的职业技能等级证书（等级水平≥高级工）的能力。

故每一个职业本科专业需要推荐一项行业企业认同的职业技能等级证书，并围绕该证书，开发3门左右的课证融通课程。在此基础上，专业内还需要设立专门的职业技能等级证书培训基地，开发对接课证融通课程的专项获证培训综合课程，帮助学生获得职业技能等级证书，实现学生就业竞争力的提升。

4. 现代工具教学载体

现代工具的代表是工业软件，广泛应用于电子信息、机械、汽车、航空航天、石化、钢铁、食品饮料、医药等行业。随着制造业对机器、工艺、产品、传感等的数据加大价值挖掘，工业软件已深度嵌入信息流（数据）的采集与管理、工艺模型的构建与优化、设备的控制与调度等工业生产的流程中。职业本科专业引入现代工具，强化应用教学，已是大势所趋。

大部分职业本科开设了专门学习工业软件的课程，但若课程内仅有学习软件工具本体功能的内容，没有相应的使用软件工具完成较为完整的任务项目的内容，则该课程并不具备承接现代工具毕业要求的条件。更为重要的是，在专门学习工业软件课程之后，学生会寻求所学工业软件在后续课程中的使用，教学载体应主要设置于后续的综合性课程中。其中的综合性任务项目需包括数据采集与管理、工艺模型的建构与优化、设备的控制与调度等突出现代工具应用的内容，同时为之制定相应的项目成果质效评价标准，保证相关工业软件在课程中的使用频次≥3。

5. 社会责任教学载体

专业通用评价规范中，社会责任的毕业要求是能够评价本专业产品或服务解决方案与社会环境、公众健康、资源消耗、国家战略和法律文化的关联关系，承担为社会提供有益产品和服务的责任，做到趋利避害。在诸多的毕业要求中，社会责任外化为学生的行动，同时又要结合专业领域的产品、服务和技术，对课程开发者来说是一个挑战。

当下，可持续发展已成为国家战略，职业本科专业有责任在专业开发过程中聚焦绿色发展、生态文明等主题，不断充实相关的课程教学内容和任务项目。在制造类专业中，只要提出了适宜绿色制造和生态文明理念的任务项目，就可以较好地承接社会责任毕业要求。例如：在产品设计和制作任务项目中，可回收可拆卸的结构设计、降噪防护设计、对环境友好的少废液加工方案、电气安全环节的设计、废品预测和提前干预等，均是适宜的任务项目。

6. 劳动习惯教学载体

劳动习惯要在真实的劳动环境中培育。教育部印发的《大中小学劳动教育指导纲要（试行）》中，提出适合职业本科实施劳动习惯培养的课程教学载体主要包括：①职业院校开设劳动专题教育必修课，不少于16学时，主要围绕劳动精神、劳模精神、工匠精神、劳动组织、劳动安全和劳动法规等方面设计；②专业课在进行职业劳动知识技能教学的同时，注重培养“干一行爱一行”的敬业精神，以及吃苦耐劳、团结合作、严谨细致的工作态度。

对于承接劳动习惯毕业要求的课程，开发者要从课程任务项目中提炼出体现劳动习惯培养的核心要素，将之转化为任务项目的具体实施要求和目标，然后才有可能将之贯彻在讲解说明、淬炼操作、结课评测等环节中。

以机械加工基础训练I课程为例：

（1）讲解说明环节。围绕好的劳动习惯是什么，不良的劳动习惯是什么，有重点地进行讲解。让学生懂得如何体现眼中有活、今日事今日毕，指明“等、靠、要”（等别人做、靠别人做、要别人做）的危害，让学生明辨是非，认清事理，同时讲解实践操作的基本原理、程序、规则，将之与正确使用工具的方法和技术等结合起来。

（2）淬炼操作环节。围绕如何做的问题，注重示范与练习，让学生爱劳动、会劳动。强化规范意识，注重从最基本的技法学起，引导学生关注细节，每个步骤、环节都要精准到位。注重引导学生对操作行为进行自评估与自监控。

（3）结课评测环节。围绕"勤、细、技"三个核心指标，建构简明易测的劳动习惯达成度评价标准。组织学生相互举荐身边典型的"勤、细、技"事例和人物，交流分享劳动的体验和收获，肯定具有积极意义的认知，纠正观念上的偏差。宣扬劳动习惯显著改善的事迹，使学生在劳动中获得成长。

7. 职业规范教学载体

职业规范是个人职业方面的道德，既有公共道德准则，又有特定职业内的准则。在课程内实现职业规范教学，无法也无必要覆盖所有道德准则。根据立足一招实用原则，日常课程中诸如：不迟到早退、不做与课程学习无关的事、着装不正时不入课堂、不带食物进入课堂、爱护教学设施、不抄袭作业、考试不作弊、实践现场执行"8S"规范等，均与职业内的具体准则有着"实质等效"的关系。每一门课程需结合教学需要，从中选择若干重点条款，将之融入教学任务项目中，成为职业规范的教学载体。

在机械加工基础训练Ⅰ课程中，选择日常的"8S"规范作为课程内职业规范的教学载体，课程组依据可评测的原则形成了8条评测标准条款，每天由值日生记录各工位执行情况，与教师的记录数据汇集在一起，评定每一位学生实际的行为等级。

8. 团队合作教学载体

课程承接团队合作毕业要求须以团队协作式任务项目为基础。项目通常由3—5位学生合作完成。以一个40位学生的班级为例，团队合作式任务项目数应有8—10个，一个任务项目可划分为相对完整的3—5个子任务，每一个子任务均含有一部分需要自主学习的新技术和新技能，项目负责人由合作组自主确定，通过制定项目实施计划，区分每一个子任务的承担者。由于各个子任务之间具有关联性，参与项目的学生只有相互协作、配合良好，才能在规定的较短时间内完成项目任务。

为了使团队合作的教学成效具有可评价性，组织者需事先确定任务项目实施目标，规定预期的成果标准和完成时限等，若时限过于宽松，就会由“3—5人协作完成”变为“一人替代多人完成”。每一位成员的分工和成果完成标准，须在任务项目实施计划书中事先规定。事后每个成员团队合作水平的评价方案是：教师依据项目完成时限和质量，按标准评定协作组的团队协作总成绩，再将这一总成绩转换为具体的分值，由协作组内部依据个人的团队角色、作用，以及对他人提供的帮助等要素，在总成绩限定的范围内确定成员的具体评价成绩。

9. 交流沟通教学载体

交流沟通的基础是以他人易懂的方式，清晰、有逻辑地表达自己的技术意图、决策意图或者其他意图，在职场中也是管理能力的基础。故交流沟通能力是毕业后职业生涯发展的核心能力，但在以往的工科类职业本科专业的培养过程中不太重视。

交流沟通能力是可以通过课程学习获得的，关键在于确定适宜交流沟通的“话题”。在机械加工基础训练I课程中，“话题”就是汇报任务项目的收获和体会。有了“话题”，又该如何落实呢?

首先将交流沟通这一抽象的能力培养要求转化为制作发言文档、制作发言PPT和公开发言3项具体任务项目。发言文档是一个口语化、逻辑合理、字数符合口头时限要求的文档，PPT是一个基于发言的文档，它是提炼各层级的标题，以及呈现每级内容的关键句或关键词的辅助发言文档。

交流沟通又可以分为三个水平等级。第一等级是依赖PPT进行顺畅的发言。教学步骤是：第一等级是课余学生撰写发言文档、发言PPT；学生自我练习至顺畅后，自制发言视频。第二等级是学生在一个面向众人的场合，在限定时间内，用PPT配合，不怯场地进行顺畅发言。方法是在达到第一等级作品中，按比例选择优者，进行一次现场发言的评测。第三等级是学生在一个众人参与的场合，不借助发言稿和PPT，顺畅地完成限时和限主题的发言。方法是在第二等级的学生中，按规定比例选择更优者，临时指定一个“话题”，在极短准备时间后，完成无发言文稿、无PPT、限主题和限时的即席发言。

至此，本节已对职业本科专业通用评价规范中除终身学习外的前9项毕业要求的教学载体进行了解析。

终身学习是一项有着较高教育难度的毕业要求。

从课程角度看，每一门课程均可承接终身学习毕业要求，也都有责任承接终身学习毕业要求，只有对每一门课程的全程坚持，学生终身学习的能力和习惯才有望逐渐养成。鉴于此，课题组坚持在每一门课程中推广学习记录任务项目，旨在探索解决当下职业本科面临的现实课程问题，最终提供终身学习毕业要求的有效实施方案。

四、学习记录任务项目

任何教学设计均将依赖于课堂中全体学生高度的学习投入，若在现实的课堂中，高度的学习投入者只占少数，那么一切美好的教学设计和教学期望终将化为泡影。

（一）两个基本假设

许多课程开发者和教学实施者都有两个基本假设。一是假设每一个学生都是愿意学习的；二是假设每一个学生都具有超长时间集中注意力的本领。第一个假设只存在于教学伦理中，在现实中却找不到支持这种假设的可信证据。第二个假设下的每一位学生都具有强大定力、听力和记忆力，故教师只需要在45分钟内连续不断地教学，学生只需要端坐45分钟，就可学会全部，然而现实证明这仅是一种幻觉。

实验发现，一个人注意力集中的时间峰值很难超过15分钟，通常水平也就是8—10分钟而已；一旦超过了注意力集中的时段后，注意力就会分散。随后的注意力再次集中的时段又是渐次下降的。我们在大多数现实的课堂中看到的是，授课8—10分钟后，低头看手机者和瞌睡者就会逐渐增多，这是为何呢？答案是学生注意力集中的时段过去后，他们在课堂端坐之外，几乎无事要做。

（二）学习记录项目

为了改变学生端坐之外无事要做的状态，课题组提出将学习记录作为每一门课程的任务项目，同时用以承接终身学习毕业要求。

具体设计是在每一次教学活动临近结束前，学生必须提交本次教学活动的即时学习记录，作为本次教学活动的考核项目之一，在课程总成绩中分摊有对应的成绩积分。即时学习记录用手记方式形成，通过学生手机上的扫描软件转换为PDF文件，于本次教学活动结束前上传至指定路径。

（三）不再无事要做

提出即时学习记录任务项目的初心是将学生“端坐、无事要做”的状态，转变为“听讲、快速记录”状态。为此，即时学习记录有着严格的提交规定，在每一次教学活动结束时，平台均将自动关闭提交通道，延时提交将无法进行。由于课程评价标准中已经规定了每一次提交的即时学习记录分摊的成绩积分，学生为获得每一次的成绩积分，就需要集中注意、努力听讲、快速记录、及时提交。通过对比调查，无事要做的状态结束后，课堂中玩手机、打瞌睡等现象的比例大幅降到20%以内。

（四）求善学习记录

从学理方面分析，推行即时学习记录，学生的学法从单一的听觉输入法，转变为听觉和记录的双重输入法。有了即时学习记录，学生课后恢复知识记忆就有了线索，继续完成课程知识的自我建构也有了基本框架。

课题组在即时学习记录的基础上，又提出了求善学习记录。求善学习记录要求学生在课余对即时学习记录进行补充、概括和重构，形成求善学习记录。

“补充”是指通过课余复习和拓展学习，补充新内容、新案例和新感悟等；“概括”是指对每一次的即时学习记录的标题进行关键词的概括提炼，同时对每一段相对独立的内容赋予概括式的分级标题，对每一段的具体内容进行精简化处理，删除原话整句的抄录，代之以关键句或关键词；“重构”是指将补充和概括后的学习记录，重新按学生自己理解的逻辑次序进行构造，形成一次较为精简、逻辑通顺的求善学习记录。

（五）提供规范要求

求善学习记录的完成需要较为强大的自学习能力作为支撑，同时也能帮助学生逐渐获得自学和终身学习能力。达成这一目标的基础是学生必须提交规范的求善学习记录。一个新的问题是，如何判断求善记录是否达到规范要求？课题组提出了以样式和要求注释的方式呈现的求善学习记录的规范要求，用于学生对照自查和教师评定成绩。

×××××××××[①]学习记录

班级:××××× 学号:××× 姓名:××× 日期:××年××月××日[②]

一、××××××××××××××[③]

……

二、××××××××××××××

……[④][⑤]

课余作业:

题一:××××××××××××××[⑥]
解: ……
题二:××××××××××××××
解: ……[⑦][⑧][⑨][⑩][⑪]

---

①本讲(次)名称,学生可自拟,本项若缺不予评阅。即时学习记录的制作材料是学校统一的作业本,作业本内页可自由拆卸、插入。书写工具规定为铅笔,便于学生课余修改。求善学习记录是基于即时学习记录的进一步补充和改进,每一次教学活动中布置的课余作业,附于该次求善学习记录之后,与本次教学活动的课后作业合并为一个提交文件。

②班级名称、学号、姓名、日期中缺任一项,均不予评阅。

③本讲(次)的第一个内容标题,总标题数必须大于教师实际讲授的标题数,鼓励学生自拟标题名称,自行划分段落内容。标题数不能概括本段落内容,或标题不具有内容意义的、无标题的,均酌情扣分或不予评阅。

④每一讲(次)学习记录字数≥1000字,字数不足不评阅,内容记录时提倡提炼关键句、关键词,提炼得当加分。反对大段抄录,大段抄录扣分。

⑤每1个求善学习记录须有30%以上的补新内容,不足者扣分。

⑥题目内容,缺项扣分。

⑦用扫描软件扫描手写的记录,生成1个PDF文档,在截止时间之前上传至指定平台。

⑧提交的PDF文档必须以“学号+姓名”命名,学号必须采用统一规定的学号,否则不予评阅。

⑨字体字号基本统一,接近仿宋,字体潦草者不予评阅。

⑩本讲(次)的作业遵循相应的作业任务质效标准。

⑪学习记录要多用手工图记录内容,每一张图均须标注图的序号和图的名称,每张图折算50字,无图的学习记录扣分。

（六）项目价值所在

其一，每次教学活动，学生产出1个即时学习记录和1个求善学习记录，通过每门课程和每次教学活动持续不懈的努力，学生书面沟通能力就悄然形成了，为后续的口语沟通和即席发言能力的培养奠定了基础。

其二，按照“当天记录当天提交”的规则，教师将每次教学活动结束后的5分钟作为即时学习记录提交的截止时间，下一讲（次）教学活动实施前是求善学习记录的提交截止时间。这一规则的长期坚持，逐渐培养了学生“今日事，今日毕”的职业习惯，以及“学有所悟，必有所记”的终身学习能力。实践中教师应坚持不接受超时提交即时学习记录和求善学习记录，因为一旦允许随意延期提交，不仅相互抄录学习记录将成为常态，同时也姑息了“拖拉”“过而不记”的不良习惯，久而久之，各项培养目标都将落空。

其三，教法改革是教师提升课程教学质量的核心。然而，教学质量提升的实证又是什么？不同的课堂有着不同的实证方法，就职业本科课堂而言，低头玩手机和瞌睡的学生越来越少了，聚精会神思考和记录教学内容的学生越来越多了，说明教师选择的教学方法肯定有效了，教师教学质量提升的实证也就充分了，学习记录任务项目的提出达成了提升课程教学质量的使命。

（七）三个推广举措

学习记录任务项目对于改进教师教法、学生学法有着重要价值，需要在职业本科专业学习的全过程推广。实施学习记录任务项目极大地提高了学生的学习投入，但不一定会得到学生的赞成。相反，若该项目仅在少数一两门课程实施，因频次过小，教学效果的巩固度不太明显，学生也会感觉付出多于其他课程，短期又不见快速回报，其反对声会明显多于其他课程。如果在每门课程的每次教学活动中都进行推广，上述负面效果就将减至极低水平，正面效果必将显著放大。以下三项举措有助于课程推广学习记录项目。

1. 引入“有限开卷”规则

即在课程测验、考查和考试中，允许并仅允许学生携带和翻阅自己的求善学习记录，甚至设置少量可在求善学习记录找到答案的试题，以提高学生产出高质量求善学习记录的自觉性和积极性。

2. 探索教师便捷批阅法

实施即时学习记录和求善学习记录任务项目后，教师则需要较好解决便捷批阅大量学习记录的问题。这是一个“最后一公里”的问题，若教师的批阅工作量大幅提升，同样没有可以弥补的回报，该项教学改革也就注定难以实施和不可持续。

一个有效减小批阅量和批阅时间的方案有4个技术关键。

其一，严格规定学生提交即时学习记录和求善学习记录两个文档的命名规则。例如以“学号＋姓名＋即时/求善＋学习记录”的规则命名文档。

其二，严格规定学习记录的头部格式和信息，特别是头部信息中要有明确的1讲（次）的名称、学号以及学生姓名等。

其三，基于以上两项要求，教师可以将1个班级提交的学习记录快速生成1个PDF文档。如此，教师只须打开PDF文档1次，即可批阅全班所有学生1讲（次）提交的学习记录。

其四，允许教师适当控制1门课程的批阅次数。例如，规定每位学生仅须批阅3次，分别为首次批阅、前三次批阅和期末批阅等，允许教师每次批阅只须给出一个成绩分值等。

3. 让学生尽早感知收益

对于学生提交的学习记录，特别是第1次至第3次的学习记录，及早公布学习记录的批阅结果和批阅成绩，可让学生尽快感知提交较高质量学习记录的“收益”，对于提升学生产出学习记录的积极性至关重要。

五、毕业要求评测与登记

（一）一门课程的评测与登记

每一项毕业要求均将由若干门课程承接，而在每一门课程中，均须将承接的每一项毕业要求作为课程教学目标予以落实。于是在课程结课时，就产生了一项重要的课程评测内容，即对每一位学生的毕业要求达成度进行评测和登记。举例如下。

(1) 一门课程承接了技术知识、技能积累、沟通交流和终身学习4项毕业要求，课程标准设计时，需提出相应达成度评测方案，该评测方案可以对每一个学生每一项毕业要求的达成度均给出较为确切的量值。

(2) 一位学生课程毕业要求的达成度如下：技术知识达成度量值=85(百分制)；技能积累达成度量值=5（五分制)；职业规范达成度量值=4(五分制)；终身学习达成度量值=4（五分制)。

根据现有的课程管理传统，课程标准中仍保留课程综合评价成绩方案。例如：该课程的综合评价成绩=技术知识×25%+技能积累×35%+职业规范×20%+终身学习×20%。若课程综合评价成绩采用百分制，就需将技能积累、职业规范和终身学习3项毕业要求评测成绩折算成百分制成绩，按上式计算得到一个学生的综合评价成绩。

于是，该课程结课时，每一个学生将得到5项成绩，即课程综合成绩、技术知识达成成绩、技能积累达成成绩、职业规范达成成绩和终身学习达成成绩，每一项成绩均须登入学生的学习档案。只有这样，才能建立一个专业学生毕业时关于各项毕业要求达成度的科学评估数据体系。

(二) 毕业要求达成度的评估

一个学生毕业时，每一项毕业要求的达成度如何评估？一是要提出一个合理的、计算较为简便的量化评估指标；二是要提出基于量化指标的较为简便的指标计算法。

例如：在一个人才培养周期内，一个学生的技能积累毕业要求由8门课程承接，如表3-10所示。平均绩点可较为合理地表达该学生毕业时，技能积累的达成度水平。

对于五等级制成绩，绩点=五等级制成绩-1。即该学生8门课程绩点分别为4、3、4、3、2、4、2、4。

表3-10　一个学生技能积累达成度评测成绩清单示例

姓名	课程1成绩/学分	课程2成绩/学分	课程3成绩/学分	课程4成绩/学分	课程5成绩/学分	课程6成绩/学分	课程7成绩/学分	课程8成绩/学分	平均绩点
×××	5/4	4/3	5/2	4/2	3/3	5/3	3/2	5/2	3.29

1. 一个学生技能积累达成度的平均绩点

平均绩点是综合评价在校期间所有课程平均学习质量的一个特定指标。平均绩点=Σ（课程绩点×课程学分）/Σ课程学分。

该学生毕业时技能积累达成度的平均绩点=（4×4+3×3+4×2+3×2+2×3+4×3+2×2+4×2）/（4+3+2+2+3+3+2+2）=69/21≈3.29。

将一个年级全体学生技能积累达成度绩点汇总，即可计算得到全体学生毕业时技能积累达成度的平均绩点=Σ每一位学生的平均绩点/学生数。

同理，一个学生毕业时的每一项毕业要求达成度的平均绩点，以及一个年级全体学生毕业时技能积累达成度的平均绩点均可按汇总后计算得到量化性数值。实际教学管理中，通常按上述算法设计相应的软件，完成上述数据的自动汇总和自动计算。

2. 毕业要求达成度平均绩点的价值和应用

若有需要，学校可为每一位毕业生提供在校期间每一项毕业要求的平均绩点，以全面描述该学生的各项能力水平，也为用人单位提供重要参考。

在未来的职业本科专业教育认证中，一个专业各个年级的一组毕业要求平均绩点数据，将科学地描述该专业每一届学生毕业要求的达成度水平，是该专业落实每一项毕业要求的最为客观的证据。

若有必要，可以将各年级毕业生的毕业要求达成度平均绩点进行比较研究，客观地描述本专业每一项毕业要求的培养效果趋向，对于未达成毕业要求培养的事项，可以进一步定位未达成的课程及未达成的课程项目，从而提出针对性的改进措施。

第四章　职业本科数控技术专业开发案例

在全面检视相关专业的基础、特色和机遇后，决策者依据政策和自身条件，确定若干个职业本科专业的开发项目，接着就进入了职业本科专业开发阶段。这一阶段，开发者需要得到翔实的专业设置可行性报告、所属专业群课程方案和专业人才培养方案等开发成果。本章以职业本科数控技术专业为例，介绍了专业开发的主要成果——专业设置可行性报告、所属专业群课程方案、专业人才培养方案等，旨在为职教界提供一个可参考、可借鉴的样本。

第一节　专业设置可行性报告

数控技术是通过数字信息对机械运动和工作过程进行控制的技术。它集传统的机械制造技术、计算机技术、现代控制技术、传感检测技术、网络通信技术和光机电技术等于一体，是现代制造业的基础技术，具有高精度、高效率、柔性自动化等特点，对制造业实现柔性自动化、集成化和智能化起着举足轻重的作用。[①]

一、行业企业调研分析

职业本科数控技术专业面向机械设计工程技术人员、机械制造工程技术人员、智能制造工程技术人员等职业，复杂零件数控加工工艺编制、工装设计、多轴数控加工编程、多轴数控机床操作、智能制造加工单元装调与维护等岗位（群）。[②]

①吴睿.数控加工技术[M]. 西安:西安电子科技大学出版社,2015.

②教育部.高等职业教育本科专业简介[EB/OL].[2023-01-10].http://www.moe.gov.cn/s78/A07/zcs_ztzl/2017_zt06/17zt06_bznr/bznr_zdzyxxzyml/gaozhiben/.

（一）行业企业政策环境分析

1. 装备制造业政策环境持续向好

职业本科数控技术专业属装备制造大类，装备制造大类又是制造类的重点领域，随着制造强国战略的持续推进，这一领域的外部政策环境持续向好。党的十九大报告指出，“加快建设制造强国，加快发展先进制造业，推动互联网、大数据、人工智能和实体经济深度融合”。

《江苏省“十四五”制造业高质量发展规划》提出，“到2025年，制造业在全省经济中的支柱地位和全国的领先地位巩固提升，重点先进制造业集群综合竞争力明显增强，率先建成全国制造业高质量发展示范区，基本建成具有国际竞争力的先进制造业基地。到2035年，全省制造业自主创新能力、全要素生产率、国际竞争力大幅提升，制造业与生态环境、社会发展等更加协调，有力支撑我省在全国率先基本实现现代化”。

《无锡市国民经济和社会发展第十四个五年规划和二〇三五年远景目标纲要》明确提出，“重点推动战略性新兴产业、先进制造业集群发展，积极推动现代服务业提质增效，全力推动数字经济、总部经济、枢纽经济发展，加快构建现代产业体系，努力打造国内一流、具有国际影响力的现代产业新高地”。

2. 职业本科专业开发正处政策窗口

《国家职业教育改革实施方案》指出，职业教育与普通教育是两种不同教育类型，具有同等重要地位。随着我国进入新的发展阶段，产业升级和经济结构调整不断加快，各行各业对本科层次技术技能人才的需求越来越紧迫。全国职业教育大会对“十四五”及未来更长时期的职业教育改革发展做了系统部署，描绘了构建技能教育体系、建设技能型社会的蓝图，拉开了职业本科教育开发和发展的帷幕。

《本科层次职业教育专业设置管理办法（试行）》《本科层次职业学校设置标准（试行）》等文件进一步规范了本科层次职业学校和专业的设置工作，并将之作为完善现代职业教育体系的重要工作。《职业教育专业目录（2021年）》对接现代产业体系，以及新经济、新业态、新技术、新职业，创建了职业本科教育专业体系。一系列政策文件的出台，为数控技术职业本科专业开发带来了重大的政策机遇。

（二）行业企业人才需求分析

1. 行业企业人才缺口大

教育部、人力资源和社会保障部、工业和信息化部印发的《制造业人才发展规划指南》[①]预测，到2025年高档数控机床和机器人有关领域人才缺口将达450万，占人才总量预测900万的50%。

鉴于江苏省制造业在智能化改造和数字化转型过程中的人才缺口，江苏省政府办公厅印发了《省政府办公厅关于印发江苏省制造业智能化改造和数字化转型三年行动计划（2022—2024年）的通知》[②]，提出“开展制造业‘智改数转’人才培养试点，推进产教融合、校企合作，培养制造业‘智改数转’卓越工程师及青年科技人才。实施数字化技能人才培训工程，依托工业互联网平台建设制造业数字化人才公共实训基地，培育一批高技能人才和大国工匠”。

无锡机械工业联合会调研统计显示，无锡装备制造业就业市场中，存在着普通本科毕业生规模扩张和企业新增就业岗位数缩减的第一种失衡现象。无锡装备制造企业向智能化、数字化快速转型，传统的依靠个体体能和单工种熟练技能人才的就业岗位，有被工业机器人替代的趋势。经过适切的系统性技术技能教育和培训，且能在一线实现技术产品制造或提供技术服务的本科层次技术技能人才尚存在缺口。然而，学术本科或应用本科培养的人才由于没有接受过系统的技术技能教育和培训，难以有效填补这一缺口，于是便形成了供需两侧的结构性失衡现象，即本书第一章所述的第二种失衡结构。

2. 毕业生的就业状况

本校通过线上问卷调研了本校与江苏大学联合培养项目的毕业生，调研范围为机械设计制造及自动化（数控技术应用方向）专业毕业满五年的2016届和2018届毕业生，共118人。

---

①政府网.三部门关于印发《制造业人才发展规划指南》的通知[EB/OL].https://www.gov.cn/xinwen/2017-02/24/content_5170697.htm.

②江苏省人民政府.省政府办公厅关于印发江苏省制造业智能化改造和数字化转型三年行动计划（2022—2024年）的通知[EB/OL].(2021-12-30).http://www.jiangsu.gov.cn/art/2021/12/30/art_87820_10678687.html.

机械设计制造及自动化（数控技术应用方向）专业毕业生升入研究生层次深造的学生有24人，占比20.3%；未继续深造的毕业生有94人，毕业当年的年度就业率达100%。在初始就业中，数控加工岗位占比41.5%（39人）、机械加工工艺研制岗位占比29.8%（28人）、工艺装备设计岗位占比18.1%（17人）、机械产品质量管理岗位占比6.4%（6人），以及跨专业就业岗位占比4.3%（4人）。

调研数据显示，本校的职业本科数控技术专业有着较好的就业竞争力，可实现较为充分的就业，毕业生就业岗位多居生产一线，以实现产品制造为主要工作内容。这一调研结论真实地反映了行业企业对职业本科数控技术专业人才的客观需求。

二、办学基础与专业特色分析

（一）办学基础

截至2022年12月31日，本校数控技术专业十六项办学基础数据，如表4-1所示。数据均达到或超过了本科层次职业教育专业设置要求。

表4-1 本校数控技术专业十六项办学基础数据

序号	专业资质条件	合格标准	现状数据	达成度
1	师生比	≥1:20	1:14.3	>标准值(差值为5.7)
2	研究生学历专任教师比例	≥50%	88.5%	>标准值（+38.5%）
3	博士研究生学历专任教师比例	≥15%	23.1%	>标准值（+8.1%）
4	高级职称专任教师比例	≥30%	50%	>标准值（+20%）
5	“双师型”专任教师占比	≥50%	84.6%	>标准值（+34.6%）
6	来自行业企业一线的兼职教师的专兼职占比	≥25%	29.7%	>标准值（+4.7%）
7	来自行业企业一线的兼职教师授课课时占比	≥20%	23.5%	>标准值（+3.5%）

续表

序号	专业资质条件	合格标准	现状数据	达成度
8	专业带头人资质成果	≥1—2项	3项	>标准值（+2项）
9	依托专业招生计划完成率	≥90%	95.3%—95.5%	>标准值（+5.3%）
10	依托专业新生报到率	≥85%	96.3%—96.8%	>标准值（+11.3%）
11	现代学徒制培养试点	≥1项	1项	=标准值（+0项）
12	依托专业应届毕业生就业率	≥省域高校平均水平94%	99.08%—99.36%	>标准值（+5.08%）
13	面向行业企业和社会开展职业培训人次	≥在校生人次×2	×4.74	>标准值（+2.74倍）
14	专业生均教学科研仪器设备值	≥1万元	4.17万元	>标准值（+3.17万元）
15	有省级及以上技术研发推广平台	≥1个	3个	>标准值（+2个）
16	依托专业发展的标志性成就	≥1项	7项	>标准值（+6项）

1. 师资队伍基础

截至2022年12月31日，本校数控技术专业有教师37人，其中专任教师26人（研究生学历教师23人，其中硕士学位17人，博士学位6人；具有教授、副教授、高级工程师职称者合计13人；已认定为“双师型”教师的22人），来自行业企业一线的兼职教师11人。

（1）师生比。

《本科层次职业教育专业设置管理办法（试行）》第十条要求：所依托专业专任教师与该专业全日制在校生人数之比不低于1∶20。截至2022年12月31日，本校数控技术专业有全日制在校生371人，专任教师26人，师生比为1∶14.3（371/26）>1∶20。

（2）研究生学历专任教师比例。

《本科层次职业教育专业设置管理办法（试行）》第十条要求：具有研究生学位专任教师比例不低于50%。本校数控技术专业具有研究生学历专任教师的比例为88.5%（23/26）＞50%。

（3）博士研究生学历专任教师比例。

《本科层次职业教育专业设置管理办法（试行）》第十条要求：具有博士研究生学位专任教师比例不低于15%。本校数控技术专业具有博士研究生学历的教师比例为23.1%（6/26）＞15%。

（4）高级职称专任教师比例。

《本科层次职业教育专业设置管理办法（试行）》第十条要求：高级职称专任教师比例不低于30%。本校数控技术专业具有高级职称专任教师比例为50%（13/26）＞30%。

（5）“双师型”专任教师占比。

《本科层次职业教育专业设置管理办法（试行）》第十条要求：本专业的专任教师中，“双师型”教师占比不低于50%。本校数控技术专业“双师型”专任教师占比为84.6%（22/26）＞50%。

（6）来自行业企业一线的兼职教师的专兼职占比。

《本科层次职业教育专业设置管理办法（试行）》第十条要求：来自行业企业一线的兼职教师占一定比例。《本科层次职业学校本科教学工作合格评估指标和基本要求》提出，来自行业企业一线的兼职教师占专兼职教师总数的比例不低于25%。本校数控技术专业来自行业企业一线的兼职教师的专兼职占比为29.7%（11/37）＞25%。

（7）来自行业企业一线的兼职教师授课课时占比。

《本科层次职业教育专业设置管理办法（试行）》第十条要求：来自行业企业一线的兼职教师承担的专业课教学任务授课课时一般不少于专业课总课时的20%。本校数控技术专业来自行业企业一线的兼职教师主要参与专业课、生产实习、毕业设计（论文）指导等实质性教学任务。根据学校人事部门统计的2021至2022年支付的兼职教师兼课金总金额计算可得：2021至2022年，本校数控技术专业来自行业企业一线的兼职教师承担的专业课教学任务授课课时达专业课总课时的23.5%＞20%。

（8）专业带头人资质成果。

《本科层次职业教育专业设置管理办法（试行）》第十条要求：有省级及以上教育行政部门等认定的高水平教师教学（科研）创新团队，或省级及以上教学名师、高层次人才担任专业带头人，或专业教师获省级及以上教学领域有关奖励两项以上。本校数控技术专业现任带头人王骏是江苏高校“青蓝工程”中青年学术带头人、国家课程思政教学团队负责人和课程思政教学名师。

2. 人才培养基础

(1) 依托专业招生计划完成率和新生报到率。

《本科层次职业教育专业设置管理办法（试行）》第十四条要求：所依托专业招生计划完成率一般不低于90%，新生报到率一般不低于85%。2021和2022年，本校依托专业招生完成率分别为95.3%和95.5%，新生报到率分别为96.3%和96.8%，均超过了规定值。

(2) 现代学徒制培养试点。

本校数控技术专业与无锡上机数控股份有限公司联合开展数控车工（中级）企业现代学徒制合作培养试点。双方采取“企校双制、工学一体”的模式共同培养学徒。双方探索“招工即招生、入企即入校、企校双师联合培养”的可行性培养方案，建立学制可弹性安排、学分可互换累计的质量评价体系和考核制度。

(3) 依托专业应届毕业生就业率。

《本科层次职业教育专业设置管理办法（试行）》第十四条要求：所依托专业应届毕业生就业率不低于本省域内高校平均水平。《中国职业教育发展报告（2012—2022年）》指出，我国高职毕业生就业率超过90%。2021年和2022年，本校依托专业应届毕业生年度就业率分别为99.36%和99.08%，高于《中国职业教育发展报告（2012—2022年）》公布的数据。

(4) 面向行业企业和社会开展职业培训人次。

《本科层次职业教育专业设置管理办法（试行）》第十三条要求：专业面向行业企业和社会开展职业培训人次每年不少于本专业在校生人数的2倍。2021年和2022年，本校数控技术专业开发的数控车、数控铣、NX CAD三维建模、CAD绘图等专业特色职业技能培训项目，面向行业企业和社会培训人次分别为1831人次和1759人次。2021年，本专业面向行业企业和社会开展职业培训人次是本校数控技术专业在校生的4.94倍（1831/371）＞2倍；2022年的这一数据为4.74倍（1759/371）＞2倍。

3. 专业建设基础

(1) 专业生均教学科研仪器设备值。

《本科层次职业教育专业设置管理办法（试行）》第十二条要求：专业生均教学科研仪器设备值原则上不低于1万元。经过长期建设，特别是“双高计划”建设项目的持续投入，截至2022年12月31日，本校数控技术专业教学科研仪器设备值已达1548万元，数控技术专业生均教学科研仪器设备值4.17万元（1548/371）＞1万元。

（2）有省级及以上技术研发推广平台。

《本科层次职业教育专业设置管理办法（试行）》第十三条要求：有省级及以上技术研发推广平台（工程研究中心、协同创新中心、重点实验室或技术技能大师工作室、实验实训基地等）。截至2022年12月31日，本校数控技术专业拥有省级技术研发推广平台3个（＞1个），分别是江苏省智能感知技术与装备工程研究中心、江苏省智能工厂仓储物流工程研究中心、高职院校工程技术研究开发中心。

（3）依托专业发展的标志性成就。

《本科层次职业教育专业设置管理办法（试行）》第九条要求：拟设置的本科层次职业教育专业需与学校办学特色相契合，所依托专业应是省级及以上重点（特色）专业。本校的数控技术专业具有雄厚的专业发展基础。2001年以来，本校数控技术专业取得的省级及以上标志性成就，如表4-2所示。

表4-2　2001年以来本校数控技术专业取得的省级及以上标志性成就

序号	省级及以上标志性成就	年份
1	首批教育部教学改革试点专业	2001
2	首批国家职业教育数控技术实训基地	2004
3	国家级数控技术专业教学团队	2007
4	首批国家级数控专业教学资源库	2010
5	江苏省高校品牌A类专业	2015
6	全国职业院校装备制造类示范专业	2017
7	国家“双高计划”数控技术专业群核心专业	2019

4. 存在的问题

本校数控技术专业十六项办学基础数据中，十五项超过了职业本科专业设置标准和专业评估各项指标要求，一项数据达到了标准值。另外，本校与江苏大学联合举办职业本科试点项目已有10余年历史，奠定了本校举办职业本科专业的基础。但与新时代职业本科高质量发展的新要求相比，与国家的期望、行业企业的需求、社会和学生的热切期盼相比，还存在以下不足。

一是本专业职业本科专业人才培养水平与机械智能制造产业的快速发展存在适应性不足。本校的人才培养模式、教育教学方法等方面还不能完全满足学生多元成长和成才的需求，课堂教学有效性还存在不足。

二是本专业人才培养供给侧和产业需求侧缺乏全方位有机融合，本专业面向机械智能制造领域的就业面还不够广，在产业内高端岗位的就业竞争优势还不突出。

三是本专业高层次人才的数量和质量不能完全满足专业进一步发展的要求。在培育或引进行业有权威、国内有影响力的专业带头人方面还有提升空间；在培养能够改进生产工艺和解决技术难题的骨干教师方面还存在不足；在培育具有绝技、绝艺的技术技能大师方面还有一定的提升空间。

四是本专业教学资源积累和建设还不能完全满足职业本科专业发展的需要。目前，本校的教材建设尚处于起步阶段，应用技术研究水平、质量与专业发展定位尚不能完全匹配。

（二）专业特色

1. 高质量就业特色

本校数控技术专业聚焦长三角区域产业转型升级较活跃的智能制造领域，并不断挖掘当前行业企业中高技术技能含量的岗位，顺应了毕业生高质量就业的需求。高技术技能含量岗位需要什么，本校数控技术专业就引入什么；什么课程能够帮助毕业生实现高质量就业，本校数控技术专业就开设什么课程。2012年以来，通过职业本科联合培养项目，本校数控技术专业以难加工零部件数字化设计与制造工艺实施为主线，积累了机械设计数字化建模基础、三维扫描与数据处理、工业机器人技术基础及应用、数控机床夹具设计、基于VERICUT的数控加工仿真、多轴加工等体现高技术技能含量的课程，使毕业生高质量就业得到保障。

2. 应用研究特色

自2012年以来，从行业企业一线的、真实的小项目和小课题入手，本校数控技术专业教师团队完成了智能制造领域核心技术的原始积累，应用研究能力得到了较大发展。2020年以后，本校数控技术专业实现年到账额300万元以上。在应用研究能力不断发展壮大的过程中，本校数控技术专业拥有博士学位教师占比不断提升。截至2022年12月31日，本校数控技术专业拥有博士学位教师占比达到了23.1%，明显高于《本科层次职业教育专业设置管理办法（试行）》第十条要求的15%。另外，2012年至2022年，团队每年申获专利约20件，应用研究特色逐渐形成。

3. 传承创新特色

本校数控技术专业将传承创新作为打造专业特色的关键一招，始终瞄准专业发展中的具体难题，并寻求破解之道，敢为人先。

2012年，本校数控技术专业参与了江苏省现代职业教育体系建设试点工作，并与江苏大学合作申获了职业本科联合培养项目。在试点之初，两校共同提出了“本科标准、职教特色”的课程开发观念。

自2015年起，本校跟踪研究本科工程教育认证工作。2018年，本校与江苏大学联合举办的机械设计制造及自动化专业（数控技术应用方向）达到了本科工程教育认证标准。

2019年，本校试制了体现工程教育认证理念，对接国家职业本科教育专业设置和评估标准的专业开发标准，为规范化开展职业本科教育探索出了新道路。

三、数控技术专业发展规划

（一）指导思想

本专业坚持以习近平新时代中国特色社会主义思想为指导，深入贯彻落实党的教育方针，牢固树立新发展理念，以落实立德树人根本任务为核心；以增强职业本科专业服务国家发展战略和区域经济社会发展能力为导向；以产教融合、校企合作为主线，筑牢基础、共享发展，打造职业本科专业规范化和高质量发展样本。

（二）基本原则

1. 筑牢基础

本校数控技术专业将对标《本科层次职业教育专业设置管理办法（试行）》《本科层次职业学校设置标准（试行）》，从专业人才培养、师资队伍建设、科研工作推进、学生事务管理、信息化应用、服务保障等方面筑牢规范化基础。

2. 共享发展

本校数控技术专业坚持“以教师为本、以学生为中心”的理念，保证发展成果由师生共享，以激发全体师生的积极性、主动性、创造性，在推进职业本科专业高质量发展的同时，实现教师职业生涯的发展和全体学生的全面成长与成才。

（三）发展目标

1. 总体目标

本校数控技术专业将主动策应我国制造业走向全球产业中高端的发展需求，聚力创新、聚焦标准、提质增效，以期实现就业质量高、社会满意度高的职业本科教育。本校数控技术专业的发展目标为：到2024年，实现职业本科专业申获和举办的目标；到2027年，本科层次数控技术专业技术技能人才培养和服务能力全面达到专业评估合格指标，其中三分之二的指标达到优秀标准。

2. 具体发展指标

（1）招生规模。

近年，本校本科层次数控技术专业年招生规模稳定在100人左右。到2027年，本校本科层次数控技术专业要努力实现在校生规模达400人。

（2）师资队伍。

至2027年，本校本科层次数控技术专业拥有正高专业技术职务人数达到6人；拥有博士学位的教师人数达到15人；引进和培养江苏工匠、省技术能手等省级及以上技术技能型人才2人以上。总的来看，本校本科层次数控技术专业要建设一支规模适中、特色鲜明、结构优化、素质优良的师资队伍。

（3）教育教学。

至2027年，本校本科层次数控技术专业要建成课程思政示范专业，按国家级标准建成思政在线课程2门；申获1项以上国家级、2项以上省级教学成果奖；建设国家规划教材5部、省级重点教材10部；培养双证实用型人才300人以上；学员获得技能等级证书超过300张。总之，至2027年，本校本科层次数控技术专业要形成和完善具有本专业特色的人才培养模式及体系。

（4）技术应用。

至2027年，本校本科层次数控技术专业要大力建设高水平创新平台，科技应用、产学研深度融合的能力和水平明显提升。截至2027年，本专业技术应用各项指标主要有：要主持及参与制订国家、行业标准≥2项；要建成省级科技工程研究中心3个，授权发明专利60项，专利技术转让≥30项；要建成技术转化示范项目，纵横向技术服务累计到账1000万元；要申获省部级及以上纵向科研项目2项，发表C刊及以上高水平论文≥15篇；要累计完成社会培训2万人次。

（5）国际合作。

本校本科层次数控技术专业将坚持开放办学，不断提高对外开放水平。目前，本校本专业开放的合作项目指标主要有：具有海外学习经历的学生人数占在校学生总数的3%；规划期间累计培养各类留学生100人；与国际知名企业合作，开发国际水平智能制造类职业能力标准2个。

本校本科层次数控技术专业2023—2027年主要发展指标，如表4-3所示。

表4-3　本校本科层次数控技术专业2023—2027年主要发展指标

维度	指标	2027年目标	备注
人才培养	本科在校生	400人	约束性
	毕业生平均就业率	≥97%	约束性
	对口就业率	≥85%	约束性
	在无锡的就业率	≥60%	约束性
	高端岗位就业率	≥40%	约束性
	用人单位满意度	≥95%	约束性
	毕业生创新创业率	≥15%	预期性
	各级教学能力大赛获奖数	≥5项	预期性

续表

维度	指标	2027年目标	备注
教师发展	教师人数	42人	约束性
	正高专业技能职务人数	6人	约束性
	博士学位人数	15人	约束性
	引进和培养江苏工匠等省级及以上技术技能型人才	≥2人	预期性
	培养国家级教学团队	1个	约束性
	培养省级及以上(含国家级)名师	1人	预期性
	打造高素质“双师型”国家级教育教学创新团队	1个	约束性
	在全国具有影响力的“双师型”名师工作室	1个	约束性
课程教材	“专业思政、课程思政”覆盖率	100%	约束性
	累计建设课程思政示范课程	2门	约束性
	优秀教改案例	2个	预期性
	优秀微视频	3个	预期性
	省级课程思政示范课程	2门	预期性
	建设思政课程教科研团队	1个	预期性
	建设国家级思政在线课程	2门	预期性
	建设国家规划教材	5部	预期性
	建设省级重点教材	10部	预期性
科研教研	开发智能制造领域关键技术	5项	约束性
	授权发明专利	60项	约束性
	专利技术转让	≥30项	预期性
	建成省级科技工程研究中心	3个	预期性
	建成技术转化示范项目,纵横向技术服务累计到账金额	1000万元	预期性
	主持及参与制订国家、行业标准	≥2项	预期性
	累计推广行业标准	>4项	预期性
	申获省部级及以上纵向科研项目	2项	预期性
	申获国家级教学成果奖	≥1项	约束性
	申获省级教学成果奖	≥2项	约束性
	发表C刊及以上高水平论文	≥15篇	预期性

续表

维度	指标	2027年目标	备注
社会服务	培养双证实用型人才	>300人	预期性
	学员获得技能等级证书数	>300张	预期性
	完成社会培训	2万人次	预期性
开放合作	具有海外学习经历学生人数占在校学生总数的比例	3%	预期性
	开发国际水平智能制造类职业能力标准	2个	预期性
	开发智能制造类国际水平职业教育专业标准	1个	预期性
	东盟师资培训	200人次	预期性
	规划期间累计培养各类留学生	100人	预期性
	累计派出师生赴海外交流研修	≥10人	预期性
	具有国外留学、研究经历专任教师比例	20%	预期性
	全英文授课教学团队	1个	预期性

（四）重点发展任务

1. 专业强基稳步推进

本校本专业将积极推进职教本科数控技术专业技术技能人才培养高地建设。本校本专业将以立德树人为根本，坚持价值引领，完善专业思政育人体系，创新专业劳动育人体系；以就业为导向、学生为中心，筑牢学生好就业、企业好用乐用、行业大量需要的本科层次技术技能人才系统化培养的根基；强化实施保障，探索职业本科专业的学分制实施方案，服务学生多元化成长成才需要；实现具有一技之长的实用型人才比例达到100%、专业复合型人才比例达到80%、创新型人才比例达到20%，学生研究成果获省级及以上奖项的比例达到30%以上；参与和申获2项省级及以上教学成果奖。

（1）完善思政育人体系。

本校本科数控技术专业将继续贯彻立德树人、“三全育人”理念，形成有专业特色的可实施方案。到2027年，本校本科数控技术专业将提炼优秀教改案例2个、优秀微视频3个；建设思政课程教科研团队1个；建设省级“课程思政示范课程”2门；建设省级职业本科课程思政示范专业。

另外，本专业还将开展专业思政特色课程（专题）建设，并将无锡百年工商城的深厚资源与专业紧密结合，将专业课程转变为“智造中国”特色课程（专题）。

（2）建立劳动育人体系。

本校数控技术专业将充分挖掘专业课程、项目、活动中的劳动元素。到2027年，本校数控技术专业将开发劳动素质教育通识必修课程1门、专业劳动习惯和技能重点课程3门，营造劳动教育的良好生态，促进专业教育和生活教育、实践操作和知识学习的相互融通。

（3）推进专业强基增效。

本校数控技术专业将推进职业本科标准建设，并持续开展行业人才需求、岗位职业能力分析等方面的调研，科学制订本科层次职业教育人才培养方案、课程标准和教学实施方案，建设学科平台和实用科研团队。到2027年，本校机械智能制造专业群年度千万元科技资金到帐的贡献率达到30%以上；探索人工智能“入专业、入课程”的合理方案，通过校企共商共建模式，落实“人工智能+”创新教育及AI微证书制度，并建设2门人工智能领域省、校级精品在线开放课程。

（4）深化学分制改革。

本校数控技术专业将以实施个性化、多通道教育的“学分银行”为突破口，完善学生学习成果累积和学分互换制度，不断扩大本专业选修课数量和互换范围，建立与学生个性化培养方案相结合的选课制度，形成学生自主学习、主动学习、个性发展的科学机制和良好的成长成才环境，拓宽学生的个性化发展道路。

（5）升级协同育人载体。

本校数控技术专业将联合无锡贝斯特、西门子工业软件等行业知名企业，合作共建区域开放共享的智能制造虚拟仿真、机械制造工程、智能控制技术等智能制造实训中心，并与虚拟现实（VR）技术协同创新，共同打造集工匠培育、技术创新与服务、智能制造技术实训于一体的智能生产产教融合基地，将技术创新成果转化为具有智能制造特色的优质教学资源。另外，结合“1+X”证书制度，校企还将共同开发服务人才培养和社会培训的实训项目，建设国家级数控技术实训基地，为培养智能制造领域紧缺的本科层次技术技能人才提供有力支撑。

本校数控技术专业还将推进现代学徒制无锡上机协同育人项目，预计每年培养30名左右综合素质好、学习能力强、实践技能优、大国工匠式本科层次数控技术技能人才。本校校企合作项目预计出版现代学徒制专门教材3本，进一步增强人才培养的针对性，服务产业转型升级，为本科层次现代学徒制探索路径、积累经验。

2. 提高师资队伍质量

本校数控技术专业将实施专业名师大匠引育计划、升级双师素质培养计划、实施专业化团队建设计划，实现师资队伍建设与职业本科专业层次相匹配。

（1）实施专业名师大匠引育计划。

本校数控技术专业将大力引进高层次人才，加大名专家、技能大师、名教授、名博士的引进和培养。到2027年，实现从较高层次高校或海外引进1名学科（专业）带头人；从大型企业、科研院所引进1名及以上江苏工匠或省级技能大师；从国内外知名高校引进10名左右博士。同时，本校数控技术专业还将加大柔性引进力度，新增省产业教授2名，使专业高层次人才数量显著增加。

本校数控技术专业将围绕职业本科专业发展需要，推进“青蓝工程”项目建设，培养2名左右在本领域具有国内外公认较高学术水平，并取得一定研究成果的学科带头人，以及10名左右中青年骨干培养对象，进行“目标管理、滚动发展”。另外，本校数控技术专业将落实专业带头人培养方案，促成专业带头人成为行业有权威、国际有影响的人物。

本校数控技术专业还将加强教学名师培养，以10名左右中青年骨干教师培养为基础，着力提高教师理论水平和实践创新能力。到2027年，争取培养省级及以上（含国家级）名师1人。

推进大国工匠顾秋亮、江苏工匠李志军等领衔的大师工作室（站）建设，校企共同培养能够为企业攻克技术难关的“技术技能”型教师。到2027年，建设1个在全国具有影响力的“双师型”名师工作室。

（2）升级双师素质培养计划。

本校数控技术专业将为新进青年教师安排企业导师，指导青年教师了解行业企业技术技能发展现状，提升工程实践经验和实践教学能力，确立技术研发方向；为新进青年教师安排校内导师，指导青年教师提升执教能力，站稳讲台；为新进青年教师从事职业本科教学、技术研发和社会服务奠定坚实的基础。规划期间，学校将帮助新进青年教师实现素质培养的全覆盖和全达标。

另外，本校数控技术专业还将实行专任教师到企业轮训制度，本专业每年至少选派3名专任教师进入3个企业参加岗位实践，并确保选派教师每年在企业或实训基地实训超过2个月。通过校企合作项目，教师和企业员工能够共同进行产品研发、技术攻关、跟岗实践等。

本专业将落实1+X证书制度，开展教师全员培训。对接1+X证书制度和行动导向的模块化教学改革需求，实施适应职业技能等级培训要求的教师培训项目。到2027年，本专业将培育5名具备职业技术等级高级证书培训能力的教师。

本专业将围绕教育教学改革、技术研发和社会服务等需求培育技术应用人才，开发骨干队伍。到规划期末，本专业将培养教学科研技术骨干10人左右。

（3）实施专业化团队建设计划。

建设本专业的职业本科教育教学创新团队。以各级名师为带头人，建设结构化教学创新团队与教学发展共同体，深入开展教育教学改革，形成在省内外均具有影响力的教学成果。到规划期末，本专业教学团队将成为省级及以上的优秀教学团队。

本专业将聚焦机械智能制造技术应用研究领域，深入企业一线，加强源自企业一线的应用技术课题研究，提升服务地方产业经济发展的能力。到规划期末，实现年横向服务到账超300万元，在区域行业技术进步方面形成影响力。

到2027年，本校数控技术专业将建成1个在全国具有影响力的“双师型”名师工作室。组织青年教师拜师学艺，开展教育教学能力、实践能力练兵比武，完成“双师型”教师队伍建设。

到2027年，本专业将建设全英文授课教学团队1个，并开展相关教师境内外英语授课能力提升培训，开发和使用全英文的教材、PPT等，实施2—3门专业课程全英文授课。

3. 学生发展路径探索

本校将探索数控技术职业本科专业学生“乐思、乐善、乐群、乐学、乐业、乐创”六大优秀品质的新培养路径，实施立德、博学、就业、助学四大工程。

（1）实施立德工程。

开展主题教育实践活动。本专业将继续贯彻落实《新时代爱国主义教育实施纲要》的基本要求，丰富主题教育资源库内容，围绕“有理想、会学习、能坚持”三个核心要素，依托学校思想政治、成长成才、心理健康、就业创业、国防安全五大主题教育实践资源库，重点实施爱国主义、文明礼仪、法治、勤俭节约、毒品预防等主题教育。

本专业还将探索建立职业本科专业学生省级及以上荣誉培育体系，建立获奖学生遴选、培育计划，力争本专业学生在获奖等级和数量上的突破。

（2）实施博学工程。

开展常态化学风建设。深刻认识学风建设对职业本科专业学生学习成长的关键作用，通过学风建设提升本专业学生的竞争力，争取在“大学生年度人物”等省级及以上项目中取得突破。

建设本专业的智造中国课程。依托机械智能制造专业群，建成本专业学生可选修的智造中国课程（专题）10门（个），助推机械智能制造专业形成特色。每年邀请高水平专家来校讲座不少于3场，并努力打造“星期二讲堂”高端论坛品牌工程。

（3）实施就业工程。

搭建高质量就业平台。加强校企合作，提高人才培养质量，建立稳定的就业基地，实施暑期企业实习项目，丰富职业本科的校企培养模式，扎实提升毕业生的实践动手能力和综合素质。

完善本专业就业指导服务体系建设。加强就业指导课程建设，将职业本科学生的职业生涯教育、就业指导教育融于一体，提高就业指导的针对性。规划期间，确保毕业生平均就业率达97%以上，对口就业率达85%以上，在无锡的就业率达60%以上，高端岗位就业率达40%以上，用人单位满意度达95%以上，就业工作实现国内领先。

（4）实施助学工程。

落实心理健康教育体系，健全网络课程、传统讲授课程、团体辅导课程等多模块一体化教学。完善心理健康教育校园网络和新媒体平台，建设“心理健康”精品课程资源。每年面向全校学生开展形式多样的心理健康教育活动。

做深、做细、做实学生服务项目。秉持“学生的家园、企业的伙伴”办学理念，依托学校“一站式”服务中心，帮助学生解决日常问题，在服务学生成长全周期过程中，加强思想教育，提升学生的获得感。落实精准化资助育人体系，发挥奖、贷、助、勤、免、补、减、险、偿九位一体的资助体系，完善资助育人功能，宣传“国家奖学金”“励志之星”等典型事迹，提高资助款项的育人成效。

4. 扎实推进产教融合

依托全国机械行业智能制造技术职业教育集团，实现校企联合培训、双主体育人的现代学徒制，主动服务产业需求，推动本专业建设与产业发展相适应。

（1）实施服务产业增值赋能计划。

本专业将对接科技发展，建设产教融合型的机械智能制造技术创新服务平台，面向汽车零部件、机械加工、智能生产等智能制造关键环节，致力于先进制造工艺与新材料、工业软件应用等领域的研究与开发，实现技术创新与技能积累。规划期间，本专业以服务区域产业转型发展为导向，以技术创新、人才培养和团队建设为目标，坚持应用研究方向，开发机械智能制造领域关键技术5项，授权发明专利60件，专利技术转让大于等于30项。与机械智能制造领域世界500强或行业领先企业西门子、苏州富强等共建产业学院，聚焦绿色加工工艺、智能工装夹具、工业软件等关键技术，共建企业工作室、实验室、实践基地、创新基地等，服务企业生态圈紧缺人才培养和员工培训、品牌推广等。

（2）实施关键技术提质升级计划。

本专业将依托丁汉院士指导的科技创新团队及已建成的互联网数字化制造实训中心，与华中数控等企业联合开展校企合作项目，聚焦数字化制造、机器人加工、加工制造智能化控制等关键技术，建设先进制造技术研究所。规划期间，本校本专业预计实现年科研服务费到账超300万元；围绕服务企业走向“一带一路”，开发双语实训项目，承接服务“一带一路”

"走出去"企业员工培训200人以上；争取在职业本科层次中外合作办学方面有所突破。

（五）发展保障措施

1. 加强党建引领

本校数控技术专业将专业建设和党建、思想政治工作紧密联系在一起，进一步加强思想政治教育，巩固拓展"不忘初心、牢记使命"主题教育成果，积极探索专业建设和党建工作融合的新途径、新方法，加强本专业党支部建设，不断提高党支部工作规范化、科学化水平。同时，本专业将继续加强反腐倡廉教育，进一步落实党风廉政建设责任制，健全教育、监督、惩治相结合的预防和惩治腐败体系，强化专业建设的廉政风险防范机制。

2. 保障经费投入

完善投入机制，拓展投资渠道。根据职业本科专业开发进程，学校将积极争取各级政府部门的财政支持。本专业团队也将充分发挥技术、人才优势，广泛开展教育、科技与服务，多渠道争取各类资源支持。

盘活存量资源，优化支出结构。本专业将加强大型仪器设备购置规划及可行性论证，科学分配预算，调整支出结构，保障人才、经费、房屋、设备，以及招生指标等资源，使其更好地服务专业人才培养、队伍建设、基地与平台建设。

强化资源监管，全面实施绩效管理。在学校的指导下，本专业将努力确保资金使用高效、安全，提高资金使用效益，并加强专业发展重大项目建设，实行经费使用全过程审计。

3. 完善制度建设

2012年以来，通过职业本科联合培养项目，学校已建立了较为完整的职业本科教育教学管理制度。职业本科教育教学管理制度清单，如表4-4所示。

表4-4　职业本科教育教学管理制度清单

序号	制度名称
1	《关于成立学校本科专业建设指导委员会的通知》
2	《学校本科生学籍管理条例》

续表

序号	制度名称
3	《学校本科生学分制管理暂行规定》
4	《学校本科生学分制收费管理办法(暂行)》
5	《学校本科生毕业设计(论文)工作规程》
6	《学校本科生课程考试工作实施细则》
7	《学校本科生违纪处分规定》
8	《学校本科生奖学金评定条例》
9	《学校本科生素质综合测评办法》
10	《学校本科生转专业实施办法》
11	《学校本科专业设置与动态调整制度》
12	《学校本科专业建设监督管理制度》
13	《关于修订2023级职业本科专业人才培养方案的原则意见》
14	《学校本科专业师资队伍建设管理规定》
15	《学校本科课程建设管理办法》
16	《学校本科专业实习实训基地建设管理办法》
17	《学校本科专业带头人及学术团队管理办法》

4. 强化绩效激励

以实施本专业发展重点任务（项目）为抓手，制订好专业规划的实施方案，并按年度对目标任务进行分解，明确责任分工，认真组织实施。

以项目管理方式落实规划建设任务，以主要目标、保障措施为重点，对重点项目进行精准施策，明确时间节点、经费总量及测算依据，落实责任人。将规划目标的完成情况纳入年度考核指标体系，并作为各人年度考核的重要依据。

将专业发展重要节点获得的实时信息、数据等与规划或计划指标对比，并进行偏差分析，查找原因，提出对策建议和专项评估报告。就涉及专业发展的重点问题开展专项研究，提出改进措施，或根据实际情况调整发展规划，确保规划目标的实现。

第二节 所属专业群课程方案

《本科层次职业学校本科教学工作合格评估指标和基本要求（试行）》在专业设置与结构调整观测点中要求：有动态调整、自我完善的专业建设发展规划，专业（群）结构总体合理，不断增强职业教育适应性；注重培育优势特色专业和新兴专业，打造高水平专业（群）。根据这一要求，职业本科专业在设置之初就需进行组群开发，主要有两个方面：一是率先规划职业本科专业组群专业；二是确定组群专业的合理边界。

一、专业群

职业本科数控专业属机械智能制造专业群，该专业群由机械设计制造及自动化、智能制造工程技术、数控技术、材料成型及控制工程、机械电子工程技术五个专业组成。

其中，机械设计制造及自动化专业主攻机械产品设计与研制；智能制造工程技术专业主攻智能制造装备设计与研制；数控技术专业主攻高端机械产品制造与工艺装备研制；材料成型及控制工程主攻材料成型与改性工艺研制；机械电子工程技术专业主攻机电集成制造。机械智能制造专业群内各专业基本情况如表4-5所示。

表4-5 机械智能制造专业群内各专业基本情况

组群专业	机械设计制造及自动化	智能制造工程技术	数控技术	材料成型及控制工程	机械电子工程技术
专业代码	260101	260102	260103	260106	260301
所属专业大类（代码）	26	26	26	26	26

续表

组群专业	机械设计制造及自动化	智能制造工程技术	数控技术	材料成型及控制工程	机械电子工程技术
所属专业类（代码）	2601	2601	2601	2601	2603
面向行业（代码）	金属制品业（33） 通用设备制造业（34） 专用设备制造业（35） 电气机械和器材制造业（38）	同左	同左	同左	同左
面向职业类别（代码）	机械设计工程技术人员（2-02-07-01） 机械制造工程技术人员（2-02-07-02） 电力拖动与自动控制工程技术人员（2-02-14-02）	设备工程技术人员（2-02-07-04） 电力拖动与自动控制工程技术人员（2-02-14-02） 机械制造工程技术人员（2-02-07-02）	机械制造工程技术人员（2-02-07-02） 机械设计工程技术人员（2-02-07-01） 机械冷加工人员（6-04-01）	金属材料工程技术人员（2-02-05-04） 机械热加工人员（6-04-02）	设备工程技术人员（2-02-07-04） 机械设计工程技术人员（2-02-07-01） 电力拖动与自动控制工程技术人员（2-02-14-02）

注：组群专业按专业代码顺序从左至右排列。

二、修业年限

本校职业本科数控技术专业修业年限为4年，可以根据学生灵活学习需求合理、弹性安排学习时间。

三、群就业分布

机械智能制造群就业岗位，如表4-6所示。

表 4-6　机械智能制造群就业岗位

组群专业	机械设计制造及自动化	智能制造工程技术	数控技术	材料成型及控制工程	机械电子工程技术
主要岗位	产品设计岗位(助理工程师) 机械加工工艺研制岗位(工艺员) 自动控制运维岗位(高级工) 机械产品质量管理岗位(助理工程师)	智能制造装备研制岗位(助理工程师) 智能制造加工工艺研制岗位(工艺员) 智能制造产线运维岗位(助理工程师)	机械数控加工岗位(高级工) 机械加工工艺研制岗位(工艺员) 工艺装备研制岗位(助理工程师) 机械产品质量管理岗位(助理工程师)	材料成型与改性工艺研制岗位(工艺员) 成型工艺装备设计岗位(助理工程师) 塑料模具设计岗位(助理工程师) 焊接工艺研制岗位(工艺员)	机电集成制造岗位(助理工程师) 机电设备生产工艺研制岗位(工艺员) 机电设备设计岗位(助理工程师) 机电产品售后服务岗位(助理工程师)
转型升级岗位	产品设计岗位(工程师) 机械加工工艺研制岗位(工艺师) 自动控制运维岗位(技师) 机械产品质量管理岗位(工程师)	智能制造装备研制岗位(工程师) 智能制造加工工艺研制岗位(工艺师) 智能制造产线运维岗位(工程师)	机械数控加工岗位(技师) 机械加工工艺研制岗位(工艺师) 工艺装备研制岗位(工程师) 质量管理岗位(工程师)	材料成型与改性工艺研制岗位(工艺师) 成型工艺装备设计岗位(工程师) 塑料模具设计岗位(工程师) 焊接工艺研制岗位(工艺师)	机电集成制造岗位(工程师) 机电设备生产工艺研制岗位(工艺师) 机电设备设计岗位(工程师) 机电产品售后服务岗位(工程师)

四、群统合课程

机械智能制造专业群统合课程，如表4-7所示。

表 4-7　机械智能制造专业群统合课程

课程门类	序号	课程名称	课程代码	理论课程		实践课程	学分	考核类型	开设学期
				总学时	实践学时	周数			
群共用课程必修	1	专业认知	BDBW1001	—	—	0.5	0.5	P	1
	2	工程图学 A Ⅰ	BDBW1002	64	20	—	4	S	1
	3	工程图学 A Ⅱ	BDBW1003	48	18	—	3	S	2
	4	测绘与制图专用周	BDCW1001	—	—	1	1	P	2
	5	机械加工基础训练Ⅰ	BDCW1002	—	—	2	2	P	2
	6	理论力学 A	BDAW1005	64	—	—	4	S	3
	7	电工电子学Ⅰ	BDBW3001	48	8	—	3	C	4
	8	材料力学 A	BDBW1004	64	8	—	4	S	4
	9	机械原理及设计Ⅰ	BDBW1005	48	4	—	3	S	4
	10	机械原理与设计专用周Ⅰ	BDCW1003	—	—	1	1	P	4
	11	机械加工基础训练Ⅱ	BDCW1004	—	—	1	1	P	4
	12	控制工程基础	BDBW1006	48	—	—	3	S	4
	13	机械原理及设计Ⅱ	BDBW1007	80	6	—	5	S	5
	14	电工电子学Ⅱ	BDBW3002	48	8	—	3	C	5
	15	计算机程序设计基础	BDBW2001	48	—	—	3	S	6
	16	计算机程序课程项目设计	BDCW2001	—	—	1	1	P	6
群拓展课程限选	—	任选一组共修满3学分	—	—	—	—	—	—	—
	1	技能积累选修	BECW1001	—	—	3	3	—	6—7
	2	升学进阶选修	BEAW7001	—	—	3	3	—	6—7
	3	创新项目选修	BEBW1001	—	—	3	3	—	5—7

五、群推荐证书课程

机械智能制造专业群推荐证书课程，如表 4-8 所示。

表 4-8　机械智能制造专业群推荐证书课程

课程名称	证书名称	证书开发单位	证书级别	培训学时或周数	折算学分
X证书培训	数控车铣加工	武汉华中数控股份有限公司	高级	3	3
	多轴数控加工	武汉华中数控股份有限公司	高级	3	3
	机械产品三维模型设计	广州中望龙腾软件股份有限公司	高级	3	3
	工业机器人应用编程	北京赛育达科教有限责任公司	高级	3	3
国际证书培训	Siemens NX CAM	西门子工业软件(上海)有限公司	工程师	3	3
	Solidworks三维建模设计	无锡市亚迪流体控制技术有限公司	高级	3	3
行业证书培训	金属材料处理工	无锡市职业技能鉴定指导中心	三级	3	3
	机床装调维修工	无锡市职业技能鉴定指导中心	三级	3	3

第三节　专业人才培养方案

一、范围

职业本科数控技术专业属26装备制造大类，2601机械设计制造类，专业代码：260103。招生对象：高中毕业生。适用年级：2024级。

数控车铣加工职业技能等级证书（高级）的培训与鉴定组织：武汉华中数控股份有限公司。

多轴数控加工职业技能等级证书（高级）的培训与鉴定组织：武汉华中数控股份有限公司。

Siemens NX CAM（工程师）的培训与鉴定组织：西门子工业软件（上海）有限公司。

二、培养目标

（一）培养总目标

本校职业本科数控技术专业致力培养具有社会主义核心价值观，德、智、体、美、劳全面发展，具有较深厚的自然科学基础知识和扎实的数控技术专业知识，具有良好的人文素养、职业道德、创新创业意识、工匠精神、国际视野的本科层次职业技术技能人才；在装备制造业中，致力于培养从事数控技术产品研制、设计、制造、质量管理等工作，具有较强的就业能力，也能适应区域产业转型发展形势和个人际遇变化，具备跨界就业和转业发展能力的本科层次职业技术技能人才。

（二）培养分目标

1. 基础知识

本校职业本科数控技术专业培养具有思想政治、英语、语文、数学、物理、心理健康、体育等文理基础知识，以及工程制图、力学、机械原理与设计、电工电子学等专业基础知识的本科层次职业技术技能人才。

2. 专业技能

本校职业本科数控技术专业要培养具有钳、车、铣、铸、锻、焊等机械加工工种的基础性操作技能，以及掌握数控车、数控铣、机械设计数字建模、机械工艺编制等专业技能的本科层次职业技术技能人才。

3. 面向职业

本校职业本科数控技术专业主要面向机械工程技术人员（2-02-07）和机械冷加工人员（6-04-01）等职业类别。

4. 就业岗位

本校职业本科数控技术专业主要面向机械数控加工岗位（高级工）、机械加工工艺研制岗位（工艺员）、工艺装备研制岗位（助理工程师）、机械产品质量管理岗位（助理工程师）等。就业三至五年，可升迁至机械数控加工岗位（技师）、机械加工工艺研制岗位（工艺师）、工艺装备研制岗位（工程师）、机械产品质量管理岗位（工程师）等。

（三）培养目标论证

1. 培养目标具有合理性

培养目标源于本校修订的《职业本科数控技术专业人才培养方案（2023年版）》。培养目标开宗明义：培养具有社会主义核心价值观，德、智、体、美、劳全面发展的人才，符合党和国家的教育方针，相应的人才培养方案中，开设了美学选修课和劳动专题教育课程等，使德、智、体、美、劳的培养要求得到了全面落实。

2. 培养目标符合学校定位

《无锡职业技术学院“十四五”发展规划》确定的学校定位为服务制造强国战略，深化内涵发展，强化办学特色，全面推进领军全国、国际知名的智能制造特色校建设，努力建成特色鲜明的本科层次职业技术大学。本校的培养目标提出，培养在装备制造业中从事数控技术产品研制、设计、制造、质量管理等工作的人才，策应了学校的定位。

3. 培养目标适应经济社会发展需要

党的十九大报告指出，“加快建设制造强国，加快发展先进制造业，推动互联网、大数据、人工智能和实体经济深度融合”。本校职业本科数控技术专业培养目标与党的十九大报告提出的经济社会发展需要高度契合。

4. 培养目标体现了本专业办学特色

本校职业本科数控技术专业培养目标提出，机械数控加工岗位（技师）、机械加工工艺研制岗位（工艺师）、工艺装备研制岗位（工程师）、机械产品质量管理岗位（工程师）等是当前机械智能制造领域中有着广泛就业需求的岗位。在培养过程中，本专业需要以教师团队的应用研究为基础，并不断注入高技术技能含量的教学内容。故培养目标体现了本专业高质量就业和应用研究的特色。

5. 培养目标与毕业五年后学生成就相符

2023年，课题组通过调研本校与江苏大学联合培养项目机械设计制造及自动化（数控技术应用方向）专业毕业已满五年的2016届和2018届毕业生得出此结论。此次调研共发放问卷94份（2016届及2018届该专业毕业生总数为118人，升学深造的有24人，升学深造的24人不在此次调研范围之内），有效回收问卷84份。结果显示：该专业毕业生在毕业五年后，有69人在专业面向的领域继续从业，占比82.1%（69/84）。其从业岗位的职业特征、职业定位，以及应具备的职业能力与本校本专业培养目标相符。

调研显示，本校本专业2016届和2018届毕业生的情况如下：一是在专业面向领域继续从业的69人全部实现了岗位升迁；二是2人成功创业；三是43人实现了申获专利或研制产品等创新事项；四是10位跨界发展的毕业生均对从事的新职业感到满意；五是1人获得行业荣誉奖励。总的来看，本校本专业2016届和2018届毕业生总体实现了专业培养目标。

三、毕业要求

（一）技术知识

本专业培养目标要求毕业生能够将数学、物理、工程制图、力学、机械原理及设计、电工电子学等专业基础知识和机械设计数字建模、工程材料与热成型、液压与气动、数控工艺、数控编程、机电控制、工业机器人等专业技术知识准确应用于解决装备制造业中生产、管理、服务一线的较复杂技术问题。

（二）方案开发

本专业培养目标要求毕业生能够设计和开发满足特定需求的机、电、信息一体化的技术产品和服务，以及设计机、电、信息一体化产品和服务的工艺流程或方案。

（三）技能积累

本专业培养目标要求毕业生能够积累机械加工工种的基础操作技能，以及数控车、数控铣、机械设计数字建模、工业机器人应用等多种技术技能，在数控车、数控铣、机械设计数字建模、工业机器人应用中具备一项技能专长。

（四）现代工具

本专业培养目标要求毕业生能够在数字建模基础上，选择装置的运动分析、干涉分析、数控加工结果预测等模拟仿真和分析工具，对设计、制造和加工结果进行快速求解，并理解工具求解结果与实际实现结果的差异，并能在实施中优化处理。

（五）社会责任

本专业培养目标要求毕业生能够评价数控技术产品或服务的解决方案与社会环境、公众健康、资源消耗、国家战略和法律文化的关联关系，从而承担起为社会提供有益的机、电、信息一体化产品和服务的责任，在制造和服务过程中做到趋利避害。

（六）劳动习惯

本专业培养目标要求毕业生在劳动专题教育基础上，在机械加工训练基础训练、数控加工实训等课程中，实施真实的零件加工生产劳动，以增强他们的职业认同感，提升他们的劳动物化能力，并培育工匠精神。

（七）职业规范

本专业培养目标要求毕业生能够理解并遵守行业职业道德，具有敬业、诚信、精益、创新和保守技术秘密的职业精神。在实验、实训、企业实习等课程中，执行工作现场整理、整顿、清扫、清洁、素养、节约、安全的“7S”规范。

（八）团队合作

本专业培养目标要求毕业生在装置设计与实现、毕业设计等专业综合项目或课程中，勇于承担负责人角色，能够基于不同角色，保质、保量、限时地履行个人职责，根据团队成员的合理需求及时施予援手。

（九）沟通交流

本专业培养目标要求毕业生具有撰写报告和设计文稿、陈述发言、清晰表达或回应指令的能力。同时，毕业生们要具备一定的国际视野，尊重多元文化和不同文明观点。

（十）终身学习

本专业培养目标要求毕业生在课程学习中学会将教师教授的知识整理成自己可以理解的知识框架，具备将自主学习成果融入知识框架的习惯。同时，毕业生们要具有学习新技术、新工艺、新业态的能力。

（十一）培养规格论证

本专业的培养规格是学校对培养人才质量标准的规定，本专业按照专业人才培养方案的结构编制规则，用九项毕业要求对培养规格进行细化。

本专业制订的人才培养方案，以毕业要求和承接课程矩阵表的形式，明确了每一项毕业要求的承接课程，在开发每一门专业课程的课程标准时，明确了课程承接的每一项毕业要求的教学载体、教学实施方案、达成度评测方法和成绩登记方案等。

2019年以来，本专业攻克了课程承接方案设计、沟通交流、终身学习等毕业要求载体不合理和不可行的难题，找到了科学合理的教学载体。在此基础上，本专业对每一项毕业要求的课程承接载体、教学实施方案、达成度评测方法和成绩登记方案等，又进行了五轮的实践验证和完善改进，使培养规格的可行性和可操作性有了进一步提升。通过对教学实施的验证，本专业人才培养规格具备了合理性、可行性和可操作性。

四、修业年限

本校本专业的修业年限为4年。可以根据学生灵活学习需求合理、弹性安排学习时间。

五、推荐证书

数控车铣加工职业技能等级证书（高级）的培训与鉴定组织：武汉华

中数控股份有限公司。

多轴数控加工职业技能等级证书（高级）的培训与鉴定组织：武汉华中数控股份有限公司。

Siemens NX CAM（工程师）的培训与鉴定组织：西门子工业软件（上海）有限公司。

六、学位授予

本校本专业授予学士学位的平均绩点≥2。

七、教学进程

本校本专业的教学进程安排表，如表4-9所示。

表4-9　教学进程安排表

课程门类	序号	课程名称	课程代码	理论课程		实践课程	学分	考核类型	开设学期
				总学时	实践学时	周数			
公共基础课程必修	1	思想道德与法治	BAAW0101	48	—	—	3	S	1
	2	大学英语Ⅰ	BAAW7001	64	—	—	4	S	1
	3	大学体育Ⅰ	BABW0301	32	28	—	2	S	1
	4	劳动专题教育	BABL0101	16	16	—	1	C	1
	5	军事技能训练	BACW0501	—	—	2	2	C	1
	6	大学生体质健康	BABW0302	8	8	—	0.5	C	1
	7	高等数学AⅠ	BAAW0201	64	—	—	4	S	1
	8	中国近现代史纲要	BAAW0103	48	—	—	3	C	1
	9	心理健康教育	BABW0401	16	8	—	1	C	1—2

续表

课程门类	序号	课程名称	课程代码	理论课程		实践课程	学分	考核类型	开设学期
				总学时	实践学时	周数			
公共基础课程必修	10	形势政策与国家安全	BAAW0102	64	—	—	2	C	1—7
	11	大学英语Ⅱ	BAAW7002	64	—	—	4	S	2
	12	大学体育Ⅱ	BABW0303	32	28	—	2	C	2
	13	高等数学AⅡ	BAAW0202	80	—	—	5	S	2
	14	线性代数A	BAAW0203	32	—	—	2	C	2
	15	大学物理AⅠ	BAAW0204	56	—	—	3.5	S	2
	16	大学物理实验AⅠ	BACW0201	24	—	—	1.5	C	2
	17	军事理论	BAAW0501	32	—	—	2	C	2
	18	体育选项Ⅰ	BABW0304	32	28	—	2	S	3
	19	大学英语Ⅲ	BAAW7003	48	—	—	3	C	3
	20	马克思主义基本原理	BAAW0104	48	—	—	3	S	3
	21	概率论与数理统计A	BAAW0205	48	—	—	3	C	3
	22	复变函数与积分变换	BAAW0206	32	—	—	2	C	3
	23	大学物理AⅡ	BAAW0207	56	—	—	3.5	S	3
	24	大学物理实验AⅡ	BACW0202	24	—	—	1.5	C	3
	25	毛泽东思想和中国特色社会主义理论体系概论	BAAW0105	48	—	—	3	S	4
	26	体育选项Ⅱ	BABW0305	32	28	—	2	C	4

续表

课程门类	序号	课程名称	课程代码	理论课程		实践课程	学分	考核类型	开设学期
				总学时	实践学时	周数			
公共基础课程必修	27	习近平新时代中国特色社会主义思想概论	BAAW0106	48	—	—	3	C	5
	28	职业发展与职业指导	BABW0402	32	8	—	2	C	6—7
	应修学时和学分			1128	152	2	70.5	—	—
	1	文化选修课程	BAAW0601	40	—	—	2.5	C	2—7
	2	艺术选修课程	BAAW0602	32	—	—	2	C	2—7
	应修学时和学分			72	—	0	4.5	—	—
群共用课程必修	1	专业认知	BDBW1001	—	—	0.5	0.5	P	1
	2	工程图学AⅠ	BDBW1002	64	20	—	4	S	1
	3	工程图学AⅡ	BDBW1003	48	18	—	3	S	2
	4	测绘与制图专用周	BDCW1001	—	—	1	1	P	2
	5	机械加工基础训练Ⅰ	BDCW1002	—	—	2	2	P	2
	6	理论力学A	BDAW1005	64	—	—	4	S	3
	7	电工电子学Ⅰ	BDBW3001	48	8	—	3	C	4
	8	材料力学A	BDBW1004	64	8	—	4	S	4
	9	机械原理及设计Ⅰ	BDBW1005	48	4	—	3	S	4
	10	机械原理与设计专用周Ⅰ	BDCW1003	—	—	1	1	P	4

续表

课程门类	序号	课程名称	课程代码	理论课程		实践课程	学分	考核类型	开设学期
				总学时	实践学时	周数			
群共用课程必修	11	机械加工基础训练Ⅱ	BDCW1004	—	—	1	1	P	4
	12	控制工程基础	BDBW1006	48	—	—	3	S	4
	13	机械原理及设计Ⅱ	BDBW1007	80	6	—	5	S	5
	14	电工电子学Ⅱ	BDBW3002	48	8	—	3	C	5
	15	计算机程序设计基础	BDBW2001	48	—	—	3	S	6
	16	计算机程序课程项目设计	BDCW2001	—	—	1	1	P	6
	应修学时和学分			560	72	6.5	41.5	—	—
专业(技能)课程必修	1	机械设计数字建模基础	BBCW1001	48	44	—	3	C	3
	2	机械设计建模项目	BBCW1002	—	—	1	1	P	3
	3	互换性与技术测量A	BBBW1001	32	6	—	2	C	3
	4	工程材料与热成型基础B	BBBW1002	48	8	—	3	C	4
	5	金属切削加工与机床	BBBW1003	48	8	—	3	C	4
	6	液压与气压传动	BBBW1005	48	8	—	3	S	4
	7	液压与气动传动课程设计	BBCW1003	—	—	1	1	P	5

续表

课程门类	序号	课程名称	课程代码	理论课程		实践课程	学分	考核类型	开设学期
				总学时	实践学时	周数			
专业(技能)课程必修	8	三维扫描与数据处理A	BBBW1004	32	16	—	2	C	5
	9	数控编程及零件加工B	BBBW1006	32	16	—	2	S	5
	10	数控加工实训	BBCW1004	—	—	2	2	P	5
	11	机械制造工艺	BBBW1007	48	8	—	3	S	5
	12	机械制造工艺课程设计B	BBCW1005	—	—	1	1	P	6
	13	基于VERICUT的数控加工仿真	BBCW1006	—	—	1	1	P	6
	14	传感与检测技术	BBBW1008	32	16	—	2	C	6
	15	工业机器人技术基础及应用	BBBW1009	32	16	—	2	C	6
	16	零件数控工艺与CAM编程	BBBW1010	32	16	—	2	S	6
	17	机电控制与PLC应用	BBBW1011	48	16	—	3	C	6
	18	工程成套图规范化训练	BBBW1015	—	—	2	2	P	7
	19	技术专题文献检索与综述	BBBW1016	32	16	—	2	C	7
	20	数控机床夹具设计	BBBW1012	32	16	—	2	C	7

续表

课程门类	序号	课程名称	课程代码	理论课程		实践课程	学分	考核类型	开设学期
				总学时	实践学时	周数			
专业(技能)课程必修	21	智能产线设计仿真	BBBW1014	32	16	—	2	C	7
	22	多轴加工专用周	BBCW1007	—	—	2	2	P	7
	应修学时和学分			576	226	10	46	—	—
专业综合课程必修	1	企业实习(第二或第三学年暑假)	BCCW1001	—	—	(8)	(8)	P	—
	2	装置设计与实现项目	BCCW1002	—	—	3	3	P	7
	3	数控机床电气装调	BCCW1003	—	—	2	2	P	7
	4	企业实习(跟岗)	BCCW1004	—	—	4	4	—	8
	5	毕业设计	BCCW1005	—	—	12	12	P	8
	应修学时和学分			—	—	21	21	—	—
群拓展课程限选	—	任选一组共修满3学分	—	—	—	—	—	—	—
	1	技能积累选修	BECW1001	—	—	3	3	—	6—7
	2	升学进阶选修	BEAW7001	—	—	3	3	—	6—7
	3	创新项目选修	BEBW1001	—	—	3	3	—	5—7
	应修学时和学分			—	—	—	—	—	—

注：C指考核类型中的考查；S为考核类型中的考试；P指考核类型中的评阅；文化选修课程，每学期由学校素质教育中心发布本学期可选修课程清单，供学生选择；艺术选修课程，每学期由学校公共艺术中心发布本学期可选修课程清单，供学生选择；技能积累选修，每学期由专业所在的机械技术学院公布技能积累选修的项目清单；升学进阶选修，每学期由专业所在的机械技术学院公布升学进阶选修的课程清单，主要有英语、数学、机械设计基础、工程力学等升学考试科目课程；创新项目选修，每学期由专业所在的机械技术学院公布创新项目选修清单，主要有大学生创新创业竞赛项目（省级及以上）、学科竞赛项目（省级及以上）、职业院校技能竞赛项目（省级及以上）、企业资助技术项目等，学生也可以自拟专利申获项目（实用新型及以上），以及发表专业技术论文（省刊及以上）等完成创新项目选修学分；带括号的学时数在课余时间进行，不计入计划学时，但学分会被计入计划学分。

八、方案说明

（一）学期安排

讲授课程分学期开设学时，如表4-10所示。

表4-10　讲授课程分学期开设学时

讲授课程/总学时	第一学期/学时	第二学期/学时	第三学期/学时	第四学期/学时	第五学期/学时	第六学期/学时	第七学期/学时	第八学期/学时
公共基础课程/1016学时（不包括职业发展与职业指导、心理健康教育、形势政策与国家安全）	280	320	288	80	48	—	—	—
职业发展与职业指导/32学时	—	—	—	—	—	16	16	—
心理健康教育/16学时	8	8	—	—	—	—	—	—
形势政策与国家安全/64学时	12	12	8	8	8	8	8	—
文化选修课程/40学时	—	8	8	6	6	6	6	—
艺术选修课程/32学时	—	6	6	5	5	5	5	—
群共用课程/560学时	64	48	64	208	128	48	—	—
专业（技能）课程/576学时	—	—	80	144	112	144	96	—
合计/2336学时	364	402	454	451	307	227	131	—

专业实践课程分学期开设周数，如表4-11所示。

表4-11　专业实践课程分学期开设周数

实践课程/总周数	第一学期/周	第二学期/周	第三学期/周	第四学期/周	第五学期/周	第六学期/周	第七学期/周	第八学期/周
专业认知	0.5	—	—	—	—	—	—	—
测绘与制图专用周	—	1	—	—	—	—	—	—

续表

实践课程/总周数	第一学期/周	第二学期/周	第三学期/周	第四学期/周	第五学期/周	第六学期/周	第七学期/周	第八学期/周
机械加工基础训练Ⅰ	—	2	—	—	—	—	—	—
机械原理与设计专用周Ⅰ	—	—	—	1	—	—	—	—
机械加工基础训练Ⅱ	—	—	—	1	—	—	—	—
计算机程序课程项目设计	—	—	—	—	—	1	—	—
机械设计建模项目	—	—	1	—	—	—	—	—
液压与气动传动课程设计	—	—	—	—	1	—	—	—
数控加工实训	—	—	—	—	2	—	—	—
机械制造工艺课程设计B	—	—	—	—	—	1	—	—
基于VERICUT的数控加工仿真	—	—	—	—	—	1	—	—
工程成套图规范化训练	—	—	—	—	—	—	2	—
多轴加工专用周	—	—	—	—	—	—	2	—
装置设计与实现项目	—	—	—	—	—	—	3	—
数控机床电气装调	—	—	—	—	—	—	2	—
企业实习(跟岗)	—	—	—	—	—	—	—	4
毕业设计	—	—	—	—	—	—	—	12
合计/37.5周	0.5	3	1	2	3	3	9	16

注：企业实习（第二或第三学年暑假）、技能积累选修、升学进阶选修、创新项目选修等实践课程，因在课余时间进行，故仅统计学分并进行学时折算，不列入各学期开设周数统计。

各学期选修课程学分及折算学时，如表4-12所示。

表 4-12　各学期选修课程学分及折算学时

选修课程/折算学时	第一学期/折算学时	第二学期/折算学时	第三学期/折算学时	第四学期/折算学时	第五学期/折算学时	第六学期/折算学时	第七学期/折算学时	第八学期/折算学时
文化选修课程	—	8	8	6	6	6	6	—
艺术选修课程	—	6	6	5	5	5	5	—
企业实习(第二或第三学年暑假)	—	—	—	4×28	—	4×28	—	—
群拓展课程： 技能积累选修 升学进阶选修 创新项目选修	—	—	—	—	1×28	1×28	1×28	—
合计/380学时	—	14	14	123	39	151	39	0

注：实践周数按每周28学时折算，技能积累选修、升学进阶选修、创新项目选修等学生只需任选一组，选满3学分即可。

（二）教学总安排

根据课程分学期开设学时，编制教学总安排表。教学总安排表，如表4-13所示。

表 4-13　教学总安排表

学期	理论教学			实践实训	考试	毕业教育	运动会	周数合计
	周数	总学时	周均学时	周数	周数	周数	周数	
第一学期	14	364	26	2.5	1	—	0.5	18
第二学期	16	402	25.1	3	1	—	—	20
第三学期	17.5	454	25.9	1	1	—	0.5	20
第四学期	17	451	26.6	2	1	—	—	20
第五学期	15.5	307	19.8	3	1	—	0.5	20
第六学期	16	227	14.1	3	1	—	—	20
第七学期	9.5	131	13.8	9	1	—	0.5	20
第八学期	0	0	0	16	0	1	—	17
小计	105.5	2336	—	39.5	7	1	2	155

（三）不同类型课程学时占比统计

不同类型课程学时占比，如表4-14所示。

表4-14　不同类型课程学时占比

序号	学时和占比	方案实际值	标准值	比较结果
1	总学时	2336＋28×39.5＝3442	3200	＞标准值(＋242学时)
2	公共基础课学时占比	1200/3442＝34.9％	总学时×25％	＞标准值(＋9.9％)
3	各类选修课学时	492/3442＝14.3％	总学时×10％	＞标准值(＋4.3％)
4	专业课实践学时占比	1348/2186＝61.7％	总学时×50％	＞标准值(＋11.7％)
5	专业认知实习周数	0.5＋8＝8.5周	2周	＞标准值(＋6.5周)
6	跟岗实习周数	4周	4周	＝标准值(＋0周)
7	岗位实习月数	8＋4＋12＝24周(6个月)	6个月	＝标准值(＋0月)
8	劳动专题教育必修课学时	16学时	16	＝标准值(＋0学时)
9	劳动教育总学时	16＋28×5×0.2＝44学时	32	＞标准值(＋12学时)
10	艺术课程学分	32学时2学分	2	＝标准值(＋0学时)

注：专业课累计学时为560＋576＋28×37.5＝2186学时，其中实践周按每周28学时折算，即专业课程实践累计学时为72＋226＋28×37.5＝1348学时；企业实习（第二或第三学年暑假）8周，企业实习（跟岗）4周，毕业设计在企业跟岗阶段完成12周，合计24周，折算为6个月；劳动教育除开设劳动教育专题课程16学时，还主要通过机械加工基础训练Ⅰ/Ⅱ、数控加工实训（共5周，每周20％学时）实施。

（四）毕业要求与承接课程

本专业毕业要求与承接课程关系，如表4-15所示。表4-15中首列为课程名称；第2列至第11列为本专业的10项毕业要求；“★”表示课程承接的毕业要求。

表4-15　本专业毕业要求与承接课程关系

课程名称	技术知识	方案开发	技能积累	现代工具	社会责任	劳动习惯	职业规范	团队合作	沟通交流	终身学习
专业认知	★		★				★			★
工程图学AⅠ	★		★				★			★
工程图学AⅡ	★		★				★			★
测绘与制图专用周	★		★				★			★
机械加工基础训练Ⅰ	★		★			★	★		★	★
理论力学A	★						★			★
电工电子学Ⅰ	★						★			★
材料力学A	★		★				★		★	★
机械原理及设计Ⅰ	★		★				★			★
机械原理与设计专用周I	★	★	★		★		★			★
机械加工基础训练Ⅱ	★		★			★	★			★
控制工程基础	★						★			★
机械原理及设计Ⅱ	★		★				★			★
电工电子学Ⅱ	★						★			★
计算机程序设计基础	★		★				★			★
计算机程序课程项目设计	★	★	★	★			★			★
机械设计数字建模基础	★		★				★			★
机械设计建模项目	★	★	★	★	★		★			★
互换性与技术测量A	★		★				★			★

续表

课程名称	技术知识	方案开发	技能积累	现代工具	社会责任	劳动习惯	职业规范	团队合作	沟通交流	终身学习
工程材料与热成型基础B	★						★			★
金属切削加工与机床	★						★			★
液压与气压传动	★		★				★			★
液压与气动传动课程设计	★		★	★	★		★			★
三维扫描与数据处理A	★		★	★			★			★
数控编程及零件加工B	★		★				★			★
数控加工实训	★		★			★	★			★
机械制造工艺	★	★	★	★			★			★
机械制造工艺课程设计B	★	★	★		★		★			★
基于VERICUT的数控加工仿真	★		★	★			★			★
传感与检测技术	★		★				★			★
工业机器人技术基础及应用	★		★				★			★
零件数控工艺与CAM编程	★		★				★			★
机电控制与PLC应用	★		★	★			★			★
工程成套图规范化训练	★		★				★			★
技术专题文献检索与综述	★		★				★			★

续表

课程名称	技术知识	方案开发	技能积累	现代工具	社会责任	劳动习惯	职业规范	团队合作	沟通交流	终身学习
数控机床夹具设计	★		★	★	★		★			★
智能产线设计仿真	★		★	★			★			★
多轴加工专用周	★		★	★	★		★			★
企业实习	★		★				★	★	★	★
装置设计与实现项目	★	★	★	★			★	★	★	★
数控机床电气装调	★		★	★			★			★
企业实习（跟岗）	★		★		★		★	★	★	★
毕业设计	★	★	★				★			★
技能积累选修	★		★	★			★			★
升学进阶选修	★						★			★
创新项目选修	★		★	★			★	★	★	★

九、文凭授予

修完本方案全部课程，学分数大于等于专业规定值后，才能授予学生毕业文凭。

十、课程简介

课程简介如表4-16所示。

表4-16 课程简介

序号	课程名称	课程代码	内容简介（限80字，包括授课内容、实施任务等）	理论课程		实践课程	学分
				学时	实践学时	周数	
1	思想道德与法治	BAAW0101	讲授马克思主义的人生观、价值观、道德观、法治观，以及社会主义核心价值观与社会主义法治建设等内容	48	—	—	3
2	大学英语Ⅰ	BAAW7001	讲授基本语法知识及单词550个，短语与结构350个，训练阅读、理解、交际会话、话题写作、中英互译等	64	—	—	4
3	大学体育Ⅰ	BABW0301	讲授足球、田径等基本知识，练习足球、田径等基本技术和基本技能	32	28	—	2
4	劳动专题教育	BABL0101	讲授马克思主义劳动观，体认劳动不分贵贱的观念，培育学生热爱劳动、尊重劳动的精神	16	16	—	1
5	军事技能	BACW0501	学习军事基础知识、训练基本军事技能，增强国防观念，树立国防忧患危机意识	—	—	2	2
6	大学生体质健康	BABW0302	测试身体成分、心血管系统功能、肌肉的力量和耐力，以及关节和肌肉的柔韧性等项目，实施体质健康合格证颁发项目	8	8	—	0.5
7	高等数学AⅠ	BAAW0201	讲授函数与极限、一元函数微分学、一元函数积分学、常微分方程等内容	64	—	—	4
8	中国近现代史纲要	BAAW0103	讲授中国近代以来争取民族独立、人民解放和实现国家富强、人民幸福的历史	48	—	—	3
9	心理健康教育	BABW0401	讲授大学生心理健康教育的基本理论和基本知识，让学生练习保持心理健康的基本方法和基本技能等	16	8	—	1

续表

序号	课程名称	课程代码	内容简介（限80字，包括授课内容、实施任务等）	理论课程		实践课程	学分
				学时	实践学时	周数	
10	形势政策与国家安全	BAAW0102	讲授国内外形势及政治、经济、信息、外交和国家安全等热点问题，以及党和国家的基本态度、应对策略等	64	—	—	2
11	大学英语Ⅱ	BAAW7002	巩固基本语法知识并学习新增的700个单词及短语与结构，实施阅读、听力、理解、会话、中英互译等提升练习	64	—	—	4
12	大学体育Ⅱ	BABW0303	学习篮球、体操等项目的基本知识、基本技术和基本技能	32	28	—	2
13	高等数学AⅡ	BAAW0202	讲授向量代数与空间解析几何、多元函数微分学、多元函数积分学、曲线积分与曲面积分、无穷级数等内容	80	—	—	5
14	线性代数A	BAAW0203	讲授行列式定义、计算及应用，以及矩阵定义、计算和初等变换，向量及向量组的线性相关性，线性方程组，二次型等内容	32	—	—	2
15	大学物理AⅠ	BAAW0204	讲授通用的运动学、刚体、振动与波、热力学等物理基础知识	56	—	—	3.5
16	大学物理实验AⅠ	BACW0201	讲授误差与数据处理基础知识，学习测量方法与仪器调整，实施测定重力加速度、物体转动惯量、弦振动特征量等实验项目	24	—	—	1.5
17	军事理论	BAAW0501	讲授习近平强军思想，中国国防的法规、建设和武装力量，以及国家安全形势、国际战略形势、中外军事思想、现代机械化战争与信息化战争等内容	36	—	—	2
18	体育选项Ⅰ	BABW0304	讲授篮球、乒乓球、羽毛球等体育专项基本理论知识，学习相关的运动技术和运动技能	32	28	—	2

续表

序号	课程名称	课程代码	内容简介（限80字，包括授课内容、实施任务等）	理论课程		实践课程	学分
				学时	实践学时	周数	
19	大学英语Ⅲ	BAAW7003	学习新增的500个单词及相应词组，实施中等难度题材文章阅读练习、听力练习、英文写作练习、中英互译练习等项目	48	—	—	3
20	马克思主义基本原理	BAAW0104	讲授世界的特性及发展规律，实践与认识的发展规律，人类社会及发展规律，资本主义的本质、规律和发展趋势，社会主义发展及规律，共产主义理想及最终实现等内容	48	—	—	3
21	概率论与数理统计A	BAAW0205	讲授随机事件及其概率、随机变量及其分布，以及随机变量的数字特征、样本及抽样分布、参数估计和假设检验等内容	48	—	—	3
22	复变函数与积分变换	BAAW0206	讲授复数与复变函数、解析函数、复变函数的积分、解析函数的级数表示、留数及其应用、共形映射、傅里叶变换、拉普拉斯变换等内容	32	—	—	2
23	大学物理AⅡ	BAAW0207	讲授通用的静电场、稳恒磁场、电磁感应、光学等物理基础知识	56	—	—	3.5
24	大学物理实验AⅡ	BACW0202	实施电阻的伏安特性曲线测绘、电桥法测量电阻、交流电路谐振，以及光的衍射、干涉、偏振等实验项目	24	—	—	1.5
25	毛泽东思想和中国特色社会主义理论体系概论	BAAW0105	讲授毛泽东思想、邓小平理论、“三个代表”重要思想、科学发展观、习近平新时代中国特色社会主义思想之间的传承关系，重点学习习近平新时代中国特色社会主义思想的时代背景、理论渊源、实践意义、核心要义、精神实质、丰富内涵、基本观点和实践要求等内容	48	—	—	3

续表

序号	课程名称	课程代码	内容简介（限80字，包括授课内容、实施任务等）	理论课程		实践课程	学分
				学时	实践学时	周数	
26	体育选项Ⅱ	BABW0305	学习篮球、乒乓球、羽毛球等项目的比赛规则，练习专项基本技能	32	28	—	2
27	习近平新时代中国特色社会主义思想概论	BAAW0106	围绕党的十九大、十九届六中全会、二十大等会议的报告、公告和其他文献，讲授“十个明确”“十四个坚持”“十三个方面成就”等内容	48	—	—	3
28	职业发展与职业指导	BABW0402	讲授职业生涯认识与规划、职业能力与创业、就业形势与职业适应、择业心理与求职技巧等内容	32	8	—	2
29	文化选修课程	BAAW0601	根据学校素质教育中心公布的清单自主选修累计学分≥2.5的课程，包括无锡文化漫谈、法律与生活、环境保护与可持续发展等84门可选修课程	40	—	—	2.5
30	艺术选修课程	BAAW0602	根据学校公共艺术中心公布的清单自主选修累计学分≥2的课程，包括无锡泥塑、昆曲、教你学唱歌等84门可选修课程	32	—	—	2
31	专业认知	BDBW1001	讲授专业领域前景、动态、就业岗位等知识，并参观业内著名企业及主营产品，开展与企业青年在岗者或校友的交流沟通活动	—	—	0.5	0.5
32	工程图学AⅠ	BDBW1002	讲授点线面投影和国家制图标准，练习基本体（含切割及相交）、组合体的三视图绘制，轴测图绘制，机件二维机械图绘制，CAD绘图基本技能等	64	20	—	4

续表

序号	课程名称	课程代码	内容简介（限80字，包括授课内容、实施任务等）	理论课程		实践课程	学分
				学时	实践学时	周数	
33	工程图学AⅡ	BDBW1003	讲授常用标准件、通用件的规定画法、标记及查表选用，零件图和装配图基础知识，实施典型机械零部件图的识读和测绘练习，机械装配图的识读和绘制等	48	18	—	3
34	测绘与制图专用周	BDCW1001	实施较复杂的装配体(30个左右零件)的拆装，部件成套零件图及装配图绘制练习	—	—	1	1
35	机械加工基础训练Ⅰ	BDCW1002	练习划线、锯、锉、錾、钻、扩、铰、锪、攻丝、研磨、刮削、矫正、弯曲、铆接，以及钳装、钳修等钳加工技能；学习直线度、平行度、垂直度、对称度的保证方法，训练学生根据图纸和工艺文件实施中等复杂镶配零件钳工加工技能	—	—	2	2
36	理论力学A	BDAW1005	讲授质点、质点系和刚体的机械运动(包括平衡)基本规律，以及研究和计算方法等	64	—	—	4
37	电工电子学Ⅰ	BDBW3001	讲授电路理论及分析方法、三相交流电应用分析、异步电动机及其应用等内容	48	8	—	3
38	材料力学A	BDBW1004	讲授杆件的强度、刚度和稳定性等基础理论知识，学习工程结构中的强度、刚度和稳定性的校核方法	64	8	—	4
39	机械原理及设计Ⅰ	BDBW1005	讲授常用机构的工作原理、运动特性、应用特点等基本知识和设计方法	48	4	—	3

续表

序号	课程名称	课程代码	内容简介 （限80字，包括授课内容、实施任务等）	理论课程		实践课程	学分
				学时	实践学时	周数	
40	机械原理与设计专用周Ⅰ	BDCW1003	实施一种用途的机构选型和组合、机构方案设计、机构运动和动力分析、最优机构参数确定、机构运动性能曲线绘制、机构运动仿真分析，以及飞轮的飞轮矩确定等设计项目	—	—	1	1
41	机械加工基础训练Ⅱ	BDCW1004	讲授铣床、刨床、磨床的基本操作要领和基础知识，零件的铣削、刨削、磨削的加工方法。让学生认识各种刀具，能够正确使用常用量具，学习安全操作规程和设备保养方法等	—	—	1	1
42	控制工程基础	BDBW1006	讲授控制系统的动态数学模型、时域和频域分析方法，并能够判断系统的稳定性，进行误差分析，控制系统的综合和校正，MATLAB软件在控制系统的分析和综合应用等内容	48	—	—	3
43	机械原理及设计Ⅱ	BDBW1007	讲授通用机械零部件的工作原理、结构特点、标准选用、设计计算和维护等基本知识和基本方法	80	6	—	5
44	电工电子学Ⅱ	BDBW3002	讲授模拟电路基本概念和定律，电路的分析方法，二极管、晶体管、场效应管，分立元件放大电路，集成运算放大器，门电路与组合逻辑电路，触发器、时序逻辑电路等内容	48	8	—	3

续表

序号	课程名称	课程代码	内容简介（限80字，包括授课内容、实施任务等）	理论课程		实践课程	学分
				学时	实践学时	周数	
45	计算机程序设计基础	BDBW2001	讲授C++的数据类型、程序结构、程序语句、函数，学习面向过程的程序设计方法和计算机程序的编写技能	48	—	—	3
46	计算机程序课程项目设计	BDCW2001	实施简易“管理信息系统”程序的编写、调试、运行等项目	—	—	1	1
47	机械设计数字建模基础	BBCW1001	讲授一种三维CAD/CAM软件的常用命令和功能，学习草绘设计、产品三维造型，以及三维零件装配和绘制零件工程图等基本技能	48	44	—	3
48	机械设计建模项目	BBCW1002	实施一个机械装置（15—20个零件）的三维设计项目，完成装置的零件和装配体的建模和工程图绘制等要求	—	—	1	1
49	互换性与技术测量A	BBBW1001	讲授互换性的基本概念、光滑圆柱的公差与配合及其检测、形位公差及其检测、表面粗糙度及其检测、圆锥及常用结合件的公差与配合的选用及其检测等内容	32	6	—	2
50	工程材料与热成型基础B	BBBW1002	讲授常用工程材料及其成型工艺方法的基础知识，学习选择材料与改型的方法、选择毛坯生产的方法等	48	8	—	3
51	金属切削加工与机床	BBBW1003	讲授车削、铣削、磨削、镗削、研磨、抛光、齿轮加工、电加工等工种的加工范围、加工机床、刀具、夹具、量具等内容	48	8	—	3

续表

序号	课程名称	课程代码	内容简介（限80字，包括授课内容、实施任务等）	理论课程		实践课程	学分
				学时	实践学时	周数	
52	三维扫描与数据处理A	BBBW 1004	讲授一种三维激光扫描仪的操作方法，学习点云三维模型的获取方法，学习一种三维扫描数据处理软件，实施对点云三维模型的调整、修补，以及将其传到加工中心或快速成型设备上的逆向制造项目	32	16	—	2
53	液压与气压传动	BBBW 1005	讲授液压流体力学基础知识，常用液压元器件的结构原理及应用，液压基本回路组成及应用，典型液压系统分析应用，气动基本54回路及几种典型回路分析，典型气动系统分析应用等内容	48	8	—	3
54	液压与气动传动课程设计	BBCW 1003	实施一项中等复杂气动功能装置的气动基本回路设计项目	—	—	1	1
55	数控编程及零件加工B	BBBW 1006	讲授数控编程指令系统和手工编程方法，学习数控加工工艺设计，数值处理及数控车和数控铣基础性加工程序的手工编程方法，实施1项及以上验证性实机加工项目	32	16	—	2
56	数控加工实训	BBCW 1004	讲授数控车和数控铣实训机床的指令系统和加工范围，实施1项数控车削件的加工项目和1项数控铣削件的加工项目	—	—	2	2
57	机械制造工艺	BBBW 1007	讲授工艺规范及其标准、典型零件（轴、套、箱、齿轮、异形件）的工艺分析，讲授毛坯、余量、工夹量具、切削用量、加工基准及其装夹、机械加工工艺过程卡及工序卡编制，讲授机械装配知识、编写装配过程卡、工序卡等内容	48	8	—	3

续表

序号	课程名称	课程代码	内容简介（限80字，包括授课内容、实施任务等）	理论课程		实践课程	学分
				学时	实践学时	周数	
58	机械制造工艺课程设计B	BBCW1005	实施1项中等复杂零件的全套工艺规程设计项目，完成1项工艺所需的夹具设计	—	—	1	1
59	基于VERICUT的数控加工仿真	BBCW1006	讲授VERICUT基本操作、参数设置，以及虚拟机床创建、数控系统配置、程序及刀具调用等内容，实施1项基于VERICUT的典型零件加工仿真项目	—	—	1	1
60	传感与检测技术	BBBW1008	讲授常用传感器的工作原理，以及其特性参数、选型、安装、调试等内容，测量基础技术知识，实施2项传感器检测装置实验	32	16	—	2
61	工业机器人技术基础及应用	BBBW1009	讲授工业机器人的基本结构和技术参数，学习利用示教器实现基本操作，学习应用软件构建仿真工业机器人工作站，实现机器人离线轨迹编程	32	16	—	2
62	零件数控工艺与CAM编程	BBBW1010	讲授具有工艺难点的较复杂机械零件的数控加工工艺选用，以及CAM编程方法、刀具选用等的基本知识，实施1项较复杂机械零件的CAM编程项目	32	16	—	2
63	机电控制与PLC应用	BBBW1011	讲授全压起动控制、减压起动控制、正反转控制、制动控制和常用机床控制系统，以及PLC的组成及原理、PLC指令系统和典型应用等内容，实施点动控制装置连接与调试等5项课程任务项目	48	16	—	3

续表

序号	课程名称	课程代码	内容简介（限80字，包括授课内容、实施任务等）	理论课程		实践课程	学分
				学时	实践学时	周数	
64	成套工程图规范化训练	BBBW 1015	根据1项三维机械装配体模型，确定合理设计要求，实施规范化绘制装配图及全套零件图项目；或根据1项电气原理图，确定各电器元件型号规格，实施规范化绘制符合工程要求的电气原理图、电柜布局图，以及柜内接线图、柜内外连接图等项目	—	—	2	2
65	技术专题文献检索与综述	BBBW 1016	教授学生自拟1项专业领域具有新技术、新工艺、新知识特性的具体专题，检索百篇左右技术文献，围绕专题优化筛选，并写1篇符合技术论文发表规范的专题综述	32	16	—	2
66	数控机床夹具设计	BBBW 1012	讲授数控机床夹具功能、定位、夹紧，以及刀具引导和校正等，实施数控车床或数控铣床夹具设计等项目	32	16	—	2
67	智能产线设计仿真	BBBW 1014	讲授Process Simulate智能产线建模及工艺仿真工具软件，讲授工厂规划、工艺仿真与验证、人机交互仿真，实施单工位机器人、AGV小车、桁架机器人协同工作项目，以及桁架运行、整线仿真等设计仿真项目	32	16	—	2
68	多轴加工专用周	BBCW 1007	实施2—3项配套多轴数控加工职业技能等级证书（高级）的训练项目，主要包括拟定零件数控加工工艺、软件生成加工程序、实机操作加工等内容	—	—	2	2

续表

序号	课程名称	课程代码	内容简介（限80字，包括授课内容、实施任务等）	理论课程		实践课程	学分
				学时	实践学时	周数	
69	企业实习（第二或第三学年暑假）	BCCW1001	实施累计8周的暑假实习计划。实习报告内容主要包括企业生产的全过程，以及企业的管理制度、管理方法等。学习企业的工作流程，体验企业产品研发、设计、制造、维修、项目管理等岗位的工作内容	—	—	8	8
70	装置设计与实现项目	BCCW1002	实施1项融合机械结构、液压气动系统或电气控制系统的综合性装置设计与装置关键零件工艺设计及实现的项目	—	—	3	3
71	数控机床电气装调	BCCW1003	实施1项常用数控机床的电气工程图绘制，电气柜电气连接与调试项目	—	—	2	2
72	企业实习（跟岗）	BCCW1004	实施企业实习计划，报告未来就业岗位的业务范围、工作要求，以及自己的职业规范等	—	—	4	4
73	毕业设计	BCCW1005	学生独立完成1项专业领域技术产品设计项目，包括收集设计资料、技术方案设计与论证、全套技术图纸的绘制与撰写，以及设计论文或设计说明书等内容	—	—	12	12
74	技能积累选修	BECW1001	学生根据个人意愿，在学校提供的技能积累选修清单中，自主选修累计学分≥3的1项及以上的技能培训课程	—	—	—	3
75	升学进阶选修	BEAW7001	有升学意愿的学生可根据升学目标院校和专业，在学校提供的升学进阶选修清单中，自主选修一组累计学分≥3的进阶课程	—	—	—	3
76	创新项目选修	BEBW1001	学生根据个人兴趣和技术基础，在学校认定的创新项目选修清单中，自主选择并实施完成累计学分≥3的创新项目	—	—	—	3

第五章　职业本科课程标准及实施案例

一个专业的人才培养方案确定后，在一个专业培养周期中的全部课程也随之被确定了。接着就进入课程开发阶段，这个阶段较为重要的事项为开发出专业人才培养方案中开设的每一门课程。开发的具体成果是每一门课程的课程教学标准，简称课程标准。

职业本科专业开发的“学生中心”“成果导向”“持续改进”三大原则，要在职业本科专业课程标准开发中得到贯彻和落实。尤其在专业课程的开发中，要使学生每学一课，就能做成一事。首先，得让学生有事可干，即要在课程中创立课程任务项目；其次，要帮助学生积累有实际功用的技术技能，即课程任务项目需要与未来的工作岗位紧密关联，项目要融入新技术和新工艺；最后，开发的课程标准在随后的教学中必须具有可实施性。这将迫使课程开发者在编制课程标准之际就得考虑全体学生的技术技能基础，学校教学实施的环境、资源、师资和政策支持等一系列制约因素。这也将迫使每一位教学实施者不断总结可以达成专业人才培养目标和课程教学目标的可行性授课方案及有效的教学方式，并不断地积累有价值的课程教学任务项目。

第一节　机电控制与PLC应用课程

一、课程标准

（一）范围

本标准适用于机械智能制造专业群的机械设计制造及自动化（260101）、数控技术（260103）、智能制造工程技术（260102）、机械电子工程技术（260301）等职业本科专业。

（二）课程简介

机电控制与PLC应用课程讲授全压起动控制、减压起动控制、正反转控制、制动控制和常用机床控制系统，以及PLC的组成及原理、PLC指令系统和典型应用等内容。另外，本课程还实施电动机点动控制电气原理图绘制，以及电动机点动控制柜内电器布局图、柜内连接图、柜外连接图绘制，点动控制装置连接与调试，CW6132电气控制设计图、布局图、柜内外连接图绘制（基于ACE），电动机正反转编程和仿真调试（基于S7-1200 FB）等项目。

课程代码BBBW1011，48学时，3学分。

（三）课程目标

本课程承接技术知识、技能积累、现代工具、职业规范和终身学习五项毕业要求，如表5-1所示。

表5-1　课程承接的毕业要求

课程名称	技术知识	方案开发	技能积累	现代工具	社会责任	劳动习惯	职业规范	团队合作	沟通交流	终身学习
机电控制与PLC应用	★		★	★			★			★

1. 技术知识

学生要学习开关、变压器、开关电源、交流接触器、继电器、熔断器、热继电器、电动机等常用电器知识和选型方法；全压起动、减压起动、正反转、制动等电气控制基本环节；机床电气控制、S7-1200 PLC组成、组态、指令、编程、仿真、调试等技术知识。

2. 技能积累

通过电动机点动控制电气工程图绘制，电动机点动控制柜内电器布局图、柜内连接图、柜外连接图绘制，电动机点动控制装置连接与调试，CW6132电气控制设计图、布局图、柜内外连接图绘制（基于ACE），电动机正反转编程和仿真调试（基于S7-1200 FB）五个课程任务项目，学生要积累机电控制项目电气系统工程图绘制和设计技能、电气控制装置连接和调试技能，以及PLC控制装置电气设计和程序编制技能。

3. 现代工具

通过学习使用张工选型、CADe绘图和仿真、ACE（AutoCAD Electrical)、TIA Portal等现代工具软件，学生要能达到熟练使用现代设计工具的培养目标。

4. 职业规范

本课程将重点考核出勤、请假、诚实考试、拒绝抄袭等与未来工作岗位基本职业规范具有紧密关联的行为，以及重点考核课程任务项目成果的规范化水平，达成满足未来工作岗位职业规范的基本要求。

5. 终身学习

以每次及时提交的即时学习记录和求善学习记录为载体，培育学生将所学课程内容不断充实、完善和体系化重构的能力，并对这一终身学习能力进行评估，使之达成未来职业生涯发展的基本要求。

（四）课程计划

本课程共48学时，将其划分为24个计划授课单元，每单元2学时。课程计划表，如表5-2所示。

表5-2 课程计划表

序号	每次教学活动名称	辅教资源	授课学时	实践学时
1	电动机点动控制装置Ⅰ(机电控制与PLC应用的课程任务与课程思政要点,线制与插头、熔断器、上电开关、交流接触器、热继电器和电动机)	电动机点动控制原理图.PPT 电器实物	2	—
2	电动机点动控制装置Ⅱ(主回路和控制回路间的配电、按钮、热继电器常闭与热检测元件动断关系、交流接触器线圈与主触头动断关系、原理图绘制练习)	自操作动画:电动机点动控制原理图.SWF	2	—
3	电动机点动控制装置Ⅲ(插头选型、电动机选型、交流接触器选型、主回路熔断器选型、热继电器选型、上电开关选型、按钮选型、导线选型、物料清单制作)	张工选型软件、京东电器购物网站	2	—

续表

序号	每次教学活动名称	辅教资源	授课学时	实践学时
4	电动机点动控制装置Ⅳ(电气控制设计图绘制规范)	电气控制设计图绘制规范.PPT	2	—
5	项目一:电动机点动控制工程图绘制(AC380 V进AC110 V出配电方案)	—	—	2
6	电动机点动控制装置Ⅴ(点动控制装置电柜内布局图绘制规范、导线选型)导轨选型、端子排作用与选型、电气柜选型,物料清单补充)	电柜内布局图绘制规范.PPT	2	—
7	电动机点动控制电气装置Ⅲ(点动控制装置电柜内连接图和柜外与柜内互连图的绘制规范)	电柜内连接和柜内外互连图绘制规范.PPT	2	—
8—9	项目二:电动机点动控制柜内电器布局图、柜内连接图、柜外连接图绘制	—	—	4
10—11	项目三:电动机点动控制装置连接与调试	—	—	4
12	电动机基本控制环节Ⅰ(起停保持环节,单人多点起停控制,多人多点起停控制,时间继电器、速度继电器、串电阻减压起动、星三角换接减压起停、时间继电器、中间继电器、行程开关等)	—	2	—
13	电动机基本控制环节Ⅱ(正停反控制、正反停控制、正反自循环控制、能耗制动、反接制动、调速控制、CADe正停反仿真)	CADe工具软件	2	—
14	基于ACE绘制CW6132电气控制设计图Ⅰ(CW6132电气控制原理、绘制规则、布局图、ACE基本功能)	ACE工具软件	—	2
15	项目四:CW6132电气控制设计图、布局图、柜内外连接图绘制(基于ACE)	—	—	2
16	基于ACE的C650电气控制设计图绘制测试	—	—	2
17	S7-1200 CPU基础(CPU构成、CPU运行原理、CPU编址与变量)	—	2	—

续表

序号	每次教学活动名称	辅教资源	授课学时	实践学时
18	基于TIA Portal的电动机正反转控制编程(新建项目、梯形图创建、PLC仿真调试)	TIA Portal工具软件	1	1
19	S7-1200位逻辑运算指令(触点和赋值指令、置位和复位指令、升沿和降沿指令)	—	2	—
20	S7-1200定时器和计数器操作指令(定时器操作指令、计数器操作指令、展厅人数指示编程和仿真调试,以及其他指令简介)	—	2	—
21	S7-1200正反转控制梯形图编制(硬件组态、梯形图编制方法、用户程序块)	—	2	—
22	基于TIA Portal编制正反停控制梯形图测试	—	—	2
23	S7-1200梯形图程序结构(基于OB1、FC、FB)	—	2	—
24	课程考核	—	2	—
学时合计(48学时)		—	29	19

(五) 资源配备

本课程的资源配备表，如表5-3所示。

表5-3 资源配备表

序号	资源名称	技术参数或要求	配套数量
1	PC	—	50台
2	PLC实验装置	S7-1200 PLC	12套
3	通用接线板	800 mm×800 mm	12套
4	电器	交流接触器、热继电器、按钮等一套	12套
5	选型软件	张工选型	50套
6	电气控制仿真软件	CADe_SIMU仿真软件	50套
7	电气设计工具软件	AutoCAD Electrical软件	50套
8	PLC编程仿真软件	TIA Portal软件	50套

（六）课程评价

本课程的课程评价表，如表5-4所示。

表5-4　课程评价表

序号	评价项目	评价载体/评价标准	登记成绩
1	技术知识	结课考试/标准答卷	百分制
2	技能积累	①电动机点动控制电气工程图绘制/质效评价标准（规范）； ②电动机点动控制柜内电器布局图、柜内连接图、柜外连接图绘制/质效评价标准（规范）； ③电动机点动控制装置连接与调试/质效评价标准（规范）； ④CW6132电气控制设计图、布局图、柜内外连接图绘制（基于ACE）/质效评价标准（规范）； ⑤电动机正反转编程和仿真调试（基于S7-1200 FB）/质效评价标准（规范）	五等级制
3	现代工具	①基于ACE的CW6132电气控制设计图绘制/测试（限时，质量）； ②基于TIA Portal编制正反停控制梯形图/测试（限时，质量）	五等级制
4	职业规范	出勤、请假、诚实考试、拒绝抄袭等/积分制	五等级制
5	终身学习	①即时学习记录/积分折算制； ②求善学习记录/积分折算制	五等级制
—	课程综合评价	①当结课考试分数＜60分时，课程综合评价成绩＝结课考试成绩，补考合格后为60分； ②当结课考试成绩≥60分时，课程综合评价成绩＝技术知识成绩×20%＋技能积累成绩×40%＋现代工具成绩×10%＋职业规范成绩×15%＋终身学习成绩×15%	百分制

二、教学实施

课程标准中的课程计划表规定的历次教学活动需要进一步具化为教师可实施的授课方案。这一过程包括三个内容：一是将课程计划规定的历次教学活动具化为若干个授课问题，并按实际教学过程，将所有授课问题串接成一个完整的教学流程；二是对具化后的每一个授课问题进行分解，使其关键内容得到确认，以保证不同教师之间课程教授内容的一致性；三是在设计每一个授课问题教法的同时，提出学生的合理学法，借此引导学生在学习每一个授课问题时可以遵循较为合理的学法，并在较为合理的学法的引导下，产出较为确切的学习成果。

（一）编制规范的授课方案

以电动机点动控制电气装置Ⅲ为例。电动机点动控制电气装置Ⅲ授课方案，如表5-5所示。该教学活动的规定学时为2学时，即90分钟。编制授课方案以此为据，先确定本次教学活动的授课问题数。一个教学环节的合理时长是5—15分钟，授课时长少于5分钟，内容含量过于单薄，较难形成一个完整的授课问题；超过15分钟的授课问题，就显得过于冗长，极易超出学生正常的注意保持时长。以此为据推算，一次90分钟的授课问题数为6—18个，通常9—11个较为适宜。

表5-5　电动机点动控制电气装置Ⅲ授课方案

<table>
<tr><td colspan="4" rowspan="2">教学内容</td><td>课程名称</td><td colspan="3">机电控制与PLC应用</td></tr>
<tr><td>本次名称</td><td colspan="3">电动机点动控制装置Ⅲ</td></tr>
<tr><td colspan="2">课程总学时</td><td>48</td><td>总学分</td><td>4</td><td colspan="2">总　页</td><td>第　页</td></tr>
<tr><td colspan="2">本次学时</td><td>2</td><td>课程负责人</td><td>×××</td><td colspan="2">总24次</td><td>第3次</td></tr>
<tr><td colspan="2">主教材</td><td colspan="6">张铮《机电控制与PLC(第3版)》</td></tr>
<tr><td colspan="2">辅助教材</td><td colspan="6">电动机点动控制设计说明书</td></tr>
<tr><td>序号</td><td>时间/分钟</td><td colspan="3">本次教学内容</td><td>教法</td><td>学法</td><td>辅教资源</td></tr>
<tr><td>1</td><td>10</td><td colspan="3">电动机选型
电动机由机械设计人员根据输出功率、扭矩和使用工况要求确定。
电动机点动控制对象为一台电磁制动三相异步刹车电机。电动机供货商为沪特电机(浙江台州)型号为YEJ2-80M1-2 0.75 kW,商品编号为10042176513909,货号为538916941459,商品毛重为1.0 kg,参考价格为832.00元(不含运费)。电动机外观参考图如下所示。</td><td>讲授</td><td>记录</td><td>京东电器购物网站、本次讲授相关图表公式.PPT</td></tr>
</table>

续表

序号	时间/分钟	本次教学内容	教法	学法	辅教资源
1	10	 （资料来源：京东官网 https://item.jd.com/10042176513909.html#crumb-wrap。） 根据选型结果，估算电动机额定电流 $I_{N(M)}=P_{N(M)}\times 2$。式中，$P_{N(M)}$ 为电动机额定功率(kW)；2 为估算系数。 即： $I_{N(M)}=0.75\times 2=1.5(\text{A})$	讲授	记录	京东电器购物网站、本次讲授相关图表公式.PPT
2	10	**插头选型** 估算线路中的最大工作电流。考虑电动机△接法启动电流，已知 $I_{N(M)}=1.5(\text{A})$，电动机启动电流 $I_{S(M)}=4\times I_{N(M)}=4\times 1.5=6(\text{A})$。已知接触器线圈负载 $I_{N(kM线圈)}=0.2925(\text{A})$。 故插头额定电流 $I_{N(T)}=I_{S(M)}+I_{N(kM线圈)}=6+0.2925\approx 6.3(\text{A})$。故选振华 T4-16 A，其型号含义：T 表示插头；4 表示四线制；16 表示额定工作电流 100(A)。振华 T4-16 A 参考价格为 5.9 元，其外形尺寸为 58 mm×59 mm，如下所示  （资料来源：京东官网 https://item.jd.com/50499925674.html。）	选型指导	记录选型练习	—

续表

<table>
<tr><th>序号</th><th>时间/分钟</th><th>本次教学内容</th><th>教法</th><th>学法</th><th>辅教资源</th></tr>
<tr><td>3</td><td>10</td><td>

交流接触器选型

根据配用的电磁制动三相异步刹车电机0.75 kW，匹配AC-3类接触器，3极接触器，主触头电压AC380 V，线圈电压AC220 V。

在张工选型软件中，确定符合要求的交流接触器型号为CJT1-10 220 V。

估算交流接触器额定电流$I_{N(kM)}=I_{N(M)}\times 1.5=1.5\times 1.5=2.25(A)$，圆整到5(A)。

根据估算数据，选择天正CJT1-10 220 V。型号含义：CJ为交流接触器；T为新型铜基银触头；1为设计序号；10为额定电流10 A。天正交流接触器CJT1-10 220 V的外形尺寸为92 mm×102 mm×110 mm，具体外形如下所示。

天正交流接触器CJT1-10 220 V的具体参数，如下所示

<table>
<tr><td>产品型号</td><td>CJT1-10</td></tr>
<tr><td>额定绝缘电压和工作电压(V)</td><td>AC380(V)</td></tr>
<tr><td>额定工作电流(A)</td><td>AC10(A)</td></tr>
<tr><td>控制功率(kW)</td><td>4(kW)</td></tr>
<tr><td>线圈额定控制电源电压U_s</td><td>AC220(V)</td></tr>
<tr><td>电寿命(万次)</td><td>60(万次)</td></tr>
<tr><td>机械寿命(万次)</td><td>300(万次)</td></tr>
<tr><td rowspan="2">线圈消耗功率(VA)</td><td>65(VA)</td></tr>
<tr><td>9(VA)</td></tr>
<tr><td>参考价格(元)</td><td>36.5(元)</td></tr>
</table>

(资料来源：京东官网 https://item.jd.com/69240788115.html。)

</td><td>软件演示选型指导</td><td>记录选型练习</td><td>张工选型软件</td></tr>
</table>

续表

<table>
<tr><th>序号</th><th>时间/分钟</th><th>本次教学内容</th><th>教法</th><th>学法</th><th>辅教资源</th></tr>
<tr><td>4</td><td>10</td><td>

主回路熔断器选型

对于主回路熔断器，电动机采用△接法启动，电动机启动电流 $I_{S(\triangle M)}=4\times I_{N(M)}=4\times1.5=6(\mathrm{A})$。熔断器额定电流 $I_{N(FU)}=(1.5—2.5)\times \mathrm{I_{S(M)}}=1.5\times6=9(\mathrm{A})$。根据这一估算结果，选择德力西 RT18-32X 3P 熔断体底座，配 RT14-20 10 A 熔断体 3 只。选择德力西 RT18-32X 3P 熔断体底座，其外形尺寸为 54 mm×79 mm×80 mm，如下所示。

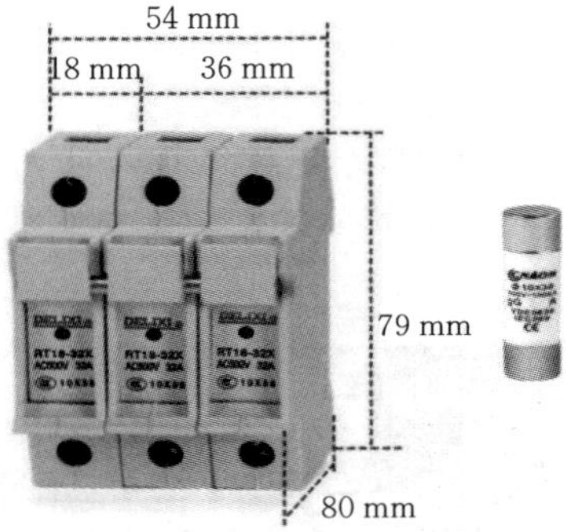

德力西 RT18-32X 3P 带灯熔断器底座主要参数如下所示

<table>
<tr><th>额定电压/V</th><th>额定电流/A</th><th>分断能力/kA</th><th>RT18-32X 3 P 参考价格/元</th><th>单只 RT14-20 10 A 熔断体参考价格/元</th></tr>
<tr><td>500</td><td>32</td><td>100</td><td>16.78</td><td>1</td></tr>
</table>

（资料来源：京东官网 https://item.jd.com/8277499.html。）

</td><td>选型指导</td><td>记录选型练习</td><td>—</td></tr>
<tr><td>5</td><td>10</td><td>

热继电器选型

估算热继电器电流整定值 $I_{N(FR)}=I_{N(M)}\times1.2=1.5\times1.2=1.8(\mathrm{A})$。

选择德力西 JR36-20 1.5—2.4 A。型号含义：JR 表示热过载继电器；36 表示设计序号；20 表示规格号，共有 12 个规格；1.5—2.4 A 为选择电流调节范围。德力西热继电器 JR36-20 1.5—2.4 A 的外形尺寸为 70 mm×47 mm×87 mm，如下所示。

</td><td></td><td></td><td></td></tr>
</table>

续表

<table>
<tr><th>序号</th><th>时间/分钟</th><th>本次教学内容</th><th>教法</th><th>学法</th><th>辅教资源</th></tr>
<tr><td>5</td><td>10</td><td>

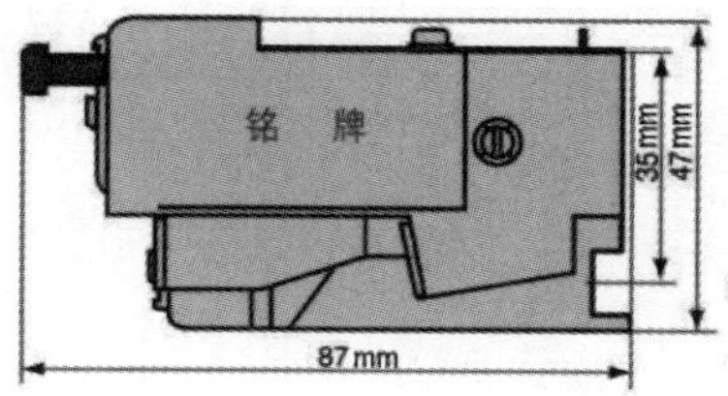

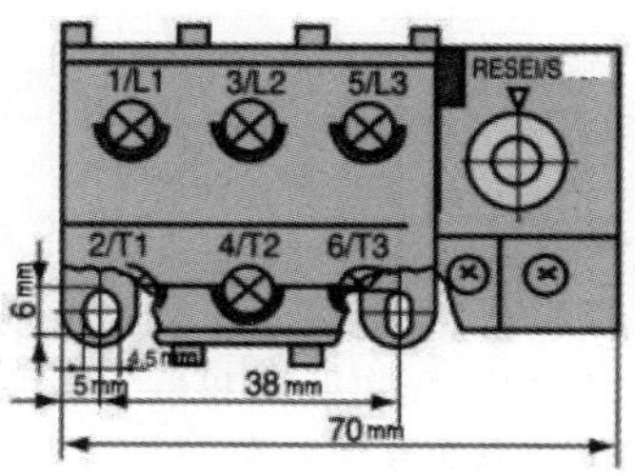

德力西 JR36-20 1.5—2.4 A 主要参数，如下所示。

<table>
<tr><th>壳架额定电流/A</th><th>整定电流/A</th><th>配用熔断器规格</th><th>订货编码</th><th>参考价格/元</th></tr>
<tr><td>20</td><td>1.5—2.4</td><td>RT16-10</td><td>JR36 20 2P4</td><td>21.2</td></tr>
</table>

(资料来源：京东官网 https://item.jd.com/100022130704.html。)

根据JR36-20的时间与动作特性图，将热继电器的整定电流值调节至1.8(A)时，即图中整定电流倍数=1时，热继电器跳断时间为10 min。JR36-20的热继电器时间与电流的特性曲线(+20 ℃)如下所示</td><td></td><td></td><td></td></tr>
</table>

续表

序号	时间/分钟	本次教学内容	教法	学法	辅教资源
5	10	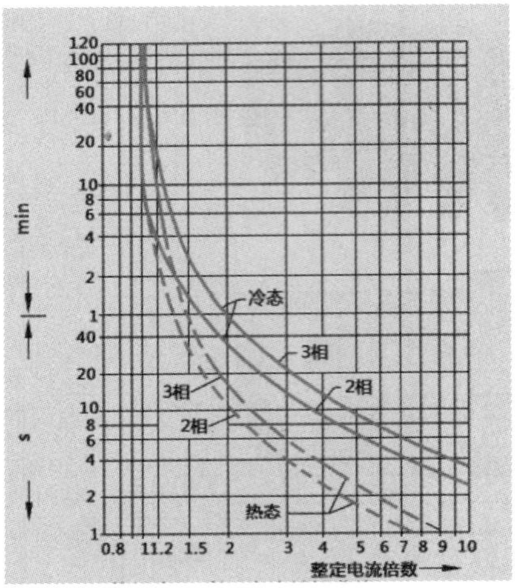	选型指导	记录选型练习	—
6	10	**上电开关选型** 已知 $I_{N(M)}=1.5$(A),天正交流接触器 CJT1-10 220 V 的交流接触器线圈 KM 消耗功率为 65(VA),控制回路中的额定电流按“每千伏安 4.5 安”估算,即 $I_{N(KM线圈)}=0.065\times4.5=0.2925$(A)。隔离开关和熔断器 FU1 配合使用,负载总额定电流 $I_N=I_{N(M)}+I_{N(KM线圈)}=1.5+0.2925\approx1.8$(A)。LW26-10 A 二挡通断转换开关的尺寸为 30 mm×30 mm×31 mm(2 节),外形如下所示。  估算负载隔离开关额定电流 $I_{N(QS)}=2\times I_N=2\times1.8=3.6$(A)。选用卓城电气 LW26-10 A(2 节二档通断),其基础参数如下所示			

续表

<table>
<tr><th>序号</th><th>时间/分钟</th><th>本次教学内容</th><th>教法</th><th>学法</th><th>辅教资源</th></tr>
<tr><td>6</td><td>10</td><td>
<table>
<tr><th>额定绝缘电压/V</th><th>额定工作电压/V</th><th>额定频率/Hz</th><th>额定电流/A</th><th>参考价格/元</th></tr>
<tr><td>690</td><td>AC440</td><td>50/60</td><td>10</td><td>41</td></tr>
</table>
(资料来源:京东官网 https://item.jd.com/10033648265073.html#crumb-wrap。)
</td><td>选型指导</td><td>记录选型练习</td><td>—</td></tr>
<tr><td>7</td><td>10</td><td>
按钮选型
根据线圈额定电流 $I_{N(KM线圈)}=0.065\times4.5=0.2925(A)$,选择德力西LAY7-11BN自复位平头按钮绿色(按钮端直径 Φ29),订货编码为LAY711BN32,参考价格为6.67元。德力西LAY7-11BN自复位平头按钮,如下所示
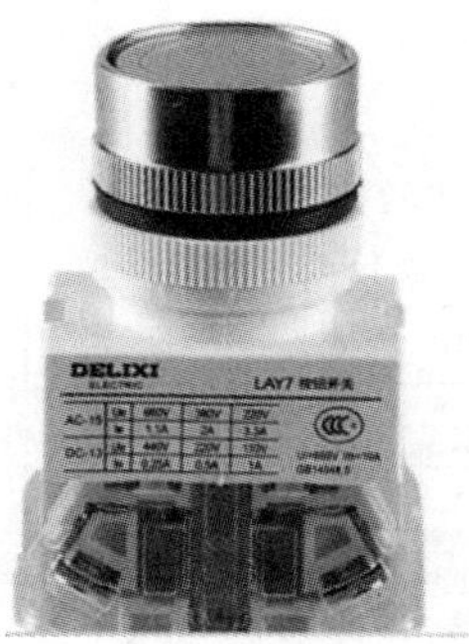

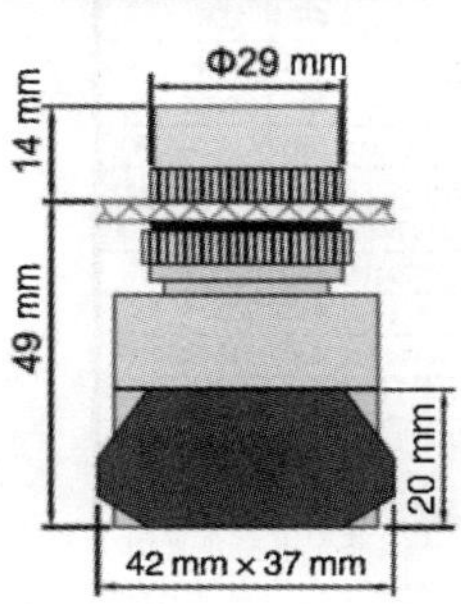

(资料来源:京东官网 https://item.jd.com/34754634596.html。)
</td><td>选型指导</td><td>记录选型练习</td><td>—</td></tr>
</table>

续表

<table>
<tr><th>序号</th><th>时间/分钟</th><th>本次教学内容</th><th>教法</th><th>学法</th><th>辅教资源</th></tr>
<tr><td>8</td><td>10</td><td>

导线选型

电动机M采用△接法启动电流 $I_{S(M)}=4\times I_{N(M)}=4\times1.5=6(\mathrm{A})$，按“10下五”估算导线截面积 $S_{主回路(铝)}=6/5=1.2\ \mathrm{mm}^2$，采用1 mm^2 铜芯线足够。

实际插头到电屏柜采用德力西BVR 2.5铜芯软线，有红、黄、蓝、黄绿四种颜色，其参考价格为每100米432元。主回路和控制回路采用德力西BVR 1.5铜芯软线，红色，参考价格为每100米287元。德力西BVR四色配线，如下所示

（资料来源：京东官网 https://item.jd.com/68728898722.html。）

</td><td>选型指导</td><td>记录
选型练习</td><td>—</td></tr>
<tr><td>9</td><td>5</td><td>

物料清单编制规范

必选项：序号、元器件名称、符号、数量、长×宽×高、备注(器件规格)。

可选项：购置地、价格，具体如下所示

<table>
<tr><td>17</td><td>电动机</td><td>M</td><td>1</td><td>0.75 kW</td><td>沪泰三相异步刹车电机</td></tr>
<tr><td>16</td><td>安装导轨</td><td></td><td>若干</td><td>35×7.5×1.5</td><td>德力西国标U型导轨</td></tr>
<tr><td>15</td><td>控制回路配线</td><td></td><td>若干</td><td>红色1.5</td><td>德力西BVE1.5铜芯软线</td></tr>
<tr><td>14</td><td>主回路配线</td><td></td><td>若干</td><td>红.黄.蓝.黄绿2.5</td><td>德力西BVR2.5铜芯软线</td></tr>
<tr><td>13</td><td>电控箱</td><td></td><td>1</td><td>500×600×140</td><td>正泰NX10-6050/14</td></tr>
<tr><td>12</td><td>走线槽</td><td></td><td>若干</td><td>30×30×L</td><td>R.STAR TH系列</td></tr>
<tr><td>11</td><td>回路端子排</td><td>XT</td><td>8</td><td>4.2×42.7×41.1</td><td>菲菱UK-1.5N</td></tr>
<tr><td>10</td><td>主回路端子排</td><td>XT</td><td>7</td><td>6.1×41.8×40.7</td><td>菲菱UK-2.5B</td></tr>
<tr><td>9</td><td>三相四线插头</td><td>X</td><td>1</td><td></td><td>振华T4-16A</td></tr>
<tr><td>8</td><td>隔离开关</td><td>QS</td><td>1</td><td>30×30×31</td><td>卓谊电气LW26-10A</td></tr>
<tr><td>7</td><td>按钮</td><td>SB</td><td>1</td><td>Φ29</td><td>德力西LAY7-11BN</td></tr>
<tr><td>6</td><td>热继电器</td><td>FR</td><td>1</td><td>70×47×87</td><td>德力西JR36-20 1.4-2.5A</td></tr>
<tr><td>5</td><td>交流接触器</td><td>KM</td><td>1</td><td>102×92×110</td><td>天正CJT-10 220V</td></tr>
<tr><td>4</td><td>熔断体</td><td>FU2</td><td>2</td><td></td><td>德力西RT18-32 2A</td></tr>
<tr><td>3</td><td>熔断器底座</td><td></td><td>1</td><td>36×79×80</td><td>德力西RT18-32X 2P</td></tr>
<tr><td>2</td><td>熔断体</td><td>FU1</td><td>3</td><td></td><td>德力西RT14-20 10A</td></tr>
<tr><td>1</td><td>熔断器底座</td><td></td><td>1</td><td>54×79×80</td><td>德力西RT18-32X 3P</td></tr>
<tr><td>序号</td><td>元器件名称</td><td>符号</td><td>数量</td><td>长×宽×高</td><td>备注</td></tr>
<tr><td></td><td>设计</td><td>王同学</td><td>审核</td><td>李同学</td><td rowspan="2">屏柜电器布置图</td></tr>
<tr><td></td><td colspan="4">共5张 第3张</td></tr>
</table>

</td><td>讲授</td><td>记录</td><td>—</td></tr>
<tr><td>10</td><td>5</td><td>整理本次学习记录</td><td>—</td><td>提交</td><td>QQ群</td></tr>
<tr><td>小计</td><td>90</td><td>—</td><td>—</td><td>—</td><td>—</td></tr>
</table>

（二）技能积累评测

1. 评测方案和折算方法

本课程通过五项课程任务项目承接技术积累毕业要求。五项课程任务项目采用过程评价单独积分，并将最终累加积分折算成技能积累的评测成绩。课程任务项目积分和折算，如表5-6所示。

表5-6　课程任务项目积分和折算

序号	课程任务项目	积分
1	电动机点动控制电气工程图绘制	10
2	电动机点动控制柜内电器布局图、柜内连接图、柜外连接图绘制	10
3	电动机点动控制装置连接与调试	20
4	CW6132电气控制设计图、布局图、柜内外连接图绘制(基于ACE)	20
5	电动机正反转编程和仿真调试(基于S7-1200 FB)	10
总计		70

注：课程技能积累评价五等级成绩折算：(实际积分值/70) ×5（五等级制）。

2. 电气工程图质效评价规范案例

实施课程任务项目，每一个课程任务均需研制该项目成果的条款式质效评价规范（标准）。这一规范（标准）主要用于学生在提交项目成果前的自审核，只有规范（标准）中的每一项均达到要求后，才能提交和获得项目积分。若有一项没有达成，说明其成果是不合格或是不规范的，不能获得项目积分。质效评价规范体现了未来工作岗位对应工作的通用质量要求，课程开发时研制的评价规范中的每一项均要简洁易懂，并且做到学生可对照自查。图5-1所示的电动机点动控制电气工程图质效评价规范案例，共有10项条款。

（1）设计图必须绘制在标准的电气图纸的图框中。

（2）完成的设计图，上、下、左、右的边界与图框或功能区划之间必须留有适当的空白。

（3）图中相邻导线之间的间距值要相等，或间距的倍数值相等。

（4）电器的文字符号，电器上的各个脚号，每根导线的线号都要齐全、无遗漏。

(5) 分散绘制在不同位置的同一电器的不同元件，相互间要加注索引号。

(6) 设计图中的所有标注文字可适当分类，但同一类标注文字字号必须一致。

(7) 设计图中必须进行功能区划，各区域内加注功能名称以方便读图。

(8) 设计图中用黑点表示一节接线端子的下端或右端接线脚，空点表示一节接线端子的上端或左端接线脚，接线端子必须标注齐全。

(9) 电气图中的所有用电器（如电动机），必须标注主要的技术参数。

(10) 标题栏必须填写完整。

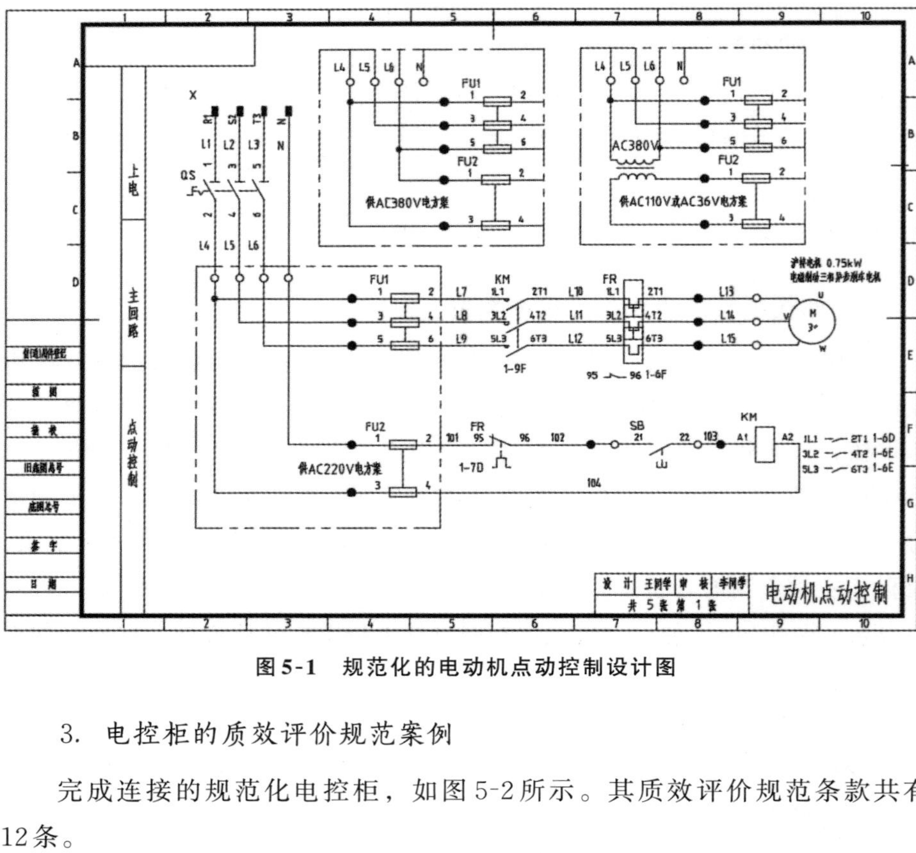

图 5-1　规范化的电动机点动控制设计图

3. 电控柜的质效评价规范案例

完成连接的规范化电控柜，如图 5-2 所示。其质效评价规范条款共有 12 条。

(1) 电控柜内同类同型电器安排在同一排。

(2) 每一排电器与周围的走线槽之间需要保持一个走线槽宽度的空间。

(3) 强电导线与弱电导线间要区分颜色。

（4）强电导线沿走线槽左向走线，弱电导线沿走线槽右向走线。

（5）导线接线脚号、线号等与接线图保持一致。

（6）每一根导线连接完成后，用手轻拉时要保证不脱落。

（7）每一根导线两端要套线号管且松紧适宜，线号向外，线号方向符合国家标准。

（8）电控柜内电器与柜外电器的连接，要通过接线端子转接。

图5-2　完成连接的规范化电控柜

（9）柜内电器与柜外电器连接时，柜内电器接在接线端子的上端。

（10）柜外电器与柜内电器连接时，柜外电器接在接线端子的下端。

（11）柜内电器之间、柜外电器之间不通过接线端子连接，而是直接互接。

（12）柜内必须加装触保器。

（三）终身学习评测

即时学习记录和求善学习记录评测是课程承接“终身学习”毕业要求的载体。即时学习记录使每一次教学活动中的每一个授课问题，都能匹配到确切的学习产出成果。从学法角度看，即时学习能够帮助学生从单一的听觉输入法，转变为听觉和记录的双重输入法，能够为学生课后恢复知识记忆提供线索，有利于学生进行知识体系的自我建构，能够为求善学习记录提供基本框架。这一系列新学知识的记录、归纳、整理、精简，有利于学生实现新学知识的体系化建构，是学生终身学习新知识、新技术和新技能的通式。

1. 学习记录评测登记

本课程将学生学习记录作为重要的课程学习成果，纳入课程综合考核，并单独登记为终身学习考核成绩。学生学习记录在课程综合考核成绩中占比为50%。

每一次教学活动中，学生提交的合格的即时学习记录计1分。设课程要求某生提交的即时学习记录为N_1份，则即时学习记录积分满分为N_1分，学生实际提交的合格的即时学习记录为N_1-n_1份（n_1是缺交或不合格的学习记录），则该生即时学习记录总积分为（N_1-n_1）×1分。

每一次教学活动中，学生提交的合格的求善学习记录计2分。设课程要求某生提交的求善学习记录为N_2份，则求善学习记录积分满分为$N_2\times2=2N_2$分，学生实际提交的合格的求善学习记录为N_2-n_2份（n_2是缺交或不合格的学习记录），则该生求善学习记录总积分为（N_2-n_2）×2分。

该生学习记录考核总积分公式为

$$N_{学习记录}=(N_1-n_1)\times1+(N_2-n_2)\times2\text{分}$$

按50%占比，折算到课程综合考核成绩的公式为

$$\text{折算到课程综合考核成绩}=[N_{学习记录}/(N_1+2N_2)]\times50\%\text{ 分}$$

按五等级制，该生本课程终身学习考核成绩计算公式为

$$\text{终身学习考核成绩计算值}=[N_{学习记录}/(N_1+2N_2)]\times5\text{ 分}$$

将该生本课程终身学习考核成绩圆整后，即可得到该生的终身学习考核登记成绩。

2. 学习记录制作要点

根据规定，每一次教学活动的即时学习记录的提交截止时间是本次教学活动结束时，求善学习记录的提交截止时间是下一次教学活动开始前。超出规定时间提交的学习记录将不予接受。

学习记录采用“活页”和“铅笔手记”方式进行。“活页”方式主要使用日常的作业本，每一次的学习记录从新的一页开始，“活页”方式便于学生不断完善、精简和补充学习记录；“铅笔手记”方式的目的是方便学生课余修改和完善学习记录的内容。

3. 学习记录实施功效

为获得每一次的成绩积分，学生须集中注意、努力听讲、快速记录、及时提交。课题组根据2021学年至2023学年的跟踪和对比调查可知，实施学习记录项目后，课堂中学生玩手机、打瞌睡等现象显著减少，对比发现，玩手机者、打瞌睡者的比例下降到18%以内。

(四) 创新课程自诊方法

每一门课程在教学实施完成之际，通常需实施一次课程自诊。课程自诊的目的是帮助教师了解历次教学活动中所有授课问题的教学成效，精确定位每一个多数学生“未掌握”的授课问题，旨在为下一轮课程教学的精准实施提供改进方案，是课程教学诊断、改进中极其重要的阶段性项目。

在课程教学实施完成之际，教师将课程每一次的授课问题全部填入网络问卷软件，以便生成课程自诊问卷。问卷生成后，软件将自动推送问卷至学生的手机端。授课班级的学生完成答卷后，软件将自动统计每一个授课问题的每一个回答选项的占比数据。课程自诊标准问卷案例（电动机点动控制电气装置Ⅲ部分），如表5-7所示。

表5-7 课程自诊标准问卷案例(电动机点动控制电气装置Ⅲ部分)

<table>
<tr><td colspan="2">回答选项的含义</td><td colspan="8">A——我已掌握该内容(选此项后,不得同时选B至H项);
B——因该内容太抽象,我未掌握(B至H项可以多选);
C——因该内容太烦琐,我未掌握;
D——因该内容条理不清晰,我未掌握;
E——因没有看过相应实物,我未掌握;
F——因课余没有看书和解疑,我未掌握;
G——因上课开小差,我未掌握;
H——此内容老师未讲授</td></tr>
<tr><td>序号</td><td>授课问题</td><td colspan="8">学生回答选项(除A外,B至H项可多选)</td></tr>
<tr><td>…</td><td>…</td><td>A□</td><td>B□</td><td>C□</td><td>D□</td><td>E□</td><td>F□</td><td>G□</td><td>H□</td></tr>
<tr><td>3-1</td><td>电动机选型</td><td>A□</td><td>B□</td><td>C□</td><td>D□</td><td>E□</td><td>F□</td><td>G□</td><td>H□</td></tr>
<tr><td>3-2</td><td>插头选型</td><td>A□</td><td>B□</td><td>C□</td><td>D□</td><td>E□</td><td>F□</td><td>G□</td><td>H□</td></tr>
<tr><td>3-3</td><td>交流接触器选型</td><td>A□</td><td>B□</td><td>C□</td><td>D□</td><td>E□</td><td>F□</td><td>G□</td><td>H□</td></tr>
<tr><td>3-4</td><td>主回路熔断器选型</td><td>A□</td><td>B□</td><td>C□</td><td>D□</td><td>E□</td><td>F□</td><td>G□</td><td>H□</td></tr>
<tr><td>3-5</td><td>热继电器选型</td><td>A□</td><td>B□</td><td>C□</td><td>D□</td><td>E□</td><td>F□</td><td>G□</td><td>H□</td></tr>
<tr><td>3-6</td><td>上电开关选型</td><td>A□</td><td>B□</td><td>C□</td><td>D□</td><td>E□</td><td>F□</td><td>G□</td><td>H□</td></tr>
<tr><td>3-7</td><td>按钮选型</td><td>A□</td><td>B□</td><td>C□</td><td>D□</td><td>E□</td><td>F□</td><td>G□</td><td>H□</td></tr>
<tr><td>3-8</td><td>导线选型</td><td>A□</td><td>B□</td><td>C□</td><td>D□</td><td>E□</td><td>F□</td><td>G□</td><td>H□</td></tr>
<tr><td>3-9</td><td>物料清单编制规范</td><td>A□</td><td>B□</td><td>C□</td><td>D□</td><td>E□</td><td>F□</td><td>G□</td><td>H□</td></tr>
<tr><td>…</td><td>…</td><td>A□</td><td>B□</td><td>C□</td><td>D□</td><td>E□</td><td>F□</td><td>G□</td><td>H□</td></tr>
</table>

学生反馈了课程自诊标准问卷的所有答卷信息后，还需要设立一致性的诊断标准对自诊数据进行标准化分析和解读，该一致性的诊断标准主要有以下两条。

（1）一个授课问题为多数学生理解并掌握的标准是A，选项占比≥70%。

在这种情形下，该授课问题无须进行诊断和改进。以表5-8为例，只有授课问题3—5热继电器选型的A选项占比为68%小于70%，需要诊断和改进。

表5-8　软件统计的答卷数据(电动机点动控制装置Ⅲ部分摘要)

序号	授课问题	回答选项占比							
…	…	A94%	B0%	C0%	D 0%	E 0%	F3%	G3%	H0%
3-1	电动机选型	A96%	B 0%	C0%	D0%	E 0%	F 4%	G0%	H0%
3-2	插头选型	A100%	B0%	C0%	D0%	E 0%	F0%	G0%	H0%
3-3	交流接触器选型	A78%	B0%	C6%	D10%	E0%	F3%	G3%	H0%
3-4	主回路熔断器选型	A83%	B8%	C3%	D0%	E6%	F0%	G0%	H0%
3-5	热继电器选型	A68%	B13%	C0%	D0%	E19%	F0%	G0%	H0%
3-6	上电开关选型	A85%	B0%	C0%	D8%	E0%	F0%	G7%	H0%
3-7	按钮选型	A91%	B0%	C3%	D0%	E0%	F6%	G0%	H0%
3-8	导线选型	A90%	B0%	C0%	D6%	E4%	F0%	G0%	H0%
3-9	物料清单编制规范	A85%	B8%	C7%	D0%	E0%	F0%	G0%	H0%
…	…	A 100%	B 0%	C 0%	D 0%	E 0%	F0%	G 0%	H 0%

（2）对需要诊断和改进的授课问题，需在B至H项中，选择占比较高者，匹配较为有效的改进方案。

B—H项匹配的合理改进方案如下。

B——因该内容太抽象，我未掌握。改进方案是研制可以使内容具象化的动画作品或使用三维模型进行辅教。

C——因该内容太烦琐，我未掌握。改进方案是将该内容进一步解构为更小用时单位的若干个微课，以简化课程内容。

D——因该内容条理不清晰，我未掌握。改进方案是重构教授的演进逻辑，并依据重构的逻辑，重组教学流程。

E——因没有看过相应实物，我未掌握。改进方案是拍摄音视频作品进行辅教，或将教学转移到有实物的场景中。

F——因课余没有看书和解疑，我未掌握。改进方案是设计课余作业，引导学生强化课余学习。

G——因上课开小差，我未掌握。改进方案是增设针对该内容的互动问题，引导学生提高注意力。

H——此内容老师未讲授。若果真如此，改进方案是教师应说明“未讲授”的原因，判断“未讲授”是否具有合理性。合理的“未教授”内容应移出授课方案，不合理的“未讲授”内容应及时补充并授课。

以表5-8为例，授课问题3-5热继电器选型的E回答项和B回答项的占比值较为接近。故该授课问题在第一轮教学中的改进方案是用继电器动作机理的动画进行辅教，同时要收集多个报废的热继电器，制成可看到内部结构的实物教具，供学生观察和体验。

以课程每一个具体的教授问题为载体的课程自诊项目，帮助教师解决了两个重要问题：一是什么授课问题需要在下一轮教学中改进；二是这一授课问题的改进方案是什么。这两个问题的答案极具针对性和可操作性，可以帮助教师走在渐进提升所授课程教学能力的正确轨道上。

（五）完善课程评价与登记制度

从专业认证角度看，专业人才培养方案及其课程教学均以达到毕业要求为目标，一项毕业要求将由3门或3门以上的课程承接。目前存在的问题是，一门课程的教学内容完成后，其承接的毕业要求是否已经达成？因学生之间存在差异，其具体毕业要求的达成度是什么样的？

合理的解决方案是，每一门承接毕业要求的课程，均需将达成承接的毕业要求作为课程的教学目标。课程需为每一项毕业要求设计合理的评价载体，每一项评价载体均有教学过程中形成的评价积分。每一项毕业要求的积分累计后折算为评价成绩，最终将课程综合评价成绩及课程承接的每一项毕业要求评测成绩均登记在册，供专业教育认证、学生求职等场合使用。表5-9是机电控制与PLC应用课程结课后，两位学生的五项毕业要求累计总积分统计表。

表 5-9　两位学生的课程毕业要求评测累计总积分统计

学号	学生姓名	技术知识:考试成绩(满分100分)	技能积累:5个项目总积分(满分70分)	现代工具:两项软件使用评测总积分(满分20分)	职业规范:出勤、请假等考核总积分(满分12分)	终身学习:即时和求善学习记录总积分(满分36分)
…	…					
17	学生甲	54	51	14	9	34
18	学生乙	89	65	18	12	36
…	…					

1. 学生甲的课程评测

学生甲的考试成绩＜60分，即课程综合成绩＝54分。该生补考及格后，考试成绩计60分，进入毕业要求评测环节。

（1）技术知识达成成绩＝60分（百分制）。

（2）技能积累达成成绩＝（51/70）×5＝4级（五等级制）。

（3）现代工具达成成绩＝（14/20）×5＝3.5级（五等级制）。

（4）职业规范达成成绩＝（9/12）×5＝4级（五等级制）。

（5）终身学习达成成绩＝（34/36）×5＝5级（五等级制）。

（6）课程标准规定，本课程综合评价成绩＝技术知识成绩×20%＋技能积累成绩×40%＋现代工具成绩×10%＋职业规范成绩×15%＋终身学习成绩×15%。因此，学生甲的课程综合评价成绩＝60×20%＋（51/70）×100×40%＋（14/20）×100×10%＋（9/12）×100×15%＋（34/36）×100×15%＝12＋29.14＋7＋11.25＋14.17＝73.56分（百分制）。

2. 学生乙的课程评测

学生乙的考试成绩＞60分，进入毕业要求评测环节。

（1）技术知识达成成绩＝89分（百分制）。

（2）技能积累达成成绩＝（65/70）×5＝5级（五等级制）。

（3）现代工具达成成绩＝（18/20）×5＝4.5级（五等级制）。

（4）职业规范达成成绩＝（12/12）×5＝5级（五等级制）。

（5）终身学习达成成绩＝（36/36）×5＝5级（五等级制）。

(6) 学生乙的课程综合评价成绩＝89×20％＋（65/70）×100×40％＋（18/20）×100×10％＋（12/12）×100×15％＋（36/36）×100×15％＝17.8＋37.1＋9＋15＋15＝93.9分（百分制）。

第二节 材料力学A课程

一、课程标准

（一）范围

本标准适用于机械智能制造专业群的机械设计制造及自动化（260101）、数控技术（260103）、材料成型及控制工程（260106）、智能制造工程技术（260102）、机械电子工程技术（260301）等职业本科专业。

（二）课程简介

本课程讲授杆件的强度、刚度和稳定性等基础理论知识，并学习工程结构中的强度、刚度和稳定性的校核方法。

课程代码BDBW1004，64学时，4学分。

（三）课程目标

材料力学A课程承接的毕业要求，如表5-10所示。

表5-10 材料力学A课程承接的毕业要求

课程名称	技术知识	方案开发	技能积累	现代工具	社会责任	劳动习惯	职业规范	团队合作	沟通交流	终身学习
材料力学A	★		★				★		★	★

1. 技术知识

学习轴向拉伸与压缩、剪切、扭转、弯曲四种基本变形，以及拉伸、压缩和弯曲组合，扭转与弯曲组合等两种组合变形，学习变形的内力、内力图、应力、强度、刚度的计算方法。学习稳定性概念及计算方法，应力状态的分析理论及强度准则，动载荷和交变应力的基本概念和计算方法。

2. 技能积累

通过拉伸与压缩实验，圆轴扭转强度、变形测定实验，纯弯梁弯曲正应力测定实验，弯扭组合变形主应力测定实验，弯曲内力计算练习，应力状态和强度计算练习，Ansys练习等课程任务项目，学生可以积累材料力学实验和计算技能。

3. 职业规范

重点考核出勤、请假、诚实考试、拒绝抄袭等与未来工作岗位基本职业规范具有紧密关联的行为，以及重点考核课程任务项目成果的规范化水平，达成满足未来工作岗位职业规范的基本要求。

4. 沟通交流

以四项实验的预学习成果提交和交流环节为载体，培育借助PPT限时发言、不依赖PPT顺畅发言和临时指定“话题”即席发言的能力，并对每一位学生沟通交流能力进行评估。

5. 终身学习

以每次及时提交的即时学习记录和求善学习记录为载体，培育学生将所学课程内容不断充实、完善和体系化重构的能力，并对这一终身学习能力进行评估。

（四）课程计划

材料力学A课程计划表，如表5-11所示。

表5-11　材料力学A课程计划表

序号	每次教学活动名称	辅教资源	授课学时	实践学时
1	材料力学基础理论（材料力学的任务与课程思政要点，机械结构的强度、刚度和稳定性，材料力学的连续性、均匀性、各向同性和小变形假设，内力和外力，材料力学中杆的特征，分线应变和切应变，基本变形形式）	工程案例库	2	—

续表

序号	每次教学活动名称	辅教资源	授课学时	实践学时
2	轴向拉伸与压缩Ⅰ(轴向拉伸与压缩概念和实例、轴向拉伸或压缩时横截面上的内力和应力、直杆轴向拉伸或压缩时斜截面上的应力)	“截面法”动画	2	—
3	轴向拉伸与压缩Ⅱ(材料拉伸时的力学性能,材料压缩时的力学性能,温度和时间对材料力学性能的影响,失效、安全因数和强度计算,杆件轴向拉伸或压缩时的变形)	“低碳钢拉伸实验”动画	2	—
4	轴向拉伸与压缩Ⅲ(拉伸、压缩的超静定,温度应力和装配应力,应力集中)	“应力集中的概念”动画	2	—
5	实验一:轴向拉伸与压缩实验	“低碳钢拉伸实验”指导视频	—	2
6	轴向拉伸与压缩Ⅲ(剪切和挤压实用计算案例)	—	2	—
7	平面图形几何性质(静矩和形心、惯性矩和惯性半径、惯性积、平行移轴公式)	—	2	—
8	扭转Ⅰ(扭转概念和实例,外力偶矩的计算扭矩和扭矩图、纯剪切)	“圆轴扭转概念”动画;“右手螺旋法则”动画	2	—
9	扭转Ⅱ(圆轴扭转时的应力、圆轴扭转时的变形)	“圆轴扭转时的应力”动画	2	—
10	实验二:圆轴扭转强度、变形测定实验	“圆轴扭转”实验指导视频	—	2
11	弯曲内力Ⅰ(弯曲概念和实例、受弯杆件简化、剪力和弯矩、剪力方程和弯矩方程剪力图和弯矩图)	“纵向对称面”动画;“直梁平面弯曲的受力特点”动画	2	—
12	弯曲内力Ⅱ(载荷集度、剪力和弯矩的关系)	—	2	—
13	练习一:弯曲内力计算	—	2	—
14	弯曲应力Ⅰ(纯弯曲,以及纯弯曲时的正应力、横力弯曲时的正应力)	“纯弯曲时横截面上的正应力”动画	2	—

续表

序号	每次教学活动名称	辅教资源	授课学时	实践学时
15	弯曲应力Ⅱ(弯曲切应力,提高弯曲强度的措施)	—	2	—
16	实验三:纯弯曲、梁弯曲正应力测定实验	纯弯曲、梁弯曲正应力测定实验指导视频	—	2
17	弯曲变形Ⅰ(工程中的弯曲变形问题,挠曲线的微分方程,用积分法求弯曲变形)	“挠度和转角”动画	2	—
18	弯曲变形Ⅱ(用叠加法求弯曲变形、简单超静定梁,以及提高梁弯曲刚度的措施)	—	2	—
19	应力状态和强度理论Ⅰ(应力状态概述,二向和三向应力状态的实例,二向应力状态分析之解析法)	—	2	—
20	应力状态和强度理论Ⅱ(二向应力状态分析之图解法,三向应力状态)	—	2	—
21	应力状态和强度理论Ⅲ(广义胡克定律、四种常用强度理论)	—	2	—
22	练习二:应力状态和强度计算	—	2	—
23	组合变形Ⅰ(组合变形和叠加原理,拉伸或压缩与弯曲的组合,斜弯曲)	“拉伸(压缩)与弯曲组合变形的概念”动画	2	—
24	组合变形Ⅱ(扭转与弯曲的组合)	“弯曲与扭转组合变形的概念”动画	2	—
25	实验四:弯扭组合变形主应力测定实验	弯扭组合变形主应力测定实验指导视频	—	2
26	压杆稳定Ⅰ(压杆稳定的概念,两端铰支细长压杆的临界压力,其他支座条件下细长压杆的临界压力)	—	2	—
27	压杆稳定Ⅱ(欧拉公式的适用范围经验公式,压杆的稳定校核,提高压杆稳定性的措施)	—	2	—

续表

序号	每次教学活动名称	辅教资源	授课学时	实践学时
28	动载荷(动静法的应用,杆件受冲击时的应力和变形)	—	2	—
29	交变应力(交变应力的循环特性、应力幅和平均应力,持久极限,影响持久极限的因素,对称循环下构件的疲劳强度计算)	“交变应力的概念”动画	2	—
30—31	工程软件应用专题(Ansys简介)	Ansys软件、工程图纸	2	2
32	课程考核	—	2	—
学时合计(64学时)		—	54	10

(五)资源配备

材料力学A课程资源配备表，如表5-12所示。

表5-12 材料力学A课程资源配备表

序号	资源名称	技术参数或要求	配套数量
1	拉伸试验机	最大压力10 T	5台/班
2	扭转试验机	最大扭矩1000 Nm	2台/班
3	弯曲应力试验机	最大垂直推力1000 KN	10台/班
4	弯扭组合变形试验机	弯扭组合试验机配静态数字电阻应变仪YJ28A—P10 R	10台/班
5	力学性能测试虚拟仿真实验软件		1套/生
6	Ansys软件		1套/生

(六)课程评价

材料力学A课程评价表，如表5-13所示。

表5-13 材料力学A课程评价表

序号	评价项目	评价载体/评价标准	登记成绩
1	技术知识	结课考试/参考答案	百分制

续表

序号	评价项目	评价载体/评价标准	登记成绩
2	技能积累	4项力学实验、2次计算练习、1次Ansys练习的成果	五等级制
3	沟通交流	4项实验项目的预学习成果和交流成果	五等级制
4	终身学习	结课时提交的求善学习记录	五等级制
5	综合评价	技术知识成绩×40%+技能积累成绩×20%+职业规范成绩×10%+沟通交流成绩×15%+终身学习成绩×15%	五等级制

二、教学实施

(一) 一次实验的授课方案

以轴向拉伸与压缩实验为例，其授课方案见表5-14。

表5-14　轴向拉伸与压缩实验教案

教学内容				课程名称	材料力学A课程		
				本次名称	轴向拉伸与压缩实验		
课程总学时		64	总学分	4	总　页		第　页
本次学时		2	课程负责人	×××	总31次		第5次
主教材		刘鸿文《简明材料力学(第3版)》					
辅助教材		刘鸿文，吕荣坤《材料力学实验(第4版)》					
序号	时间/分钟	本次教学内容			教法	学法	辅教资源
课前	—	提前布置预习作业： (1)查阅拉伸与压缩实验国家标准，试样的尺寸，实验测试条件的规定，预定的实验步骤。 (2)查阅拉伸试验机、载荷传感器、位移传感器、常用拉伸试验机的性能及适用范围。 (3)查阅万能试验机的构造、原理，以及操作规程。 (4)每位学生提交个人撰写的发言文档，并依据发言文档制作个人演讲PPT。 (5)每位学生提交自录制的借用PPT发言的视频(限时3分钟)			—	—	拉伸与压缩虚拟仿真模块操作指导录像

续表

1	25	组织现场预学习成果的陈述发言(从学生提交的个人发言视频中遴选5—6人,以及现场个人要求的1—2人,进行现场发言,每个发言人限时3分钟,超时、明显不足、停顿者0分)	—	借助PPT发言	—
2	20	学生:拉伸与压缩虚拟仿真实验操作、实验操作练习、实验基础知识测试	—	实操	虚拟仿真实验软件
3	10	播放:万能试验机及工具使用指导视频	—	观看记录	万能试验机、游标卡尺操作指导视频
4	15	分组拉伸实验(每机6位学生): (1)擦拭试样,试样打标。 (2)测量试样尺寸:测量标距点间的三个截面,每个截面相互垂直的两个直径方向各测量一次取平均值,取三个截面直径平均值的最小值计算试样横截面面积。 (3)设置试验参数。 (4)安装试样:装夹试样,力值清零。 (5)加载,观察试样在拉伸过程中的曲线及试件的变形。 (6)停止实验:试样断裂后立刻点击停止实验。 (7)卸下试样	—	实验记录	拉伸试验机
5	15	分组压缩实验(每机6位学生): (1)测试试样,任取试样中间截面,在其相互垂直的两个直径方向各测量一次取平均值。 (2)设置试验参数。 (3)放置试样,调整压头位置:将试样放置于压头正下方;按下上升或下降键,当压头移动到空间较小时停止;调整试样位置,将试样放在压头中心位置;慢速调整压头位置使之接近试样表面;将负荷、位移等清零。 (4)开始实验,观察曲线及试样的变化。 (5)停止实验:低碳钢水样,曲线出现明显屈服后停止;铸铁试样,曲线下降时停止。 (6)结束实验:卸载上升压头,直至负荷为0。 (7)现场清理,收拾工作台	—	实验记录	拉伸试验机
6	5	整理实验报告	—	提交	—
小计	90		—	—	—

（二）技能积累的评测方案

1. 课程任务项目积分

本课程通过4项实验、2项力学计算练习、1项Ansys练习等项目承接技术积累毕业要求。4项实验项目采用过程评价单独积分，2项力学计算练习、1项Ansys练习采用成果评测单独积分，最终各项积分累计折算成技能积累评测成绩。课程任务项目积分和折算，如表5-15所示。

表5-15　课程任务项目积分和折算

序号	课程任务项目	积分
1	拉伸与压缩实验成效	5
2	圆轴扭转强度、变形测定实验成效	5
3	纯弯曲、梁弯曲正应力测定实验成效	5
4	弯扭组合变形主应力测定实验成效	5
5	弯曲内力计算练习	5
6	应力状态和强度计算练习	5
7	Ansys练习	5
总计		35

注：课程技能积累评价五等级成绩折算：（实际积分值/35）×5（五等级制）。

2. 实验质效评测规范

本课程4项力学性能测定实验采用通用的质效评测规范，共有5项条款。

（1）操作步骤记录与规范流程一致（每组的操作步骤经记录员同意后，方可进入下一操作环节）。

（2）遵守安全操作规程，未发生人员受伤或设备损坏等事故。

（3）工作完成后，实施现场清理、清洁和安全检查等工作（教师记录）。

（4）按规定时间提交实验报告（设置提交截止时间，以提交平台显示的提交时间为准）。

（5）自拟的实验报告结构完整、逻辑通顺、数据完整、图片清晰、实验结果分析规范。

3. 质效评测结果分摊

以轴向拉伸与压缩实验为例，实验项目成果的质效评测结果分摊方案见表5-16。

表5-16　轴向拉伸与压缩实验质效评测

评测项目	评测载体	评测标准
沟通交流	个人发言文档、发言PPT、个人发言视频、现场发言评测	现场发言成功5分。 个人自制的发言视频成功4分。 上交的预学习成果完整、规范3分
实验项目	实验结果、实验报告	优秀小组:50%成员5分,其余4分。 良好小组:30%成员5分,10%成员3分,其余4分。 中等小组:20%成员5分,20%成员3分以下,其余4分。 及格小组:10%成员5分,30%成员3分以下,其余4分。 不及格小组:0成员5分,40%成员3分以下,其余4分。 每一个成员的评测成绩由小组按上述占比自行评定后提交

4. 小组协作评价突破

拉伸试验机是一种较为大型的传统实验设备，由于其占地面积大、耗能大、维护成本高、使用频率低，不可能进行大量配置。故围绕拉伸试验机开展的现场实验项目，只能采用小组协作方式完成。

当一台拉伸试验机的一次拉伸与压缩实验由5—6位学生组成的一个小组共同实施时，5—6位学生一起做的课堂成果，会不会演化为只有1—2位学生做的局面？答案是，若缺失精心的教学设计和完善的评测方案，演化为只有1—2位学生做的局面是必然的。

本课程教学实施中化解这一难题采用了三招。第一招是课前预学习成果的提交，这就要学生人人参与、独立完成，同时又恰好承接了沟通交流能力的培养要求；第二招是引入力学性能测定虚拟仿真软件，每人均需借助软件完成一次仿真实验过程；第三招是在实验操作过程中，人人分得一项任务，有人准备试件，有人担任过程记录，有人操作试验机，有人记录数据等，小组得到好的成绩，小组成员也就能得到好的成绩，但小组成员也不是做与不做一个样的，而是按比例对规则小组成员评出高低不一的个人实验项目成绩。

（三）沟通交流成效评测探索

交流沟通能力是学生未来职业生涯发展中，从低端岗位走向高端岗位的核心能力，但也是以往的工科类职业本科专业培养过程中的弱项。

本课程以四个实验项目预学习成果为沟通交流的“话题”。探索培养学生运用PPT顺畅发言的能力。教师先布置需要学生进行课前预习的实验内容，在此基础上，每位学生撰写发言文档，制作发言PPT，自我练习运用PPT顺畅发言的能力，并自制个人发言视频，提交到指定邮箱。教师在课堂用25分钟，选择7—8位学生进行限时3分钟的个人发言，经过四个实验项目的四轮专题训练，全体学生均突破了不敢发言和恐惧发言的心理，30%以上的学生做到了顺畅发言。在第三轮和第四轮训练中，增加了学生不依赖PPT发言，以及临时指定“话题”即席发言的要求，能够达到不依赖PPT发言和即席发言的学生数量也有所增加。

（四）课程实施的教学自诊流程

每一门课程在一个教学周期完成之际，通常需实施1—2次的课程自诊，旨在为下一轮课程教学的精准实施提供改进方案。在一个教学周期中，材料力学A课程共实施期中、期末两次课程自诊。材料力学A课程自诊流程，如图5-3所示。

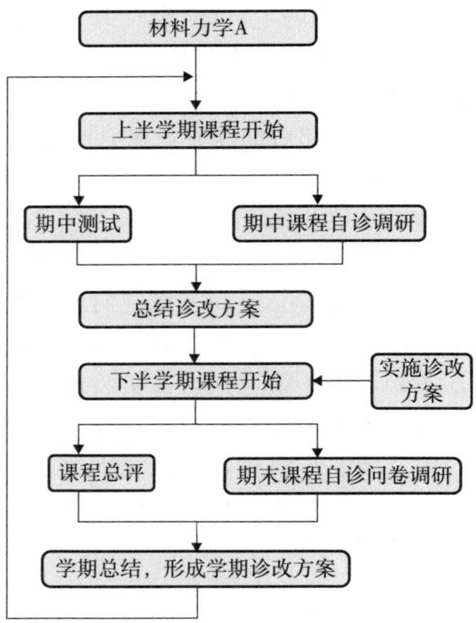

图5-3　材料力学A课程自诊流程

期中，学生填写“材料力学A课程期中自诊标准问卷”，根据调查结果结合期中测验成绩等情况，教师制订常态纠偏方案，在下半学期及时进行纠偏教学；期末，学生填写“材料力学A课程期末自诊标准问卷”，根据调查结果结合学期总评成绩情况等，教师制订改进方案，以期在下一轮课程教学中精准改进。

（五）毕业要求评测与登记案例

本课程承接的毕业要求有技术知识、沟通交流和终身学习三项。学生的课程评测数据汇总表，如表5-17所示。

表5-17　课程评测数据汇总表

学号	学生姓名	考试成绩(满分100分)	4项实验、2次练习、1次Ansys练习总积分(满分35分)	出勤、请假总积分(满分32分)	4项实验沟通交流评测总积分(满分40分)	学习记录总积分(满分32分)
…	…					
8	学生甲	54	28	20	25	20
…	…					

现以学生甲为例，课程各项毕业要求评测成绩和课程综合评价成绩计算如下。

学生甲的考试成绩<60分，即课程综合成绩=54分。该生补考及格后，考试成绩计60分，进入毕业要求评测环节。

技术知识达成成绩=60分（百分制）。

技能积累达成成绩=（28/35）×5=4级（五等级制）。

沟通交流达成成绩=（20/32）×5=3级（五等级制）。

职业规范达成成绩=（25/40）×5=3级（五等级制）。

终身学习达成成绩=（20/32）×5=3级（五等级制）。

课程标准规定，本课程综合评价占比如下：技术知识成绩×40%+技能积累成绩×20%+职业规范成绩×10%+沟通交流成绩×15%+终身学习成绩×15%。因此，学生甲的课程综合评价成绩=60×40%+（28/35）×100×20%+（20/32）×100×10%+（25/40）×100×15%+（20/32）×100×15%=24+16+6.25+9.38+9.38=65.01分（百分制）。

第三节　数控编程及零件加工B课程

一、课程标准

（一）范围

本标准适用于机械智能制造专业群的机械设计制造及自动化（260101）、数控技术（260103）、机械电子工程技术（260301）等职业本科专业。

（二）课程简介

讲授数控编程指令系统和手工编程方法，学习数控加工工艺设计、数值处理，以及数控车和数控铣基础性加工程序的手工编程方法，实施1项以上验证性实机加工项目。

课程代码BBBW1006，32学时，2学分。

（三）课程目标

本课程承接技术知识、技能积累、职业规范和终身学习四项毕业要求，如表5-18所示。

表5-18　课程承接的毕业要求

课程名称	技术知识	方案开发	技能积累	现代工具	社会责任	劳动习惯	职业规范	团队合作	沟通交流	终身学习
数控编程及零件加工B	★		★				★			★

1. 技术知识

学习零件数控加工工艺要求，数控刀具、机床、切削用量选用，以及加工参数确定方法、数控加工常用指令和语法、零件数控车或数控铣的刀具路径等。

2. 技能积累

依据零件图样制订数控铣削加工工艺，实施手工编制四项数控铣削加工程序等课程任务项目，积累数控车和数控铣手工编制及加工验证技能。

3. 职业规范

重点考核出勤、请假、诚实考试、拒绝抄袭等与未来工作岗位基本职业规范具有紧密关联的行为，以及重点考核课程任务项目成果的规范化水平，达成满足未来工作岗位职业规范的基本要求。

4. 终身学习

以每次及时提交的即时学习记录和求善学习记录为载体，培养学生将所学数控编程内容不断充实、完善和体系化重构的能力，并对这一终身学习能力进行评估，使之达成未来职业生涯发展的基本要求。

（四）课程计划

本课程总学时为32学时，划分为16个计划授课单元，每单元2学时。数控编程及零件加工B课程计划表，如表5-19所示。

表5-19　数控编程及零件加工B课程计划表

序号	每次教学活动名称	辅教资源	授课学时	实践学时
1	数控程序编制基础(数控编程定义,编程过程、内容、方法,适用场合,数控程序格式,功能字作用,使用要点)	典型数控机床视频文件.mp4	2	—
2	数控机床坐标系(右手笛卡尔直角坐标系、右手螺旋坐标系确定法,不同类型机床的坐标系;机床原点及设置,机床坐标系、加工坐标系、编程坐标系的定义、区别及相互关系,以及加工坐标系的设定方法)	斯沃数控仿真软件、虚拟机床	2	—
3	常用编程指令(常用编程指令功能字,直线插补原理、圆弧插补原理,编程坐标值求解)	—	2	—
4	数控车加工参数(数控车刀材料、类型及特点,数控车刀选择;确定走刀路线、工件装夹方案和切削用量,编制数控车工序卡)	—	1	1
5	数控车加工坐标系建立(虚拟数控车床对刀方法,确定和创建加工坐标系)	斯沃数控仿真软件	—	2

续表

序号	每次教学活动名称	辅教资源	授课学时	实践学时
6	数控车编程指令Ⅰ(快速点定位G00、直线插补G01、圆弧插补G02/G03等指令的功能和编程,F、S、T、M功能,刀尖圆弧半径补偿及指令)	—	1	1
7	数控车编程指令Ⅱ(单一固定循环指令G90/G94、复合固定循环指令G71/G72/G73、螺纹切削指令G92的功能和编程)	—	1	1
8	数控车编程练习(根据图样确定工序内容、装夹方式、工艺装备,采用虚拟仿真软件验证编制的加工程序)	—	1	1
9	数控车编程实机验证	—	—	2
10	数控铣加工坐标系(斯沃数控仿真软件进入、数控操作面板功能、虚拟机床运行准备、X向对刀、Y向对刀、Z向对刀、程序验证)	—	1	1
11	数控铣编程指令Ⅰ(绝对/增量尺寸指令G90/G91、坐标平面选择指令G17/G18/G19、刀具半径/长度补偿)	—	1	1
12	数控铣编程指令Ⅱ(子程序、坐标系旋转指令、镜向指令)	—	1	1
13	数控铣编程练习(根据图样确定工序及装夹方式、工艺装备、编制数控铣程序,虚拟仿真验证)	数控铣零件图纸	—	2
14	数控铣编程实机验证	—	—	2
15	加工中心程序编程(换刀指令、孔加工固定循环指令、初始平面和参考平面指令,以及宏程序编程)	—	1	1
16	课程考核	—	2	—
学时合计(32学时)		—	16	16

(五)资源配备

本课程的资源配备表,如表5-20所示。

表 5-20　资源配备表

序号	资源名称	技术参数或要求	配套数量
1	数控车床	(1)最大回转直径≥400 mm。 (2)最大行程:X轴≥170 mm,Z轴≥500 mm。 (3)快速移动速度:X轴≥3500 mm/min,Z轴≥4500 mm/min。 (4)主轴转速范围:250—2000 r/min	5台
2	数控铣床	(1)最大行程:X轴≥450 mm,Y轴≥300 mm,Z轴≥350 mm。 (2)主轴最高转速≥8000 r/min。 (3)快速移动速度:X、Y轴≥20 m/min,Z轴≥16 m/min。 (4)进给速度:1 —8000 mm/min	5台
3	刀具、毛坯、量具等	—	5套
4	斯沃数控仿真软件	斯沃数控仿真软件SWCNC,至少配备FANUC 0iT和FANUC 0iM数控系统	1套/人

（六）课程评价

遵循课程目标，设立对应评价项目，编制课程评价表。数控编程及零件加工B课程评价表，如表5-21所示。

表 5-21　数控编程及零件加工B课程评价表

序号	评价项目	评价载体/评价标准	登记成绩
1	技术知识	结课考试/标准答案	百分制
2	技能积累	(1)数控车编程练习; (2)数控车编程实机验证; (3)数控铣编程练习; (4)数控铣编程实机验证	五等级制
3	职业规范	出勤、请假、诚实考试、拒绝抄袭等/积分制	五等级制
4	终身学习	(1)即时学习记录/积分折算制; (2)求善学习记录/积分折算制	五等级制
	综合评价	(1)当结课考试成绩<60分时,课程综合评价成绩=结课考试成绩,补考合格后为60分; (2)当结课考试成绩≥60分时,课程综合评价成绩=技术知识成绩×25%+技能积累成绩×40%+职业规范成绩×10%+终身学习成绩×25%	百分制

二、教学实施

(一) 编制规范授课方案

以数控铣床加工坐标系建立为例，其授课方案见表5-22。

表5-22 数控铣床加工坐标系建立授课方案

<table>
<tr><td colspan="3" rowspan="2">教学内容</td><td>课程名称</td><td colspan="2">数控编程及零件加工B</td></tr>
<tr><td>本次名称</td><td colspan="2">数控铣加工坐标系建立</td></tr>
<tr><td>课程总学时</td><td>32</td><td>总学分</td><td>3</td><td>总 页</td><td>第 页</td></tr>
<tr><td>本次学时</td><td>2</td><td>课程负责人</td><td>×××</td><td>总16次</td><td>第10次</td></tr>
<tr><td>主教材</td><td colspan="5">顾京、王骏、王振宇《数控加工程序编制及操作(第3版)》</td></tr>
<tr><td>辅助教材</td><td colspan="5"></td></tr>
</table>

序号	分钟	本次教学内容	教法	学法	辅教资源
1	5	斯沃数控仿真软件进入 本案例毛坯长×宽×高=100 mm×100 mm×40 mm,加工坐标系原点设定在工件上表面的中心位置。 双击启动斯沃数控仿真软件,选择三轴数控机床,选择FANUC数控系统,进入斯沃数控仿真软件界面	软件演示 指导	记录 实操练习	本次讲授. PPT、 斯沃数控仿真 软件
2	15	数控操作面板功能 循环启动:“自动”“单段”工作方式下有效。按下该键后,机床可进行自动加工或模拟加工。注意自动加工前应正确对刀。 进给保持:自动加工过程中,按下该键后,机床上刀具相对工件的进给运动停止,但机床的主运动并不停止。再按下“循环启动”键后,继续运行下面的进给运动。 主轴停止:按下该键后,主轴停止旋转。机床正在做进给运动时,该键无效。 主轴正转:按下该键后,主轴反转。但正在正转的过程中,该键无效。	软件演示指导	记录 实操 练习	

续表

序号	分钟	本次教学内容	教法	学法	辅教资源
2	15	主轴反转:按下该键后,主轴正转。但正在反转的过程中,该键无效。 回零:"回零"工作方式下,可以手动返回参考点,建立机床坐标系(机床开机后应首先进行回参考点操作)。 手动:"手动"工作方式下,通过机床操作键可以手动换刀、移动机床各轴、松紧卡爪,使主轴正反转。 自动:"自动"工作方式下,可以自动连续加工工件,也可以模拟加工工件。 单段:"单段"工作方式下,自动逐段加工工件(按一次"循环启动"键,执行一个程序段,直到程序运行完成) MDI:手动数据输入方式。 空运行:速度特别快的运行。 目的:①检查铣床的动力系统是否正常,进给系统是否正常,润滑系统是否通畅;②模拟工件的加工过程,验证数控程序是否正确。 快速:"快速"工作方式下,同时按下方向轴,以系统设定的最大加工速度移动	软件演示指导	记录实操练习	
3	15	虚拟机床运行及准备工作 取消急停。 接通。 回零(先Z向,再X、Y向)。 工件设置→工件装夹→工艺板装夹。 工件设置→设置毛坯(100 mm×100 mm×40 mm)。 刀具管理→添加刀(D12)到刀库→添加到主轴	软件演示指导	记录实操练习	

续表

序号	分钟	本次教学内容	教法	学法	辅教资源
4	15	X向对刀 方式选择→手动。 主轴手动操作→正转。 手动轴移动Z向下,略到工作表面下方。 手动轴移动X轴,靠近工件,近工件时,切换成手轮控制器,刚切到工件时,停止移动手轮。 OFFSET SETTING→坐标系→移动光标到G54的X,输入X56(工件的一半+刀半的半径)→点击“测量”即完成X向对刀	软件演示指导	记录实操练习	
5	10	Y向对刀 步骤同X方向对刀,移动光标到G54的Y,输入Y56(工件的一半+刀半的半径)→点击“测量”即完成Y向对刀	软件演示指导	记录实操练习	
6	10	Z向对刀 步骤同X向对刀,移动光标到G54的Z,输入Z0(加工坐标系设在工件上表面)→点击“测量”即完成Z向对刀	软件演示指导	记录实操练习	
7	10	程序验证 将Z轴提高,离开工件表面。 PROG→MDI模式下输入: G54G00X0Y0Z0; INSERT→循环启动。 刀尖中心到达工件上表面的中心位置,即验证加工坐标系设定符合预定要求	软件演示指导	记录实操练习	
8	10	整理本次学习记录	—	提交	QQ群
小计	90	—	—	—	—

（二）技能积累评测

1．评测方案和折算方法

本课程通过4项课程任务项目承接技术积累毕业要求。4项课程任务项目采用过程评价单独积分，最终将累计积分折算成技能积累的评测成绩。数控编程及零件加工B课程任务项目积分和折算，如表5-23所示。

表5-23　数控编程及零件加工B课程任务项目积分和折算

序号	课程任务项目	积分
1	数控车编程练习	5
2	数控车编程实机验证	5
3	数控铣编程练习	5
4	数控铣编程实机验证	5
	总计	20
	课程技能积累评价五等级成绩折算:(实际积分值/20)×5(五等级制)	

2．课程任务项目成效评测

（1）数控车编程练习和数控铣编程练习两项任务项目成效评测条款如下。

一是限时完成10分，准时完成10分，超过5分钟5分，超过5分钟以上0分。

二是提交数控加工程序单（见表5-24），总分为20分，零件名称、零件图号、程序名称、数控系统名称、指令号、程序内容、程序说明、选用刀具、备注、设计人等事项须填写完整，每缺1项扣2分，扣完为止。

表5-24　数控加工程序单(示例)

<table>
<tr><td colspan="2">机械技术学院</td><td>零件名称</td><td>联轴器</td><td>程序名称</td><td>XJD2023-031</td></tr>
<tr><td colspan="2">数控加工程序单</td><td>零件图号</td><td>JD2023-031</td><td>控制系统型号</td><td>FANUC 0i—TD</td></tr>
<tr><td>指令段号</td><td>程序内容</td><td colspan="2">程序说明</td><td>选用刀具</td><td>备注</td></tr>
<tr><td>N10</td><td>M03S700T0101</td><td colspan="2">主轴正转转速700 r/min</td><td></td><td></td></tr>
</table>

续表

<table>
<tr><td colspan="4">机械技术学院</td><td>零件名称</td><td colspan="2">联轴器</td><td>程序名称</td><td>XJD2023-031</td></tr>
<tr><td>N20</td><td colspan="3">G00X180Z5</td><td colspan="3">快速接近工件</td><td></td><td></td></tr>
<tr><td>N30</td><td colspan="3">G90X180Z-32F120</td><td colspan="3">外圆粗切循环</td><td></td><td></td></tr>
<tr><td>…</td><td colspan="3">…</td><td colspan="3"></td><td></td><td></td></tr>
<tr><td></td><td colspan="3"></td><td colspan="3"></td><td></td><td></td></tr>
<tr><td></td><td colspan="3"></td><td colspan="3"></td><td></td><td></td></tr>
<tr><td></td><td colspan="3"></td><td colspan="3"></td><td></td><td></td></tr>
<tr><td></td><td></td><td></td><td></td><td colspan="2">程序设计</td><td></td><td colspan="2">会签日期</td></tr>
<tr><td></td><td></td><td></td><td></td><td colspan="2">程序审核</td><td></td><td colspan="2"></td></tr>
<tr><td>标记</td><td>更改文件号</td><td>签字</td><td>日期</td><td colspan="2">程序执行</td><td>日 期</td><td>共 页</td><td>第 页</td></tr>
</table>

三是提交数控程序单正确性验证，总分为20分，在斯沃数控仿真软件上验证，与零件图纸图形一致得20分，不一致0分。

四是统计总分并折算成积分，积分＝（总分/50）×5分。

（2）数控车编程实机验证和数控铣编程实机验证两项任务项目成效评测条款如下。

一是限时完成10分，准时完成10分，超过5分钟5分，超过5分钟以上0分。

二是提交数控加工程序单（参照表5-24）总分为20分，零件名称、零件图号、程序名称、数控系统名称、指令号、程序内容、程序说明、选用刀具、备注、设计人等事项填写完整，每缺1项扣2分，扣完为止。

三是提交数控程序单正确性验证，总分为20分，在实机上验证，与零件图纸图形一致得20分，不一致0分。

四是加工件在三轴标测量机上实测，总分为20分，关键尺寸超差，每处扣5分，扣完为止。

五是统计总分并折算成积分，积分＝（总分/70）×5分。

（三）毕业要求评测与登记案例

本课程承接的毕业要求有技术知识、技能积累、职业规范和终身学习4项。学生的课程评测数据统计，如表5-25所示。

表 5-25 数控编程及零件加工B课程评测数据统计

学号	学生姓名	技术知识:考试成绩(满分100分)	技能积累:4个项目总积分(满分20分)	职业规范:出勤、请假等考核总积分(满分16分)	终身学习:学习记录总积分(满分16分)
…	…				
6	学生甲	54	15	10	13
…	…				

以学生甲为例，课程各项毕业要求评测成绩和课程综合评价成绩计算如下。

学生甲的考试成绩<60分，即课程综合成绩=54分。该生补考及格后，考试成绩计60分，进入毕业要求评测环节。

技术知识达成成绩=60分（百分制）。

技能积累达成成绩=（15/20）×5=4级（五等级制）。

职业规范达成成绩=（10/16）×5=3级（五等级制）。

终身学习达成成绩=（13/16）×5=4级（五等级制）。

课程标准规定，本课程综合评价占比如下：技术知识成绩×25%+技能积累成绩×40%+职业规范成绩×10%+终身学习成绩×25%。因此，学生甲的课程综合评价成绩=60×25%+（15/20）×100×40%+（10/16）×100×10%+（13/16）×100×25%=15+30+6.25+20.31=71.56分（百分制）。

附　录

工程教育认证标准[①]

1　范围

本文件规定了工程教育认证的通用标准和各专业类补充标准。

本文件适用于以培养工程师为目标的普通高等学校全日制普通四年制本科专业工程教育认证。

2　规范性引用文件

本文件没有规范性引用文件。

3　术语和定义

下列术语和定义适用于本文件。

3.1　培养目标　educational objectives

对学生在毕业后5年能够达到的职业和专业成就的总体描述。

3.2　毕业要求　graduate attributes

对学生毕业时应该掌握的知识和能力的具体描述。

注：包括学生通过本专业学习所掌握的知识、技能和素养。

3.3　评估　assessment

确定、收集和准备各类文件、数据和证据材料，以便对课程教学、学

① T/CEEAA 001—2022，工程教育认证标准[S]. 中国工程教育专业认证协会发布，2022-07-15

生培养、毕业要求、培养目标等进行评价的工作。

注：可采用合理的抽样方法、恰当使用直接的、间接的、量化的、非量化的手段，进行有效的评估。

3.4 评价 evaluation

对评估过程中所收集到的资料和证据进行解释的过程。

注：评价结果是提出相应改进措施的依据。

3.5 机制 mechanism

针对特定目的而制定的一套规范的处理流程。

注：包括目的、相关规定、责任人员、方法和流程等，对流程涉及的相关人员的角色和责任有明确的定义。

3.6 复杂工程问题 complex engineering problem

必须运用深入的工程原理，经过分析才能得到解决的问题。

注：同时具备下述特征的部分或全部：

a）涉及多方面的技术、工程和其他因素，并可能相互有一定冲突；

b）需要通过建立合适的抽象模型才能解决，在建模过程中需要体现出创造性；

c）不是仅靠常用方法就可以完全解决的；

d）问题中涉及的因素可能没有完全包含在专业工程实践的标准和规范中；

e）问题相关各方利益不完全一致；

f）具有较高的综合性，包含多个相互关联的子问题。

4 通用标准

4.1 学生

该项应包括：

a）具有吸引优秀生源的制度和措施；

b）具有完善的学生学习指导、职业规划、就业指导、心理辅导等方面的措施并能够很好地执行落实；

c）对学生在整个学习过程中的表现进行跟踪与评估，并通过形成性评价保证学生毕业时达到毕业要求；

d）有明确的规定和相应认定过程，认可转专业、转学学生的原有学分。

4.2 培养目标

该项应包括：

a）有公开、符合学校定位、适应社会经济发展需要的培养目标；

b）定期评价培养目标的合理性并根据评价结果对培养目标进行修订，评价与修订过程有行业或企业专家参与。

4.3 毕业要求

专业应有明确、公开、可衡量的毕业要求，毕业要求应支撑培养目标的达成。专业制定的毕业要求应完全覆盖以下内容：

a）工程知识：能够将数学、自然科学、工程基础和专业知识用于解决复杂工程问题；

b）问题分析：能够应用数学、自然科学和工程科学的基本原理，识别、表达并通过文献研究分析复杂工程问题，以获得有效结论；

c）设计/开发解决方案：能够设计针对复杂工程问题的解决方案，设计满足特定需求的系统、单元（部件）或工艺流程，并能够在设计环节中体现创新意识，考虑社会、健康、安全、法律、文化以及环境等因素；

d）研究：能够基于科学原理并采用科学方法对复杂工程问题进行研究，包括设计实验、分析与解释数据，并通过信息综合得到合理有效的结论；

e）使用现代工具：能够针对复杂工程问题，开发、选择与使用恰当的技术、资源、现代工程工具和信息技术工具，包括对复杂工程问题的预测与模拟，并能够理解其局限性；

f）工程与社会：能够基于工程相关背景知识进行合理分析，评价专业工程实践和复杂工程问题解决方案对社会、健康、安全、法律以及文化的影响，并理解应承担的责任；

g）环境和可持续发展：能够理解和评价针对复杂工程问题的工程实践

对环境、社会可持续发展的影响；

h）职业规范：具有人文社会科学素养、社会责任感，能够在工程实践中理解并遵守工程职业道德和规范，履行责任；

i）个人和团队：能够在多学科背景下的团队中承担个体、团队成员以及负责人的角色；

j）沟通：能够就复杂工程问题与业界同行及社会公众进行有效沟通和交流，包括撰写报告和设计文稿、陈述发言、清晰表达或回应指令；并具备一定的国际视野，能够在跨文化背景下进行沟通和交流；

k）项目管理：理解并掌握工程管理原理与经济决策方法，并能在多学科环境中应用；

l）终身学习：具有自主学习和终身学习的意识，有不断学习和适应发展的能力。

4.4 持续改进

该项应包括：

a）建立教学过程质量监控机制，各主要教学环节有明确的质量要求，定期开展课程体系设置和课程质量评价；建立毕业要求达成情况评价机制，定期开展毕业要求达成情况评价；

b）建立毕业生跟踪反馈机制以及有高等教育系统以外有关各方参与的社会评价机制，对培养目标的达成情况进行定期分析；

c）能证明评价的结果被用于专业的持续改进。

4.5 课程体系

课程设置应支持毕业要求的达成，课程体系设计有企业或行业专家参与。课程体系应包括：

a）与本专业毕业要求相适应的数学与自然科学类课程（至少占总学分的15%）；

b）符合本专业毕业要求的工程基础类课程、专业基础类课程与专业类课程（至少占总学分的30%）；工程基础类课程和专业基础类课程能体现数学和自然科学在本专业应用能力的培养，专业类课程能体现系统设计和实现能力的培养；

c）工程实践与毕业设计（论文）（至少占总学分的20%）；设置完善的实践教学体系，并与企业合作，开展实习、实训，培养学生的实践能力和创新能力；毕业设计（论文）选题结合本专业的工程实际问题，培养学生的工程意识、协作精神以及综合应用所学知识解决实际问题的能力；对毕业设计（论文）的指导和考核有企业或行业专家参与；

d）人文社会科学类通识教育课程（至少占总学分的15%），使学生在从事工程设计时能够考虑经济、环境、法律、伦理等各种制约因素。

4.6 师资队伍

该项应包括：

a）教师数量能满足教学需要，结构合理，并有企业或行业专家作为兼职教师；

b）教师具有足够的教学能力、专业水平、工程经验、沟通能力、职业发展能力，并且能够开展工程实践问题研究，参与学术交流；教师的工程背景能满足专业教学的需要；

c）教师有足够的时间和精力投入本科教学和学生指导中，并积极参与教学研究与改革；

d）教师为学生提供指导、咨询、服务，并对学生职业生涯规划及职业从业教育有足够的指导；

e）教师明确他们在教学质量提升过程中的责任，不断改进工作。

4.7 支持条件

该项应包括：

a）教室、实验室及设备在数量和功能上满足教学需要；有良好的管理、维护和更新机制，使得学生能够方便地使用；与企业合作共建实习和实训基地，在教学过程中为学生提供参与工程实践的平台；

b）计算机、网络以及图书资料资源能够满足学生的学习以及教师的日常教学和科研所需；资源管理规范、共享程度高；

c）教学经费有保证，总量能满足教学需要；

d）学校能够有效地支持教师队伍建设，吸引与稳定合格的教师，并支持教师本身的专业发展，包括对青年教师的指导和培养；

e）学校能够提供达成毕业要求所必需的基础设施，包括为学生的实践活动、创新活动提供有效支持；

f）学校的教学管理与服务规范，能有效地支持专业毕业要求的达成。

5 专业补充标准

5.1 注意事项

专业补充标准不应单独使用，开展认证时，专业应同时满足本文件规定的通用标准和相应专业领域的补充标准。

5.2 机械类专业

5.2.1 适用专业领域

按照教育部规定设立的，授予工学学士学位的机械类专业。

5.2.2 课程体系

课程设置应包含自然科学类课程、工程基础类课程和实践环节，并应满足：

a）自然科学类课程包含物理、化学（或生命科学）等知识领域；

b）工程基础类课程包含工程图学、理论力学、材料力学、热流体、电工电子、工程材料等知识领域；

c）实践环节包括工程训练、课程实验、课程设计、企业实习、科技创新等，毕业设计（论文）以工程设计为主。

5.2.3 师资队伍

从事专业主干课程教学的教师，应具有企业工作经验或从事过工程设计和研究的工程背景，了解本专业领域科学和技术的最新发展。

5.3 计算机类专业

5.3.1 适用专业领域

按照教育部规定设立的，授予工学学士学位的计算机科学与技术、软件工程等计算机类专业。

5.3.2 课程体系

课程设置应满足：

a）支持学生掌握计算与计算系统抽象以及自动计算特征相关的基本知识，包括离散结构、程序设计、数据结构、计算机算法、计算机组成、操作系统、计算机网络、软件开发过程、数据管理与应用等领域的核心概念、基本原理，以及相关基本技术和方法；

b）培养学生计算思维、基本算法、程序设计和系统能力，并能运用这些知识设计、实现或者部署复杂计算系统；

c）保证学生受到足够的训练，包括课程作业与专业实践环节；

d）专业课程，特别是基础类课程应有数量和难度与培养学生解决复杂工程问题能力相适应的作业；

e）专业实践环节至少包含：

· 两个基于多门课程综合、具有一定规模的系统设计与开发；

· 毕业设计（论文）（至少占总学分的8%，或不少于14周），选题应有明确的应用背景，能体现学生系统实现的综合能力培养。

5.3.3 师资队伍

大部分授课教师在其学习经历中至少有一个阶段是计算机类专业学历。

5.4 化工与制药类、生物工程类及相关专业

5.4.1 适用专业领域

按照教育部规定设立的，授予工学学士学位的化工与制药类、生物工程类以及应用化学、生物技术、生物信息学、石油工程、油气储运工程、海洋油气工程等专业。

5.4.2 课程体系

课程设置应满足：

a）学生在毕业时能运用数学（含高等数学、线性代数等）、自然科学（含化学、物理、生物等）、工程科学原理（含信息、机械、控制）和实验方法，表达和分析化学、物理和生物过程中的复杂工程问题；

b）学生能研究、模拟和设计化学、物理和生物过程，具有系统优化的知识和能力；

c）学生能理解和分析在化学、物理和生物过程中存在的健康、安全与环境（HSE）风险和危害，了解现代企业HSE管理体系。

5.4.3 师资队伍

该项应包括：

a）从事专业教学工作的80%以上的教师，至少有6个月以上的企业工程实践经历；

b）讲授安全、环保、工程设计等课程的教师具有与之相关的工程实践经验。

5.5 水利类专业

5.5.1 适用专业领域

按照教育部规定设立的，授予工学学士学位的水利类专业以及农业工程类的农业水利工程专业。

5.5.2 课程体系

课程设置应满足：

a）符合工程逻辑，涵盖解决水利勘测、规划、设计、实施、管理、维护等全周期、全流程过程中复杂工程问题的知识、能力和素质培养，使学生能够考虑各种制约因素解决工程技术问题；

b）具有生态、环境的基础知识和水利工程生态、环境的专门知识，能分析、评价水利复杂工程问题解决方案对生态、环境的影响，并能考虑生态、环境的制约因素；

c）工程实践各环节注重工程能力的培养：

· 课程实验有综合实验项目；

· 实习包含对水利工程问题复杂性的了解；

· 课程设计不少于4个，其中专业类课程设计不少于2个；

· 做毕业论文的学生，至少有一门专业类课程设计能使其得到解决复杂工程问题的训练；

· 毕业设计（论文）的时间不少于12周，包括对所涉及的经济决策、生态环境影响的理解与评价。

5.5.3 师资队伍

该项应包括：

a）40%以上承担专业基础类、专业类课程教学的教师具有高级职称；聘请企业或行业专家为兼职教师承担培养方案中一定的教学任务；

b）专业类课程教师一般至少有一个本专业领域的学历，主讲教师具有本专业或相近专业领域的科研方向与经历；

c）85％以上专业类课程教师具有本专业领域工程实践的经历，15％以上具有在水利企事业单位或相近单位累计参加工程实践半年以上的经历；

d）具有发展青年教师工程能力、知识融合能力、教学能力的培养计划。

5.6 环境科学与工程类专业

5.6.1 适用专业领域

按照教育部规定设立的，授予工学学士学位的环境科学与工程类专业。

5.6.2 课程体系

课程设置应满足：

a）学生在毕业时能运用数学（含高等数学、线性代数、概率论及数理统计等）、自然科学（含化学、物理、生物等）、工程科学原理和实验方法、专业知识（含水气固等污染防治与资源化利用、生态修复等）和经济决策、工程管理等知识以及现代工具；

b）掌握工程相关的安全、健康、环境可持续发展等知识，具备开展生态与环境保护、污染防治的识别、表达、规划、管理、模拟、分析、评价、研究、开发、设计与优化的能力，能分析、评价、控制工程项目对社会、健康、安全和环境的影响，理解应承担的社会责任；

c）在实践教学环节中受到足够的专业实践训练。

5.6.3 师资队伍

该项应包括：

a）讲授专业课程的教师原则上应具有本专业的学习经历；

b）从事专业教学工作的教师有6个月以上的相关工程实践经历。

5.7 安全科学与工程类专业

5.7.1 适用专业领域

按照教育部规定设立的，授予工学学士学位的安全科学与工程类专业。

5.7.2 课程体系

课程体系设置应确保学生在毕业时：

a）能运用数学、自然科学、工程科学、管理科学知识和实验手段识别危险源；

b）能为降低风险而分析、设计、研究、表达和优化解决方案；

c）能实施设计方案并评价实施绩效。

5.7.3　师资队伍

从事专业教学工作的教师，在其学习经历中至少有一个阶段是安全科学与工程类专业学历，或者具有两年以上本专业类的教育培训、科学研究、工程或管理实践等工作背景。

5.8　电子信息与电气工程类专业

5.8.1　适用专业领域

按照教育部规定设立的，授予工学学士学位的电气类、电子信息类与自动化类专业。

5.8.2　课程体系

课程设置应满足：

a）提供与专业名称相符的，具有相应的广度和深度的现代工程内容；

b）覆盖数学、自然科学（物理学，也可以包括化学、生命科学、地球科学和空间科学等）等知识领域及其应用，以及分析和设计与专业名称相符的复杂对象（包括硬件、软件和由硬件及软件组成的系统）所必需的现代工程内容；

c）各专业分别涵盖以下知识领域：

· 电气类专业包括电磁理论、能量转换原理等核心知识领域，能够支撑在电气工程（包括电能生产、传输、应用等）中的认知识别、规划设计、运行控制、分析计算、实验测试、仿真模拟等能力的培养；

· 电子信息类专业包括物理机制、电子线路、信号/信息的获取与处理、信息计算与存储、通信传输、网络互联、移动应用等核心知识领域，能够支撑在电子、信息以及通信工程（包括电子、光子、信息等）中相应的材料、元器件、电路、信号、信息、网络及应用等分析与设计能力的培养；

· 自动化类专业包括建模、检测、控制、系统集成与应用技术等核心知识领域，能够支撑在现代自动化工程中的系统建模、检测与识别、信息处理与分析、自动控制、优化决策、系统集成以及人工智能应用等能力的培养；

· 未来特设专业的课程可选择相近专业的核心知识领域或者根据专业特色进行设置。

5.8.3 师资队伍

该项应包括：

a）讲授专业核心课程的教师了解相应专业领域及其工程实践的最新进展；

b）讲授主要设计类课程的教师具有足够的教育背景和设计经验，且这些设计类课程的教学不能仅依赖于某一位教师。

5.9 交通运输类专业

5.9.1 适用专业领域

按照教育部规定设立的，授予工学学士学位的交通运输类专业。

5.9.2 课程体系

课程设置应满足：

a）数学和自然科学类课程对微积分、几何与代数、概率与数理统计、大学物理等相关知识和运用能力有较好支撑；

b）工程基础类课程具有较好的工程力学、工程图学、运筹学工程基础，并对土木工程基础、机械工程基础、电工电子基础、计算机技术基础、信息控制技术基础等部分相关领域的工程能力有较好支撑；

c）设置符合专业核心教育定位的专业课程和实践环节，实践环节应包括实验、课程设计、实习及工程训练等，毕业设计（论文）以工程设计为主。

5.9.3 师资队伍

该项应包括：

a）从事专业基础类、专业类课程教学的主讲教师，原则上具有硕士或博士学位；

b）讲授专业课程的教师，每3年应有3个月以上的工程实践经历；

c）专业教师中高级职称教师占专任教师的比例不低于45%。

5.10 矿业类专业

5.10.1 适用专业领域

按照教育部规定设立的，授予工学学士学位的采矿工程、矿物加工工程、矿物资源工程等矿业类专业。

5.10.2 课程体系

课程设置应满足：

a）学生在毕业时学习足够的专业课程、接受足够的专业教学环节的训练，满足煤和非煤固体矿产资源（不包括石油和天然气田等液态资源）的开采与矿物加工的需要；

b）专业课有与课程目标要求相匹配的课堂教学、课后自主学习以及与培养学生解决复杂工程问题能力相适应的课程作业及要求，并在课程教学大纲的成绩评定方法和评分标准中有明确要求且有效实施；

c）课程教学内容与时俱进且不断完善，以适应社会对现代化矿业类人才的需求；

d）专业实践教学环节包含：

· 至少3次体现不同教学目的的校外实习（总学时不少于8周）；

· 毕业设计（论文）时间不少于12周，其中工程设计占与专业定位相适应的比例，并且来源于矿业类工程实践的选题比例不低于80%。

5.10.3 师资队伍

专任教师在其学习经历中至少有一个阶段是矿业类专业学历，从事专业教学工作的教师应具有6个月以上的矿业相关工程实践经历。

5.11 食品科学与工程类专业

5.11.1 适用专业领域

按照教育部规定设立的，授予工学学士学位的食品科学与工程类专业。

5.11.2 课程体系

课程设置应满足：

a）学生在毕业时具备工程制图、信息、机械工程、单元操作等方面的工程基础；

b）实践教学体系能结合食品行业或产业的工程实际问题，开展工程实践训练，强化工程意识和提供工程实践经历。

5.11.3 师资队伍

从事专业课程授课的教师，在其学习经历中至少有一个阶段是食品科学与工程类或相关专业学位，且有6个月以上的相关工程实践经历。

5.12 材料类专业

5.12.1 适用专业领域

按照教育部规定设立的，授予工学学士学位的材料类专业。

5.12.2 课程体系

课程设置应确保学生在毕业时：

a）具备应用自然科学（含高等物理和高等化学等）、计算机技术和工程原理等知识的能力；

b）能系统理解并能够综合应用有关材料（含冶金）领域中组成与结构、性质、合成与制备（含工艺流程等）、应用（含使用性能）等方面的科学与工程原理；

c）能通过理论分析、实践和实训、逻辑计算、统计以及建立数学模型等方法，解决合成与制备等工艺过程的材料选择、设计、工艺（含新工艺、新流程等）及参数确定等材料（含冶金）领域复杂工程问题。

5.12.3 师资队伍

从事专业课程教学的教师，专业知识应覆盖专业领域中有关组成与结构、性质、合成与制备（含工艺流程等）、应用（含使用性能）等方面内容。

5.13 仪器类专业

5.13.1 适用专业领域

按照教育部规定设立的，授予工学学士学位的仪器类专业。

5.13.2 课程体系

课程设置应满足：

a）支持学生掌握信息获取、信息处理和信息利用的基本知识，包括传感器理论与应用、测量理论与测试技术、测控系统与仪器产品智能化及其制造等领域的核心概念、基本原理、基本技术和基本方法；

b）能围绕准确获取信息，运用基本知识分析、设计、开发、应用仪器部件（元件）、整机或测控系统，培养学生系统思维和仪器与测控系统性能评价的能力；

c）专业实践环节保证学生熟悉仪器设计、制造过程，了解仪器生产组织方式和管理流程。

5.13.3　师资队伍

80%以上的专任教师具有在企业连续工作半年以上的经历，或取得相关专业工程技术系列职业资格，或通过相关专业技术人员水平评价。

5.14　测绘地理信息类专业

5.14.1　适用专业领域

按照教育部规定设立的，授予工学学士学位的测绘地理信息类专业。

5.14.2　课程体系

课程设置应满足：

a）支持学生掌握地球空间信息科学与技术的基本知识，包括地理时空基准、大地测量与导航定位、工程与工业测量、摄影测量与遥感、地图制图与地理空间信息工程以及测绘地理信息技术在相关应用领域的核心概念、基本原理、技术、方法和测绘与地理信息服务相关政策、法规等；

b）培养学生测绘地理信息的数据采集、处理、分析、服务能力；

c）使学生受到足够的专业工程训练，包括专业实践环节；专业课程有培养学生解决复杂工程问题能力的作业或设计；

d）专业实践教学环节至少包含：

- 核心专业课程有工程案例分析和适当规模的程序设计作业；
- 有校企联合且运行良好的实训基地，有不少于2周的实训经历；
- 毕业设计（论文）完成时间不少于12周，选题有明确的应用背景。

5.14.3　师资队伍

该项应包括：

a）专业课授课教师在其学习经历中至少有一个阶段是测绘地理信息类专业学历；

b）从事核心专业课程授课的教师，应具有主持完成测绘地理信息工程项目的能力与相应经历。

5.15 地质类专业

5.15.1 适用专业领域

按照教育部规定设立的，授予工学学士学位的地质类专业。

5.15.2 课程体系

课程设置应满足：

a）野外地质工作和工程技术基本技能训练，包括地质及工程基础教学实习和专业实践环节，且地质及工程基础教学实习野外教学时间不少于5周；

b）培养学生运用地质学和工程学的基本概念、原理和分析方法，观察、分析和描述野外地质现象的能力，掌握解决现场工程问题的方法与技术；

c）专业实践环节时间安排不少于5周，有野外、场地和室内工作量，并形成报告（设计/论文），培养学生解决地质类工程问题的能力。

5.15.3 师资队伍

该项应包括：

a）从事专业课程教学的教师在其学习经历中，至少有一个阶段是地质类专业学历；

b）从事专业教学工作的80%以上教师，至少有累计1年以上地质类企业或工程实践（包括企业工作或完成工程类项目、应用型研究项目）经历。

5.16 纺织类专业

5.16.1 适用专业领域

按照教育部规定设立的，授予工学学士学位的纺织工程、服装设计与工程和非织造材料与工程等纺织类专业。

5.16.2 课程体系

课程设置应确保学生在毕业时：

a）掌握揭示纤维及其集合体的组成结构、形态特征、性能演变及其规律的纺织材料学知识集；

b）掌握涵盖整个纺织生产链和全生命周期调控的纺织工程学知识集；

c）掌握兼顾科技和人文属性、艺术和功能统一的纺织类产品设计学知识集，以及掌握从设计、制造到销售并集成信息、经济、社会等要素的纺织管理学知识；

d）能综合运用上述知识和原理，解决纤维与纤维集合体由原材料状态向制品状态转换过程中的复杂工程问题，并注重制造过程的高效化、精细化及人体和环境友好。

5.16.3　师资队伍

该项应包括：

a）从事专业教学工作的70%以上的教师在其学习经历中，至少有一个阶段是纺织类专业学历；

b）80%以上的教师至少有6个月以上纺织类或相关企业工程实践经历。

5.17　核工程类专业

5.17.1　适用专业领域

按照教育部规定设立的，授予工学学士学位的核工程类专业。

5.17.2　课程体系

课程设置应满足：

a）至少包含如下知识领域之一：理论力学、量子力学、电动力学、统计力学、流体力学、热力学、放射化学、化工原理；

b）使学生掌握核物理、辐射探测、辐射防护的基础知识，具备相适应的实验、信息技术、电工电子技术和工程制图能力；

c）专业课程体现核安全文化；

d）毕业设计（论文）应一人一题。

5.17.3　师资队伍

该项应包括：

a）从事专业课程教学的教师，具有核工程类或核物理专业的学历或进修经历，或者有在核工程类相关企业/研究院所的工作经历；

b）从事专业教学（含专业实验教学）的教师，80%以上具有累计不少于半年相关企业或研究机构的工程实践经历；

c）认证专业的专任教师中再列入其他认证专业的不得超过50%。

5.17.4　支持条件

专业所在学校应具有从事放射性工作的资质和许可证。

5.18　兵器类专业

5.18.1　适用专业领域

按照教育部规定设立的，授予工学学士学位的兵器类专业。

5.18.2　师资队伍

从事专业教学工作的教师在其学习经历中至少有一个阶段是兵器类专业学历，或具有兵器行业科研经历，或具有兵器行业工程实践经验。

5.19　土木类专业

5.19.1　适用专业领域

按照教育部规定设立的，授予工学学士学位的土木类专业。

5.19.2　课程体系

课程设置应满足：

a）学生在毕业时能够应用工程力学、结构力学、流体力学、工程材料、工程测量、工程制图、工程经济等工程基本原理与方法；

b）使学生掌握土木类工程设施或系统的设计、建造、运维、管理的核’概念与专业技术；

c）使学生具有综合运用宽口径专业知识和技能识别、表达、分析和解决土木类复杂工程问题的能力。

5.19.3　师资队伍

该项应包括：

a）从事专业课程教学（含实践教学）的教师，在其学习经历中至少有一个阶段是土木类相关专业学历；

b）从事专业主干/核心课程（含实践环节）教学工作的教师具有相应的工程实践经历；

c）承担专业课程教学的骨干教师有明确稳定的研究方向；

d）专任教师每年实际指导毕业设计的学生不超过8人。

5.19.4　支持条件

有满足教学需要的现行工程建设法规文件、国家标准、行业标准和工程图集，有课程教学和毕业设计所必需的正版专业软件，有相对稳定的校外专业实习基地。

5.20 能源动力类专业

5.20.1 适用专业领域

按照教育部规定设立的，授予工学学士学位的能源与动力工程、能源与环境系统工程、新能源科学与工程、储能科学与工程、能源服务工程、氢能科学与工程、可持续能源等能源动力类专业。

5.20.2 课程体系

课程设置应满足：

a）自然科学类课程包含物理、化学（也可包含生命科学）等知识领域；

b）工程基础类课程包含机械设计基础、工程力学基础、电工电子技术基础、计算机基础、控制基础和环境工程基础等知识领域；

c）专业基础类和专业类课程可依据各校专业优势和专业方向特点设置，包含工程热力学、流体力学、传热学（也可包含燃烧学）、热能与动力测试技术等知识领域以及与所设专业密切相关的重要知识领域；

d）实践环节包括专业教学实验、创新创业训练、课程设计、企业实习或生产实习等，毕业设计（论文）以工程设计为主，包含有一定综合性和复杂性的研究和设计环节。

5.20.3 师资队伍

从事专业课程教学的教师，应具有本专业及相关工科专业的学历，或者具有两年以上在能源动力类相关企业、研究机构从事设计、研发、工程或管理实践的经历，了解本专业领域科技的最新发展。

5.21 轻工类专业

5.21.1 适用专业领域

按照教育部规定设立的，授予工学学士学位的轻化工程、包装工程、印刷工程、香料香精技术与工程、化妆品技术与工程和生物质能源与材料等轻工类专业。

5.21.2 课程体系

课程设置应满足：

a）确保本专业学生在毕业时具备数学、自然科学、工程科学原理和实验方法、专业知识等方面的工程基础；

b）确保实践教学体系能结合轻工行业的工程实际问题和需要，开展工程实践训练，强化工程意识和提供工程实践经历；

c）课程教学内容要与时俱进地不断完善，以适应社会进步和科技发展对轻工类人才的需要。

5.21.3 师资队伍

该项应包括：

a）从事专业主干课程教学的教师，具有企业工作经验或从事过相关工程实践和研究的经历，了解本专业领域科学和技术的最新发展；

b）制定了青年教师工程能力、教学能力的培养计划。

参考文献

[1] 国务院关于加快发展现代职业教育的决定(国发〔2014〕19号)[EB/OL].[2014-6-22]. http://www.gov.cn/zhengce/content/2014-06/22/content_8901.htm.

[2] 教育部办公厅关于印发《本科层次职业教育专业设置管理办法(试行)》的通知(教职成厅〔2021〕1号)[EB/OL].[2021-1-22].https://www.gov.cn/zhengce/zhengceku/2021-01/29/content_5583672.htm.

[3] UNESCO INSTITUTE for STATISTICS. International standard classification of education ISCED 2011[EB/OL]. UNESCO Institute for Statistics Montreal,2012.

[4] 李晓军.本科技术教育人才培养:比较的视野[M].上海:上海教育出版社,2011.

[5] 闻友信,杨金梅.职业教育史[M].海口:海南出版社,2000.

[6] 张铮,刘法虎,陈慧.新时代职业教育教育专业群开发研究与实践[M].武汉:华中科技大学出版社,2022.

[7] 张九洲.从学科逻辑到实践逻辑——地方本科院校课程发展研究[M].昆明:云南大学出版社,2016.

[8] 刘智英.技术本科院校发展战略比较研究[M].上海:上海教育出版社,2016.

[9] 全国新建本科院校联盟.推进高水平应用型本科教育的实践与探索——全国新建本科院校联席会议暨第十八次工作研讨会学术论文集[M].西安:西北大学出版社,2018.

[10] 刘彤,王雪梅,陆薇,等.新建本科院校应用型转型与创新创业培养体系研究[M].成都:西南交通大学出版社,2015.

[11] 刘上海.应用型本科院校发展战略研究[M].重庆:重庆大学出版社,2013.

[12] 翟海魂.发达国家职业技术教育历史演进[M]. 上海:上海教育出版社,2008.

[13] 张小敏.本科层次职业教育的类型基础、质量目标和发展空间——基于三种不同起点职业本科学校的分析[J].职教论坛,2021(8).

[14] 匡瑛,李琪.此本科非彼本科:职业本科本质论及其发展策略[J].教育发展研究,2021(3).

[15] 邓小华.论职业本科院校的职能定位[J].中国职业技术教育,2021(30).

[16] 郝天聪.欧洲应用科技大学科研使命、典型模式及实践困境研究——兼谈对职业本科教育科研定位与制度创新的启示[J].职教论坛,2021(8).

[17] 刘志军.我国职业本科教育的政策演进、发展逻辑与路径指向[J].职业技术教育,2021(26).

[18] 李政.职业本科教育办学的困境与突破[J].中国高教研究,2021(7).

[19] 梁克东.职业本科教育的实践探索、发展瓶颈与推进策略[J].中国高教研究,2021(9).

[20] 伍红军.职业本科是什么?——概念辨正与内涵阐释[J].职教论坛,2021(2).

[21] 邓肖丽,谭永平,郑世珍.职业本科学生职业素质培养的逻辑起点、内涵及策略[J].教育与职业,2021(20).

[22] 宋亚峰,潘海生,王世斌.职业本科院校的专业布局与生成机理——以十五所全国首批职业本科试点院校为例[J].现代教育管理,2020(9).

[23] 马东霄.职业本科教育建设的基本内涵与行动框架[J].中国职业技术教育,2021(30).

[24] 瞿连贵,邵建东.走向整合:我国职业本科教育政策的发展路向[J].职业技术教育,2021(24).

[25] 王毓.职业本科:人才培养定位与实现路径选择[J].职业技术教育,2013(16).

[26] 贺蓉蓉.论新建本科院校向职业本科院校的战略转型[J].教育与职业,2014(17).

[27] 彭振宇.发展四年制本科高等职业教育初探[J].职教论坛,2003(7)

[28] 杨金土.我国本科教育层次的职业教育类型问题[J].教育发展研究,

2003(1).

[29] 杨金土.我国本科教育层次的职业教育问题[J].职教论坛,2003(1).

[30] 杨金土.20世纪我国高职发展历程回顾[J].中国职业技术教育,2017(9)

[31] 潘懋元,王琪.从高等教育分类看我国特色型大学发展[J].中国高等教育,2010(5).

[32] 邢彦明.从教育类型学观中国特色职业教育“类型”定位[J].中国职业技术教育,2021(33).

[33] 百里清风,邓志超.大学分类评价的新构想:以知识生产为视角[J].辽宁师范大学学报(社会科学版),2022(2).

[34] 王川.职业教育的概念、学科及学科框架[J].职教通讯,2007(6).

[35] 孟景舟,周志刚.职业教育概念研究的背景、现状与创新[J].中国职业技术教育,2011(6).

[36] 谢良才.职业教育可持续发展:建国70周年学术史回顾[J].高等职业教育探索,2019(4).

[37] 潘懋元.分类、定位、特点、质量——当前中国高等教育发展中的若干问题[J].福建工程学院学报,2005(2).

[38] 彭干梓,夏金星.“职业教育”概念与功能的历史观[J].吉林工程技术师范学院学报,2004(7).

[39] 欧阳河.试论职业教育的概念和内涵[J].教育与职业,2003(1).

[40] 谢尔顿·罗斯布莱特.现代大学及其图新[M].北京:北京大学出版社,2013.

[41] 姜守明.中世纪欧洲大学制的兴起与发展[J].历史教学(上半月刊),2022(3).

[42] 毛钧瑶.欧洲中世纪大学的课程设置[J].黑龙江科学,2019(11).

[43] 刘河燕.欧洲中世纪大学课程内容探析[J].甘肃社会科学,2012(6).

[44] 李斌.研究型大学——德国科学的崛起[J].世界博览,2008(17).

[45] 孙益.欧洲中世纪大学的学位[J].清华大学教育研究,2003(6).